齐鲁优秀传统文化融入高校思政课教学研究

徐莹 著

东北财经大学出版社
Dongbei University of Finance & Economics Press
大连

图书在版编目（CIP）数据

齐鲁优秀传统文化融入高校思政课教学研究 / 徐莹著. —大连：东北财经大学出版社，2025.1. —ISBN 978-7-5654-5474-5

Ⅰ. G641

中国国家版本馆CIP数据核字第2024MG2156号

东北财经大学出版社出版发行

大连市黑石礁尖山街217号　邮政编码　116025

网　　址：http://www.dufep.cn

读者信箱：dufep@dufe.edu.cn

大连图腾彩色印刷有限公司印刷

幅面尺寸：170mm×240mm　字数：230千字　印张：16　插页：1

2025年1月第1版　2025年1月第1次印刷

责任编辑：王　莹　惠恩乐　责任校对：何　群

封面设计：原　皓　版式设计：原　皓

定价：86.00元

教学支持　售后服务　联系电话：(0411) 84710309

如有印装质量问题，请联系营销部：(0411) 84710711

本书为“大思政课”背景下的“同城大课堂”机制建设研究资助项目（SDS 2022ZD10）的阶段性成果、中共中央党史和文献研究院马克思主义中国化与中华优秀传统文化研究基地资助项目的研究成果、山东财经大学齐鲁红色文化研究中心建设项目的研究成果。

前言

习近平总书记提出“坚持把马克思主义基本原理同中国具体实际相结合、同中华优秀传统文化相结合”的重要论断。“两个结合”已成为我们进行理论思考和实践探索的基本遵循与重要内容。在高校的思政课教学过程中，遵循并落实“两个结合”的要求，做好习近平新时代中国特色社会主义思想进教材、进课堂、进头脑工作，是思政课教师应该关注的重要内容。齐鲁优秀传统文化作为中华优秀传统文化的重要组成部分，融入思政课教学，发挥其应有的教育作用，是思政课教学应有之义。

本书重点研究齐鲁优秀传统文化融入思政课教学的相关问题，聚焦中华优秀传统文化与思政课的融合，阐释新时代传统文化对马克思主义中国化的新推进。全书共分5章，第1章论述齐鲁优秀传统文化融入思政课的意义以及融课点选择的标准，并提出四种融课路径；第2章坚持大历史观，把齐鲁优秀传统文化融入思政课教学，让大学生学史明志；第3章聚焦道德修养，用齐鲁优秀传统文化中的典型人物思想强化大学生的理想信念、道德情操教育；第4章结合马克思主义基本原理，探索齐鲁优秀传统文化融入思政课教学的哲学引导；第5章立足实践，从齐鲁优秀传统文化的场馆、展园等载体的视角，探讨其承载的文化内容在推动中华民族的强国建设和人类未来发展方面的教育意义。

本书立足齐鲁优秀传统文化与思政课的有效融合，在充分挖掘齐鲁优秀传统文化的基础上突出思政课独特的文化资源，精准用好齐鲁文化资源丰富的优势，大力加强对齐鲁优秀传统文化的挖掘和阐发，推动齐鲁优秀传统文化创造性转化、创新性发展。同时，以思政课为依托，将齐鲁优秀传统文化创造性地融入思政课教学的各个环节，积极推进思政课的建设与发展。本书具有整体性、针对性、实用性三大特点。

一是整体性。一方面，本书基于“马克思主义基本原理”“思想道德与法治”“毛泽东思想和中国特色社会主义理论体系概论”“中国近现代史纲要”“习近平新时代中国特色社会主义思想概论”等思想政治理论课程教学内容整体把握，基于融课实效性进行教育内容整体归纳。另一方面，本书在充分挖掘齐鲁优秀传统文化基础上立足整体，合理分析儒家文化、墨家文化、兵家文化等齐鲁优秀传统文化构成要素，具体介绍孔子、孟子、管子、孙子、墨子、辛弃疾、戚继光等历史文化名人所呈现出的齐鲁优秀传统文化所蕴含的精神。

二是针对性。在贯彻落实习近平关于传承弘扬中华优秀传统文化的重要论述的基础上，针对齐鲁优秀传统文化做到“讲清楚”，针对思政课教学做到“促创新”。首先，本书按照习近平关于传承弘扬中华优秀传统文化的重要指示，深入挖掘丰厚的齐鲁优秀传统文化资源并加以梳理，讲好“山东故事”。讲清楚齐鲁优秀传统文化具有不同于其他地域文化的丰富内涵和本质特征；讲清楚齐鲁优秀传统文化是中华优秀传统文化的重要组成部分，对理解“两个结合”大有裨益；讲清楚齐鲁优秀传统文化积淀着齐鲁儿女最深沉的精神追求，是历代齐鲁儿女为实现中国梦不懈奋斗的精神动力；讲清楚齐鲁优秀传统文化在融入思政课教学中具有重要价值，要做好有山东特色的思政课教学，离不开齐鲁优秀传统文化的涵养和支撑。其次，对齐鲁文化所包含的“自强不息、天人合一、维护统一”等对当今社会仍具有借鉴意义和价值的内容，本书立足思想政治教育并进行创造性转化、创新性发展，赋予其新的时代内涵和符合思政课的表达形式，激活其生命力，使其展现出强大的时代魅力。

三是实用性。本书根据高校思政课的学科特点与目标要求，深入剖析思政课与齐鲁优秀传统文化之间具有的共通性与契合性，挖掘、甄别具有吻合性和适应性的齐鲁优秀传统文化资源，对其进行深入分析并将其融入思政课教学过程，进一步推动马克思主义基本原理与中华优秀传统文化的有机融合，在此过程中彰显学术魅力和理论穿透力。本书对于高校思政课教师搞好思政课教学，对相关理论工作者理解“两个结合”的现实应用，对大学生了解中华优秀传统文化和学好思政课具有很强的实用性。

齐鲁优秀传统文化融入高校思政课教学，打造具有地方特色的思政课，提高思政课的教学实效，落实立德树人的根本任务，是本书作者多年来在教学过程中一直思考和探索的问题，本书是依托教学实践撰写的研究成果之一。

本书在写作过程中参考了学界大量的研究资料以及学术观点，引用了部分学者的研究成果，在此深表感谢。另外，在本书写作过程中，沈大光、高凤敏、范子谦、杨海波、刘丹璇、郭小丽、张紫瑜、王雪、庞骁书、王志欣、李超、张晓旭、王鹏等帮助收集了部分资料并提出了诸多宝贵的建议，在此深表感谢。本书由徐莹统稿并最后定稿。

由于成稿时间仓促，加之作者水平有限，书中可能存在疏漏之处，恳请专家和同行批评指正。

徐　莹

2024年10月于济南

目录

第1章　齐鲁优秀传统文化与思政课教学

高校思想政治理论课是对大学生进行马克思主义理论与思想品德教育的主渠道。思想政治理论课的开设，能够引导和帮助大学生确立马克思主义信仰，坚定中国特色社会主义的理想信念，树立正确的世界观、人生观和价值观。培养德智体美劳全面发展的建设者和接班人，需要在文化传承等方面挖掘和拓宽大学生的思想政治教育教学资源，齐鲁优秀传统文化就是一个很好的资源平台。做好齐鲁优秀传统文化融入思想政治理论课这一研究，对于新时代的高校思想政治理论课具有重要的意义。

1.1　深刻理解和把握“两个结合”对思政课教学改革的意义

坚持和发展马克思主义，必须同中国具体实际相结合、同中华优秀传统文化相结合。习近平总书记关于“两个结合”的重要论述，深刻揭示了马克思主义在中国发展的内在规律。“两个结合”是对马克思主义中国化时代化进程的经验总结和规律揭示。在长期实践中，我们党深刻认识到，坚持和发展马克思主义必须植根中国独特的历史文化传统。正是因为我们党始终坚持从中国具体实际出发，注重从中华优秀传统文化中汲取养分，马克思主义才在中国落地生根并不断丰富发展，形成了马克思主义中国化时代化的一系列重大成果，为党和国家事业发展提供了科学理论指导。"两个结合"不仅深刻地揭示了马克思主义与中国具体实际相结合的历史逻辑和发展规律，也极大地深化了中国共产党对马克思主义中国化的认识，为中华优秀传统文化融入高校思政课教学研究指明了方向、奠定了理论基础、提供了实践遵循。

习近平总书记指出："中华文化源远流长，积淀着中华民族最深层的精神追求，代表着中华民族独特的精神标识，为中华民族生生不息、发展壮大提供了丰厚滋养。"[①]文化是民族的"根"与"魂"，文化自信是更基本、更深沉、更持久的力量。山东具有底蕴深厚的文化积淀，拥有丰厚的历史文化资源。齐鲁优秀传统文化是中华优秀传统文化的重要组成部分，以其内容之丰厚性、体系之完整性、内涵之包容性、意蕴之先进性、发展之坚韧性集中体现了中华民族的优秀精神，奠定了中华优秀传统文化的基本特征。齐鲁优秀传统文化之所以能够在中国传统文化中发挥重要作用，是因为其凝聚力和生命力来自其基本精神。齐鲁优秀传统文化的基本精神，诸如自强不息的刚健精神、崇尚气节的爱国精神、经世致用的救世精神、人定胜天的能动精神、民贵君轻的民本精神、厚德仁民的人道精神、大公无私的群体精神、勤谨睿智的创造精神等，对我们民族优秀传统精神的形成都具有重要作用。齐鲁优秀传统文化不仅在古代对中华民族的发展壮大产生了极为深远的历史影响，而且在当今时代对社会的进步也发挥着极为显著的现实作用。

大学生是祖国的未来，是建设和发展中国特色社会主义，实现中华民族伟大复兴中国梦的生力军。大学生的素质如何，直接影响到民族的繁荣昌盛和国家的兴旺发达。20世纪50年代，毛泽东提出培养德智体全面发展的社会主义事业接班人的战略任务。在改革开放的新时期，邓

① 习近平. 在中共中央政治局第十三次集体学习时的讲话［N］. 人民日报，2014-02-26.

小平提出有理想、有道德、有文化、有纪律的“四有”标准来培养社会主义事业接班人；江泽民强调从德智体美各方面促进青年一代的全面发展；胡锦涛希望广大青年努力成为理想远大、信念坚定的新一代，品德高尚、意志顽强的新一代，视野开阔、知识丰富的新一代，开拓进取、艰苦创业的新一代。党的十八大以后，习近平勉励广大青年要勇敢肩负起时代赋予的重任，坚定理想信念、练就过硬本领、勇于创新创造、矢志艰苦奋斗、锻炼高尚品格，努力在实现中华民族伟大复兴的中国梦的实践中放飞梦想。

在大学教育中，开设思想政治理论课的首要目的是加强对大学生思想道德素质的培养。当前，高校思想政治理论课开设了“中国近现代史纲要”“思想道德与法治”“马克思主义基本原理”“毛泽东思想和中国特色社会主义理论体系概论”“习近平新时代中国特色社会主义思想概论”“形势与政策”等必修课程，以及“当代世界经济与政治”等多门政治经济人文知识类选修课，形成了以必修课为主干，选修课为辅助的完整的课程体系。从整体上看，这些课程的设置，结构合理，功能互补，既互相联系，又相互区别。从功能上看，这些必修课程对培养大学生的思想政治素质分别担负着不同的价值使命。“中国近现代史纲要”的主要教学内容以历史为线索，勾画出了近现代中国人民如何选择的历史主线，主要帮助学生了解国史、国情，深刻领会历史和人民怎样选择了马克思主义，怎样选择了中国共产党，怎样选择了社会主义道路，怎样选择了改革开放；“思想道德与法治”以人生观、价值观、道德观、法治观为主线，以教育和引导大学新生适应大学生活，培养综合素质为切入点，教育引导大学生加强自身思想道德修养，增强法律意识，培养德智体美全面发展的社会主义合格建设者和可靠接班人。“马克思主义基本原理”的教学目的是提高大学生的马克思主义理论素养，使他们学会运用马克思主义的立场、观点、方法去观察和分析问题。“毛泽东思想和中国特色社会主义理论体系概论”“习近平新时代中国特色社会主义思想概论”“形势与政策”的教学内容是马克思主义普遍原理同中国不同时期社会实际相结合产生的理论成果，大学生对这几门课程的掌握程度，不仅关系到大学生对党的方针政策和社会现实问题的理解和判断能力，而且关系到大学生对实现中华民族伟大复兴的信心，对党和国家的信任。对大学生进行系统的马克思主义中国化理论教育，能够坚定他们在党的领导下走中国特色社会主义道路的理想信念，增强投身到我国社会主义现代化建设中的自觉性、主动性和创造性。

新的高等院校思想政治理论课体系以及教材内容经历了一系列精心设计，是高校一线实践课堂的经验总结和智慧结晶。专门从事思想政治理论课教学的管理人员在各方面也投入了大量的精力，对大学生思想道德素质的提升起到了明显作用。然而，在实际教学过程中也凸显出一个不容忽略的问题，即思想政治理论课的教学目的与实际教学效果相去甚远。

遵循“两个结合”的有关论述，把中华优秀传统文化融入课堂教学之中无疑是一个值得关注的课题。

在实际教学过程中，根据对思想政治理论课教学情况的实际调研，我们认为在课堂教学过程中，理论讲授和实践感染结合不足，不少教师在理论知识同大学生切身利益和关心的问题的最佳结合切入点上把握不足、用力不够，讲授内容针对性和实效性不强，枯燥乏味的东西多，新鲜诱人的东西少。如何使思想政治理论课的教学效果由表层向深层转化，使大学生由被动接受转为主动要求接受，使思想政治理论课真正成为提升大学生“三观”的主渠道，把大学生培养成为德智体美劳全面发展的社会主义合格建设者和可靠接班人，是当前思想政治理论课教学中必须认真研究解决的重大而紧迫的课题。

我们在思想政治理论课教学改革的探讨中逐渐形成了一种共识：要加强思想政治理论课教学中对中华优秀传统文化的融入性研究，研究好这一课题，才能真正实现中共中央、国务院要求的“以理想信念教育为核心，以爱国主义教育为重点，以思想道德建设为基础，以大学生全面发展为目标……坚持以人为本，贴近实际、贴近生活、贴近学生，努力提高思想政治教育的针对性、实效性和吸引力、感染力”的教学目标，才能真正提高思想政治理论课教学的实效性。为此，结合齐鲁优秀传统文化的一些案例，我们开始实施文化融入课堂这一教学理论研究和教学实践活动。

在开展齐鲁优秀传统文化融入思政课教学研究的过程中，我们首先认真选取对于当前大学生素质培养方面存在的思政热点作为课程融入的教学内容，同时，结合思政理论，又精选了齐鲁优秀传统文化中代表性及典型性案例，探寻传统文化和思政理论的融通点，希冀通过齐鲁优秀传统文化融入思政课的教学研究实践，进一步提高思政课的教学实效。

1.2 深入挖掘齐鲁优秀传统文化资源

齐鲁优秀传统文化经过长期的发展演变，形成了独特的文化样态和价值体系，包含道德、文学、艺术、哲学等各个领域。齐鲁优秀传统文化作为中华优秀传统文化的重要组成部分，蕴含着极为丰富的思想资源和历久弥新的人生智慧。深入挖掘齐鲁优秀传统文化资源将为高校思政教育提供有益的借鉴和参考。

1.2.1 齐鲁优秀传统文化概述

齐鲁历史文化包括大汶口文化、龙山文化、鲁国的礼乐文化、齐国的兵学文化等地域文化，包括孔子、孟子、墨子、管子、孙子、李清照、辛弃疾、戚继光、蒲松龄等历史名人，包括《孙子兵法》《墨经》等著名作品，包括姜太公与齐国的创立、泰山封禅等事件，杨家埠木版年画等文化遗产，崂山民间故事等经典文化故事，三孔、岱庙、武氏祠、齐长城、大运河、琅琊台遗址、明清海防遗迹、孟子纪念馆、墨子纪念馆、孙子纪念馆、李清照纪念馆、辛弃疾纪念馆、戚继光纪念馆等遗址场馆。

齐鲁优秀传统文化是自然地理环境与地方特色文化相互作用的文化形态。一方面，自然地理环境为地方特色文化的形成提供了前提条件，“一旦人类终于定居下来，这种原始共同体就将随种种外界的，即气候的、地理的、物理的等等条件，以及他们的特殊的自然性质——他们的部落性质——等等，而或多或少地发生变化”[①]。自然地理环境是人类

① 马克思，恩格斯．马克思恩格斯文集（第八卷）[M]．中共中央马克思恩格斯列宁斯大林著作编译局，编译．北京：人民出版社，2009：123.

生存和发展的客观条件，深刻影响着人类命运共同体的交往方式。文化作为人类命运共同体交往方式的产物必然受到自然地理环境条件的影响，也正因为自然地理环境的差异才让文化呈现出多样的地域性特征。从地域条件的维度讲，齐鲁地区为齐鲁优秀文化的形成提供了可能性的土壤，并赋予其地方性的文化特征。所谓“一方水土养一方人”，齐鲁优秀传统文化是指位于中国东部齐鲁地区的优秀传统文化，包括山东省的济南、青岛、淄博等市以及河南省的商丘、周口等市。这片土地自古以来就是中原文化与东南文化的交汇带，是中国文化的重要发源地之一。齐鲁优秀传统文化作为山东省的文化代表，在彰显山东地域特色和增强山东省在文化上的地位和影响力方面具有重要意义。

另一方面，地方特色文化的形成影响了自然地理环境的变化。地方特色文化景观的建构是人们在长期与自然和谐相处的过程中，以客观规律为依据对自然地理环境的能动改造。这既是人类精神信仰、风俗习惯的外在表达，也是对自然景观的不断丰富。自然地理环境与地方特色文化并非静止的单向作用关系，而是以人类社会物质生活与精神生活的协调发展为导向的相互作用、共同发展的双向关系。从文化产生的维度讲，齐鲁文化是当地人对象性活动的产物，是人的本质和主体力量的展现，现实的人作为有意识的自由主体，在认识世界和改造世界的过程中往往根据自身生存发展的现实需要自主地进行社会实践活动，创造出区别于自然的、人类所特有的物质文化、精神文化和制度文化等，促使自然界实现从“自在自然”向“人化自然”的转向，使得自身本质力量得到充分的实现。

齐鲁优秀传统文化是历史继承与时代创新相互结合的文化形态。文化传承是文化创新的基础，文化创新是文化传承的提升。没有文化传承，就没有文化创新；没有文化创新，文化传承就失去意义。一方面，恩格斯曾说：“每一个时代的哲学作为分工的一个特定领域，都具有由它的先驱传给它，而它便由此出发的特定的思想材料作为前提”[①]。人类的文化是在其历史发展中不断传承、积累和发展的。传承中华优秀传

① 马克思，恩格斯. 马克思恩格斯选集（第四卷）[M]. 中共中央马克思恩格斯列宁斯大林著作编译局，编译. 北京：人民出版社，2012：612.

统文化，目的是创新性地提出具有时代特征的新文化，为改革开放和社会主义现代化建设提供强大精神动力和智力支持。齐鲁文化在中国文化发展史上占有重要的地位，它不仅是中国文化的重要组成部分，而且是中国传统文化的主干和核心。特别是其中的儒家文化，可以说是上承三代，下启后世，将中华数千年文化传统联为一大系统，且作为核心，表现出强大的凝聚力、恢宏的包容性和坚韧顽强的生命力。齐鲁文化的传承就是要传承那些具有持久生命力和时代价值的、能够满足时代需要的、对建设中华民族共有精神家园具有推动作用的、对当代文化建设有重要支撑作用的优秀传统文化。这些丰厚的传统文化蕴含了天人合一的和谐理念、中庸尚和的和合思想、仁者爱人的人道思想以及民为邦本的民本思想，而这些思想理念已经超越时代和地域、国家与种族的界限，具有极强的普世性。崇尚气节的爱国主义精神、自强不息的刚健精神、厚德载物的仁道精神、聪明睿智的创造精神等，对于凝聚中华民族奋发向上、自强不息、爱国爱家都有十分重要的意义。只有对齐鲁传统文化的精髓进行传承，才能在此基础上扬弃旧义、创立新知，才有可能建立文化创新与发展的新起点。

另一方面，文化发展的实质就在于文化创新，一部文化的发展史实际上就是文化的创新史。文化创新是文化的灵魂和生命，文化的发展与繁荣最离不开的就是创新，我们传承文化最终为的还是推动先进文化的发展，推动社会的进步。几千年来，齐鲁文化一脉相承、薪火相传，成为中华民族发展壮大的重要精神支柱。在价值多元化、文化亟须提升的今天，我们应当清醒认识到齐鲁文化的历史意义和现实价值。发展先进文化不能脱离传统文化的丰厚积淀，但又不是对传统文化单纯地进行固守与无批判地继承，而是要通过对传统文化资源的清理和提炼，使之发生创造性的转换，成为我们发展先进文化的宝贵资源。对齐鲁文化要扬弃其精神文化中的糟粕部分，进而赋予其新意，在继承齐鲁文化的基础上铸造中华文化的新辉煌。要认真挖掘、提炼齐鲁文化的有益思想价值，并结合当代审美需求进行深入、系统的研究阐发，进行当代转换与表达，让人民群众获得文化熏陶、精神滋养；要坚持与时俱进、推陈出新，从齐鲁文化与时代精神结合上进行新的文化创造，把继承传统与现实需求相结合，彰显时代的内涵与活力，自主发展、自我超越、主动创新，使优秀齐鲁文化得以传承与发扬；要在文化创新过程中借助科技的重要力量，站在科技发展的最前沿，以科技手段强化文化产品的艺术表现，努力实现技术与艺术的完美融合，使齐鲁优秀传统文化更具吸引力、感染力。

1.2.2 齐鲁优秀传统文化的价值

文化价值是指一定的价值对象显现出的有益于人优化自身生存和发展的功能、意义及意向，其最终的目的是满足人之成为人、成为文明人、成为特定文化规范之人的需求。齐鲁优秀传统文化的价值来源于社会生活诸多领域，由道德价值、审美价值和科学价值共同构成，并借由道德价值、审美价值和科学价值得以表现。

齐鲁优秀传统文化具有崇尚仁爱宽容、诚信正义的道德价值。齐鲁文化崇尚的价值观强调个体和集体的相互关联和相互依存，具有深刻的人文关怀和社会责任感。孔子提出的“仁者爱人”是齐鲁优秀传统文化的价值观之一，更加强调人与人之间的关爱和互助，是齐鲁优秀传统文化的核心所在。对“仁”的推崇，离不开对“德”的践行，道德将“人”的理念贯穿到伦理关系的规范之中，旨在构建起融洽良善的社会生活。一方面，道德是对人的现实生活尤其是伦理生活的反映，蕴含着人们内心世界的修为，寄予了“勿以恶小而为之，勿以善小而不为”的积极价值取向和正向评价标准。建构道德体系离不开齐鲁优秀传统美德，这种以“仁”为核心的博爱、胸怀、担当、道义共同构成的道德体系渊源于中华民族崇尚和平天性的真实流露，这种价值共识作为中华民族共同体意识深刻影响着中华儿女的品格。另一方面，道德往往通过形成一系列的基本规范，去解释修身之法、为人之学和治国之道，让我们透过“何以处事”“何以为人”“何以待人”的思考，形成与实际生活紧密相连的“应然”诠释体系，并在生活中供以反思、省察、纠正与勉励自身的行为，起到指导人的伦理关系和道德行为的作用。道德价值的实质是“善”，并通过对善的解释及追求，借助道德教化的手段，使人成为德才兼备之人。综上所述，道德价值在一定意义上能够体现文化价值，既在于其造就了一整套关于“人”的规范，为人的生存、结合及交往实践提供了一套准则、范式，又在于推动的“善”的理想落入现实，即通过人自身的行为践行“仁慈”“诚实”“正直”“宽容”“同情”等，使人在追求“善”的理想时，就变得更加文明了。

从文化自觉的角度讲，人主动追求善的道德理想、善的行为方式、善的社会秩序就是人主观能动性的重要体现。人“向文而化”的重要内容就是接受社会主流的道德价值体系，即被大多数社会成员普遍接受的道德观念、人性准则、行为规范，进而将人塑造成合格的社会成员和文明的独立个体。人设定一种理想的道德人格标准，并通过特定手段促使自身朝着这一标准转化，从而实现了道德价值与文化价值的合二为一。

齐鲁优秀传统文化具有和合共生、互鉴共融的和谐价值。齐鲁优秀传统文化中的和谐理念着重强调人与自然、人与社会之间的平衡是实现社会稳定和发展的基础。自人类社会产生以来，对和谐社会的追求就成为一种重要的价值取向，“和谐”的概念同样贯穿古今中外，传达着人类对协和共荣、合作共赢的价值需求。在中国传统文化中，和谐曾被视为万事万物存在的根据和发展的动因，构成中华文明遵循的核心价值理念。《荀子》曾记载“万物各得其和以生，各得其养以成。”可见，“和”既是万物“生”的根据，也是万物“成”的“达道”。早在18世纪的法国，空想社会主义者曾提出建立“和谐社会”的构想。马克思主义批判地吸收了空想社会主义的合理成分，唯物辩证地指出和谐是相对的、有条件的，作为矛盾的一种特殊表现形式，它体现着矛盾双方的相互依存、相互促进、共同发展。由以上所述可知，和谐是矛盾双方所处的平衡、协调、合作的状态。

社会的和谐、人与自然之间的和谐都是在不断解决矛盾的过程中实现的。构建社会主义和谐社会就是在不断发展的基础上正确处理各种社会矛盾的历史过程和社会结果。

社会和谐也就是人与人之间社会关系的和谐。“人的本质并不是单个人所固有的抽象物。在其现实性上，它是一切社会关系的总和。”[①]

---

① 马克思，恩格斯. 马克思恩格斯选集（第一卷）[M]. 中共中央马克思恩格斯列宁斯大林著作编译局，编译. 北京：人民出版社，2012：139.

人的全面发展必然蕴含着正确处理个体与个体、个体与社会的关系。与此同时，马克思主义还认为，社会关系实际上决定着一个人能够发展到什么程度。要实现人的自由全面发展，就必须把各种异化的社会关系颠倒过来，“使人的世界和人的关系回归于人自身”①。中华优秀传统文化中描绘的大同社会既是人的关系本质的觉醒与解放，也是所有人全面发展的合力推动社会全面进步的结果。

人与自然和谐共生需要正确处理人与自然之间的关系。“天地与我并生，而万物与我为一”的传统文化理念反映出中国哲人对天人合一、物我相通的思考。恩格斯也曾提出过自然界会“对人进行报复”②以及“人与自然的和解”③问题。人本身作为自然界的一部分，其自身的命运与自然界休戚与共，但人在自然界面前不是被动的、无能为力的，而是能够发挥自己的能动性改造自然环境以满足自身的需要。这种改造并非随心所欲，需要充分认识和科学利用客观规律对自然界进行改造。

齐鲁优秀传统文化具有璀璨夺目、独具匠心的审美价值。齐鲁优秀传统文化在文学艺术方面具有不可忽视的贡献。齐鲁地区曾涌现出一批优秀的文学家和艺术家，如左思、辛弃疾、蒲松龄等，他们的作品在真实反映当时社会风貌的同时，也对后世文学和艺术的发展产生了深远的影响。审美价值是指审美对象能够满足主体的审美需要、引起主体审美感受的某种属性。它包括人的美、按照美的规律创造的物质产品美和精神产品美，以及可供人们欣赏的自然景物美。其中审美价值最高的是优秀的绘画、雕塑、建筑、音乐、舞蹈、文学等文艺作品。作为审美价值的观念，是在历史发展进程中不断变化的。审美价值是客观的，这既因为它含有现实现象的自然性质，也因为它存在着不以人的意志为转移的生成于社会历史实践过程中的社会关系。

审美价值也是一种文化价值，是主体人在观照自身本质力量及与对象关系时产生的自由和谐心态。审美价值之于人的意义，在于人以自身

---

① 马克思，恩格斯．马克思恩格斯全集（第三卷）［M］．中共中央马克思恩格斯列宁斯大林著作编译局，编译．北京：人民出版社，2002：189.

② 马克思，恩格斯．马克思恩格斯选集（第三卷）［M］．中共中央马克思恩格斯列宁斯大林著作编译局，编译．北京：人民出版社，2012：276.

③ 马克思，恩格斯．马克思恩格斯选集（第一卷）［M］．中共中央马克思恩格斯列宁斯大林著作编译局，编译．北京：人民出版社，2012：24.

主体性去发现客观事物、现象及行为的对象性，使之显现或升华为美，从而通过对美的欣赏、体验、观照，提升主体的感官享受和内在品质。审美价值像其他文化价值一样，能使人自身的主体性得以显现和升华，但也有与其他文化价值不同的特点。首先，审美能陶冶人的性情，提升人的品格。对审美价值的体验不同于对一般效用价值的满足，也不同于其他精神价值的满足。其次，审美价值赋予人一种内在的感受和体验。人通过审美所获得的妙趣和享受，所达到的境界和层次，属于每个人自己，且因人而异，它不像宗教价值或道德价值那样可以通过普遍的教条、戒律来规范人、优化人。最后，作为提升及优化人的相对标准和目标指向，审美价值提供给人的不是秩序、神圣或神秘，而是一种和谐、自由的意境，能让人的情感、意向、品性上升到愉悦、美妙的状态。以《诗经》为例，孔子曾言“不学诗，无以立”，《诗经》以其优美的语言、深刻的思想和丰富的情感，摹画了先民的朴实自然的劳动生活图景，反映了当时社会的风俗和习惯。《诗经》也由此成为中国古代文学的瑰宝和世界文化的重要遗产。

1.2.3 齐鲁优秀传统文化融入高校思政教育的可行性

在高校思政教育中，齐鲁文化作为中华优秀传统文化的重要组成部分，不仅具有丰富的文化内涵和深厚的历史和文化底蕴，也有着将其融入思政教育的可行性。

第一，齐鲁优秀传统文化的传承与弘扬符合国情和时代特点。齐鲁文化作为中华优秀传统文化的重要组成部分，其包含丰富的文化内涵和深刻的历史渊源，不仅具有浓厚的民族特色和时代精神，也能够为当代中国的现实需求提供有益启示和参考。新时代党的中心任务是团结带领全国各族人民，全面建成社会主义现代化强国，实现第二个百年奋斗目标，以中国式现代化全面推进中华民族伟大复兴。文化强国建设是现代化强国建设的关键构成，必须坚持走中国特色社会主义文化发展道路，围绕举旗帜、聚民心、育新人、兴文化、展形象建设社会主义文化强国。时代的需求为齐鲁优秀传统文化与高校思想政治教育的结合提供了客观需要，也说明二者的结合存在可能性，这种可能性要变成现实性必然需要人民群众的社会实践活动才能实现。因此，在高校思政教育中，将齐鲁文化元素融入教育教学中，不仅可以更好地引导学生树立正确的世界观、人生观和价值观，也能够使学生更好地理解和把握当代社会发展和进步的内在规律和趋势。

第二，实现齐鲁优秀传统文化创造性转化是其自身发展的需要。齐鲁文化产生并长期依附的社会基础——以小农经济、宗法关系为主要特征的传统封闭型社会已经不复存在，并向以市场经济为导向的开放型社会转轨。因此，齐鲁文化要产生新的生命力，继续发挥其应有的作用，实现其应有的价值，必须根据当前的时代要求及社会经济、政治特点，进行适应性的改造和转化，使其基本的文化基因与当代文化相适应、与现代社会相协调。齐鲁文化虽然主要发展于封建社会，与封建经济制度和政治制度紧密相连，“可是，文化与经济制度和政治制度又不同，具有很强的相对独立性。封建时代的文化并不等于封建主义文化，它不会因为社会经济制度和政治制度的变化而断流”。因此，作为齐鲁人民精神活动创造的成果，齐鲁文化的基本精神具有超越时代的文化基因和文化价值。当前，我们要创造与社会主义经济制度、政治制度相适应，满足山东经济社会发展的齐鲁文化的新形态，不可能原封不动地全盘保留建立在封建社会经济基础和政治基础上的文化形态，这就必然要经过创造性转化，使齐鲁优秀传统文化最基本的文化基因与当代文化相适应，与新的时代相适应，与社会主义制度相适应，与山东经济社会发展相适应。只有这样，齐鲁优秀传统文化才能重新焕发生命的活力，重现其曾经的魅力和辉煌。

第三，齐鲁优秀传统文化的传承与弘扬可以提高思政教育的兴趣和吸引力。齐鲁文化源远流长，包含了许多生动有趣的故事和传说。将这些故事和传说融入思政教育中，可以激发学生的兴趣和好奇心，提高思政教育的吸引力和影响力①。一方面，高校重视中华优秀传统文化的思政教育功能，在思政专业课程体系中增加了中华优秀传统文化相关内容，以进一步完善思政实践育人内容，切实以思政教育为载体，将中华

① 祁晶．传统文化在高校思想政治教育中的渗透［J］．中学政治教学参考，2022（45）：2.

优秀传统文化主张的讲仁爱、重民本、守诚信、崇正义、尚和合、求大同等思想融入学生学习内容和认知体系中，为满足培养德才兼备的人才奠定坚实基础。另一方面，结合优秀案例传承弘扬中华优秀传统文化，将充分发挥中华优秀传统文化的思政教育功能，扩充思政教育素材的数量，提升这些素材的质量，引导学生明确中华优秀传统文化的现实意义，培养学生主动了解中华优秀传统文化，深刻领悟社会正义的重要性和弘扬社会主义核心价值观的意义，使学生对思政教育产生浓厚的兴趣和好奇心。

第四，齐鲁优秀传统文化的传承与弘扬可以提高思政教育的质量和效果。齐鲁文化有着丰富的人文内涵，可以为思政教育提供更加深刻和细致的教育内容。将齐鲁文化元素融入思政教育中，可以提高教育的质量和效果，使学生更好地理解和掌握思政教育的核心内容和要求。针对思政教育资源局限的问题，需要结合当代大学生生活与学习网络化的现状，提前将“中华优秀传统文化与思政教育”等校本课程，以及中华优秀传统文化相关影视作品、经典书籍、思政教育最新政策等上传至线上教学系统中，使学生根据学习进度自由选择学习模块，并运用微博、微信等沟通渠道及时与教师互动，解决学习过程中的疑问。与此同时，思政教师可抓住纪念日、传统节日等时机，通过主题辩论赛、文化演讲赛等形式开展思政教育，激发学生参与积极性，而教师可将取得实效的思政教育实践过程录制成微视频，上传至校园官网中，积极参与主旋律宣传。在主旋律引领下，通过虚拟仿真、情境创设等方式呈现中华优秀传统文化中的思政元素，如将古人见义勇为的英雄事迹与当代大学生见义勇为事件作对比，进一步彰显思政教育的文化价值。此外，通过组织学生考察和调研当地美术馆、文化馆和博物馆，了解当地历史人物、历史事件、特色文化，感知中华优秀传统文化魅力，实现对中华优秀传统文化情感上的认同与内容上的认知。

1.2.4 齐鲁优秀传统文化融入高校思政教育的价值体现

习近平总书记强调，中华优秀传统文化是中华民族的精神命脉，是涵养社会主义核心价值观的重要源泉，也是我们在世界文化激荡中站稳脚跟的坚实根基。中华优秀传统文化蕴含着深厚的人文精神、道德观念和生活智慧，蕴含着永不衰退的教育价值。将中华优秀传统文化资源融入思政教育，有助于更好地启智润心、立德树人、培根铸魂，铸牢大学生的中华民族共同体意识。将中华优秀传统文化融入大学生思政教育全过程、各环节，蕴含了三重价值，即立德树人价值、文化认同价值以及为国育才价值。

立德树人价值主要表现为提升大学生思想道德修养。习近平总书记在党的二十大报告中强调，要“加快建设教育强国、科技强国、人才强国，坚持为党育人、为国育才”[①]。这一重要论述为新时代新征程高校思政教育工作提供了根本遵循。中华优秀传统文化中蕴含着丰富的价值观念资源，如儒家思想的仁爱等。将这些优秀传统文化元素纳入思政教育可以引导大学生树立积极进取、崇德向善、承担社会责任的优良品质，激发大学生关注社会、融入社会、服务社会的使命感和责任感。齐鲁文化强调孝道，提倡尊敬父母、关心家人的观念。大学生可以通过实际行动，尊敬父母、关心家人，培养感恩之心，提升自己的品德修养。齐鲁文化强调诚信为本，注重遵守诺言、遵纪守法，对待他人真诚友善。大学生可以通过诚实守信的行为，建立良好的人际关系，树立诚信意识，塑造高尚的品德。齐鲁文化崇尚君子之道，注重礼仪、廉耻、勤俭节约、正直等传统美德的培养。大学生可以通过参与传统文化活动、阅读经典著作等方式，学习和传承这些美德，提升自己的道德修养。齐鲁文化强调勇于担当，注重人们在困难和挑战面前的勇气和决心。大学生可以通过积极参与社会实践活动、发挥主动作用，培养勇于担当的精神，提高自己的责任感和品德水平。

在新时代背景下，高校思政教育承担着立德树人、以文化人的重要使命，需要思政教育工作者从中华优秀传统文化中汲取立德树人智慧，而这也是思政教育工作适应新形势的现实要求。高校思政教育课既是落实立德树人根本任务的关键课程，又是传承中华优秀传统文化的重要阵地，而思政教育融合传统文化阐释马克思主义精髓，有利于推进中华优

① 习近平．习近平著作选读（第一卷）[M]．北京：人民出版社，2023：28.

秀传统文化与思政教育创新性发展。齐鲁优秀传统文化对培养当代大学生良好思想道德品质有着积极作用和影响。“天行健，君子以自强不息；地势坤，君子以厚德载物”是中华优秀传统文化与当代思想政治教育相互融合的德育立足点。齐鲁优秀传统文化重视个人道德修养的培养和大学生综合素质的提高，有利于培养大学生在现实的学习生活工作中待人接物的良好习惯和积极乐观的生活态度，以及勤俭节约、艰苦奋斗的生活作风，对其拓宽精神空间，形成健康向上的人生观具有积极意义。因此，高校思政教育工作把马克思主义世界观教育同中华优秀传统文化相结合，可以达到提高大学生的思想道德修养，增强思想政治素养的实际效果，让青年学生对国家和民族命运产生情感认同，成为社会主义现代化建设所需的合格人才、优秀人才、可靠人才。

文化认同价值主要表现为增强大学生文化认同与自信。世界百年未有之大变局加速演进，中华民族正处在实现伟大复兴的关键时期。我国发展在面临国内外形势深刻变革，各种不确定性因素增多，突发性事件挑战难度增大的情况下，洞察时势，积极应变成为必然要求。面对思想文化领域多元交锋，正确与谬误、先进与陈旧的观念交织，非马克思主义的思想意识在高校潜滋暗长，西方国家对中国青年一代的思想文化渗透从未停止。高校思政教育工作应当显性教育和隐性教育齐头并进开展。

文化软实力是世界各国制定文化战略的重要参考系。利用“第二个结合”因时应势地把民族创造力、凝聚力和生命力熔铸在人类文明新形态之中，成为提升我国文化软实力的战略重点。一方面，文化软实力是一个国家最基础、最根本、最深厚的力量，是基于本国文化形成的对其他国家的吸引力、感染力和引领力。党和人民立足文化传统，认清文化现状，把握文化规律，创造出中国特色社会主义文化，集中体现了“第二个结合”的理论原则和经验总结。面对各种严重影响主流意识形态和社会舆情环境的外部思潮冲击与内生风险，做好坚定中国特色社会主义文化发展道路，“增强做中国人的志气、骨气、底气”①的文章，直接

① 习近平. 习近平谈治国理政（第四卷）[M]. 北京：外文出版社，2022：14.

关系到整个中华民族的精神面貌。另一方面，“第二个结合”形成的文明形态矗立在人类哲学的高度上观察世界，凭借中国五千年的厚重历史看待文化。人类文明新形态不是简单摹画历史传统的模板，不是纯粹照搬马克思主义经典作家设想的样板，不是完全效仿国外现代化的翻版。人类文明新形态是新时代中国所特有的现代化文明形态，是理论与实践紧密联结的统一体，其中蕴含的辩证唯物主义和历史唯物主义的科学思维方法为正确对待和有效汲取一切人类文明成果提供了全新的科学思路，为维系人类文明繁荣发展贡献了中国智慧。

通过专门开设中华优秀传统文化相关课程，参加社会实践、建设校园文化设施等显性教育方式，让大学生接受优秀传统文化熏陶，汲取丰富的精神营养，加强自身文化素养。通过把中华优秀传统文化的精髓和内涵融入大学生的日常学习、生活，融入理想信念教育中，以润物细无声的隐形教育方式，让中华文化“新”起来、“动”起来、“活”起来，在广大青年大学生心中生根发芽，进而成为中华优秀传统文化的坚定继承者、积极传播者。显性教育和隐性教育的目的是提升高校学生高度的文化自信。文化自信是中华民族与生俱来的气度，基于本民族文化价值认同而生成的民族向心力生生不息，贯通整个民族的过去、现在和未来，熔铸成中华儿女共同的精神长城。我国的文化自信来自历史文脉历尽沧桑、亘古而新，来自精神血脉坚毅顽强、慷慨激昂，来自时代气脉欣欣向荣、富强昌盛。新时代坚定文化自信就是坚持和发展中国特色社会主义文化发展道路，只有始终保持本色、擦亮底色、凸显特色，才能开拓出人类文明新形态。“欲人勿疑，必先自信”只有对自己的文化有满怀的信心，才能从容坚守住文化立场，奋发进取地鼓起勇气把文化推向世界，获得外界的认可。

为国育才价值就是要涵养社会主义核心价值观。社会主义核心价值观是中华优秀传统文化的集中体现，也是国家文化软实力的重要基石。“民惟邦本，本固邦宁”的民主精神，“天下为公”的大局观念，“天下兴亡，匹夫有责”的使命感，“君子养心莫善于诚，致诚则无它事矣”的诚信态度，“穷则独善其身，达则兼济天下”的仁者爱人思想等，都是补足大学生精神需求的“钙”。将社会主义核心价值观与中华优秀传统道德滋养有机结合，赋予新时代社会道德风尚以精神价值源泉。此结合绝非单纯停留在形式层面，而是把更加宽广的视域拓展到价值层面。其一，在中国人民长期奋斗中形成的中国精神包含了中国传统美德的精华和社会主义核心价值体系的精髓，是“第二个结合”在价值层面的集中体现。不同的历史时期，中国精神被赋予多种符合时代特征的表达，丰富和发展了中国精神的价值谱系。领悟中国精神就要立足中华文明的“连续性”①，这一特性不仅体现为纵向上朝代更迭的线性连续，而且表现为横向上精神内核的一以贯之。中华民族作为“历史的民族”，自身的存在依赖于历史，在创造历史的同时不断进行关于历史及其意义的反思。因此，中国的过去、现在与未来早已融为一体。其二，社会主义核心价值观是用以维系民族生存发展的精神纽带和思想基础，象征了一个国家和社会的精神文化认同，反映了中华文明突出的“统一性”。这种文明特性形象表达了六合同风、九州共贯的大一统观念，形象写照了各族人民在共同的国土范围内频繁交往的图景。千百年来，“国土不可分、国家不可乱、民族不可散、文明不可断”的共同信念构成国家的核心利益，同分裂动荡划出鲜明的界线，激励着英雄的中华民族为实现国家统一、民族团结不懈奋斗。其三，价值观的现实功用要求“第二个结合”不能简单回归到已有的实践中去，而是更加强调如何解决好新时代课题下的现实问题。换而言之，“第二个结合”在价值层面的融通不是纯粹的解释性的学理，而是切实指导新时代中国特色社会主义文化建设和理论创新的实践走向，解决党和国家事业发展面临实际问题的行动指南。马克思主义中国化、时代化离不开现实的实践基础和时代要求，同时又需要中华优秀传统文化的滋养。

中华优秀传统文化中的道德准则和价值取向，与社会主义核心价值观中民主、平等、公正、诚信、友善等观念高度契合。加强、深化对中华优秀传统文化的学习，可以让社会主义核心价值观润物无声地根植于大学生心中，升华为大学生的行为准则和行动指南。中华优秀传统文化中蕴含的丰富哲理有利于大学生树立正确的国家观、民族观和文化观，

① 习近平．习近平在文化传承发展座谈会上强调 担负起新的文化使命 努力建设中华民族现代文明［N］．人民日报，2023-06-03．

增进理论认知、情感认同和行为自觉。在高校思想政治教育中融入中华优秀传统文化，有助于传承与创新传统文化，增强国家文化软实力，培养大学生以爱国主义为核心的民族精神、以改革创新为核心的时代精神，提高大学生的思维能力、综合素质和创新能力，为形成具有社会责任感和创造力的社会主义建设者和接班人奠定坚实基础。

齐鲁优秀传统文化内容丰富，结合高校思政课教学的理论和实践，以山东财经大学为例，经过几年的调研，整合“最好奇的背景”“最崇拜的偶像”“最喜欢的名句”“最向往的场馆”四个方面的调研结果，按照大学生喜欢的顺序，选择了其中的管子、孔子、孟子、墨子、孙子、辛弃疾、戚继光作为本书研究的重点。

1.3 齐鲁优秀传统文化与思政课教学的融合路径

为有效贯彻“两个结合”重要指示精神，围绕思政课的教学特点，主要从齐鲁传统文化的生成背景、齐鲁传统文化的代表人物、齐鲁传统文化的主要观点、齐鲁传统文化的后续影响四个方面提出融入思政课的四种路径，即背景比较法、德育对标法、课堂讨论法、实地调研法，试图把齐鲁优秀传统文化融入高校思政课教学之中。

1.3.1 背景比较法

背景比较法是要从政治、经济、文化、军事、外交等方面，全面地看待问题。任何历史事件都不是孤立存在的，而是跟当时的社会背景有着深刻的联系。要深入考察历史事件、历史人物，须得多方面地了解其所处的历史背景，从而得到大体得当的判断，避免主观臆断造成的错误认知。了解传统文化生成的时代背景，可以帮助高校大学生理解文化本身的思想内容。由于历史文化距离大学生的生活很遥远，再加上大学生与此相关的历史知识比较匮乏，为更好地帮助学生用心感受思政课字里行间饱含的民族精神和爱国热情，避免学生对中国近代史产生感知碎片化认识，我们从历史背景的角度对齐鲁优秀传统文化加以分析，帮助学生提高对相关思政理论的理解和掌握。

《比较史学》的作者庞卓恒认为："比较历史的研究是指运用'对各种历史现象进行时间系列上的前后阶段的纵向比较或者空间系列上的同一阶段的横向比较的一套历史研究的理论和方法论体系'进行具体的比较研究的实践。"[①]丁伟志认为："历史比较研究是一种对历史进行宏观考察的重要的方法"，"或者通过对不同时期的历史的比较研究以求常求变，或者通过对不同地域的历史比较研究以求同存异。"[②]黄郴在《历史教学中比较法的妙用》中认为："历史比较教学法是指将教材中有一定关联的历史现象和概念，进行比较对照，判断异同、分析缘由，从而把握历史发展进程的共同规律和特殊规律，认识历史现象的性质和特点。"[③]金春红提出："将历史比较法运用于中学历史教学，就是指导学生对一些存在关联性的历史事件和概念进行比较和分析，由此让学生明确历史发展的基本规律。"[④]历史比较法是对历史上同类事件、人物和现象进行比较和对照，并分析其异同及缘由，从而寻求历史规律的一种方法。

根据历史学研究专家在历史研究中的研究方法，基于高校思政课的需要，本书提出对中华优秀传统文化中文化生成的背景专门加以比较。作为一种教学方法，在尊重历史规律的前提下，以课程标准为依据，以学生为主体，将具有一定可比性的两个或两个以上的背景从不同的角度、不同的环境进行综合比较，找出比较对象之间的异同，突出对象之间的关联性和特殊性，加深对相关内容的综合分析，揭示历史发展规律的教学方法，启发学生的思考。《辞海》中对"比较"一词的解释为"确定事物间相同点和相异点的方法"，且提出了比较的要求为"根据一定的标准把彼此有某种联系的事物加以对照，确定其异同点，可对事物作初步的分类。但只有在对各个事物的内部矛盾的各个方面进行比较后，才能把握事物间的深层联系，认识事物的本质。"[⑤]综上，关于"比较"的关键词有"有联系的两个或两个以上的事物""对照""异同

① 庞卓恒．比较史学［M］．北京：中国文化书院，1987：64.
② 丁伟志．马克思主义与历史宏观研究［N］．人民日报，1981-08-25.
③ 黄郴．历史教学中比较法的妙用［J］．新课程（教育学术），2012（4）：151.
④ 金春红．运用历史比较法发展学生核心素养的思考［J］．中学教学参考，2018（16）：64.
⑤ 夏征农，陈至立．辞海［Z］．上海：上海辞书出版社，2010：226.

点”“事物的本质”等。“比较”可定义为：对有联系的两个或两个以上的事物加以对照，找出其异同点，认识事物的本质。“比较法”是在历史教学的应用中，将历史教材以及其他相关学习资料中有关联的历史事件、历史现象、历史人物、历史概念等历史构成要素进行比较，从比较中辨别异同，从而帮助学生认识历史发展规律，学会从历史中借鉴经验并解决现实问题的教学方法。

结合“中国近现代史纲要”这门课，结合原有的教学实践经验，我们提出了中国传统文化中管子、辛弃疾、戚继光的文化背景融课点并加以分析，选择的原则在于：其一，目标性原则。坚持以教学目标为导向，旨在清楚认知应用比较法所针对的教学目标和能解决的教学问题，通过历史背景的比较帮助学生理解历史事件的前因后果，通过说理、求实、启发，推动教学应用，更好地解决教学中的重难点问题，促进学生对重难点问题的理解。其二，可比性原则。坚持寻找关联对象之间的必然联系，进行具体的场景比较，也即“所有的比较方法都必须遵循的一条最基本的规则，就是只有在可比较事物之间才有可能进行有意义的比较。在运用比较法进行教学时应该首先考虑的是事物之间有没有可比性，否则将失去比较的意义。”①在中国社会发展的历史长河中，将前后的对象之间的关联性作为比较的切入点时，才能得到有价值的比较结果并且让学生受到教育。其三，育人性原则。比较的目的并非为了获得相关的历史资料或知识，思政课的目的在于育人，通过比较进而接受高校思政课所要求的思政理论，通过在比较过程中联系社会现实问题，让历史鲜活起来，拉近学生与历史的距离，培养学生身临其境般地感受历史的乐趣以及对当前思政教育的意义的理解。

1.3.2 德育对标法

对标一词的基本含义就是对比标杆找差距，对标方法是寻找和学习最佳典范案例的有效方法。对标法的本质在于要把个人的目光紧紧盯住他人曾经成功的最高水平，明确自身与最佳之间的差距，从而指明个体

① 巴勒克拉夫．当代史学主要趋势［M］．杨豫，译．北京：北京大学出版社，1987：2.

未来奋斗的总体方向，通过比较，可以增强自信，不断超越自我，从而能更有效地推动个人向优秀看齐。德育对标法是指用来提高学生思想认识、培养他们的品德的方法，发挥榜样示范的作用，就是“通过具有榜样意义的人或事的示范引导，教育人们提高思想认识、规范自身行为的方法”①。从德育视角看，榜样示范法是通过用典型示范也就是用榜样的先进品德和模范行为来教育人，对人的思想道德起到良好的促进作用的一种德育的方法，而这种德育视角下的定义是被大家所广泛认同并且适用的方法。从思想政治教育学视角来看，榜样示范法是用生动形象的榜样人物来使抽象的理论变得生动形象起来，让受教育者易于理解，从而能够将榜样的行为进行品质内化，激发他们学习效仿的兴趣，从这个角度更加清晰地指出榜样示范法的目的以及作用于受教者身上发挥影响的过程。从教育学角度来看，榜样示范法就是将具备优良品格和先进模范言行的人作为榜样，并且以此来影响学生的一种教育方法，直接阐明榜样示范法的内容和目的。

德育对标法是教师根据学生的特点、教学的具体内容等方面选取的合适的榜样加以对标，向学生树立标杆，展示先进事迹以供学生学习效仿，从而对学生的观念、思想以及行为等方面产生正面积极的影响。榜样的示范与对标一般是正向的示范，通过对榜样选取、分析、示范来向学生展示榜样先进的事迹、高尚的道德品格，从而引起学生的情感共鸣。

马克思主义经典著作中，围绕着“人的发展问题”“现实的人”的问题，提出了马克思主义关于人的发展学说的基本观点，马克思、恩格斯认为人是在社会生产关系中处于不同地位的群体和个人，存在现实性和差异性，即人的多样性和思想道德水平的多层次性。而德育对标的标杆就是基于人的思想道德水平发展的不平衡而存在，思想道德水平发展较高的人就可以成为标杆，可以示范给他人学习效仿来提高其思想道德水平，从而缩小人的思想道德水平之间的差距。“人的本质不是单个人所固有的抽象物，在其现实性上，它是一切社会关系的总和。”②人是

① 陈万柏，张耀灿. 思想政治教育学原理［M］. 北京：高等教育出版社，2007：226.
② 马克思，恩格斯. 马克思恩格斯选集（第一卷）［M］. 中共中央马克思恩格斯列宁斯大林著作编译局，编译. 北京：人民出版社，2012：135.

社会关系的产物，人的思想和道德品质的形成会受到所处的环境的影响。人的生长与发展不是自己能完成的，会受到社会各种因素的影响，所以需要一定的教育与标杆的引领来完成生长与发展。这便是人与标杆示范之间的关系，也是实现人自由而全面发展的重要条件。而人自由而全面地发展是马克思主义关于“人的发展问题”的落脚点，即通过消灭不同阶级之间的差别，实现人的全面发展达到榜样示范的最终目的。

结合“思想道德与法治”这门课，我们提出了将孔子、孟子、辛弃疾、戚继光作为人格对标的德育典范。上述四人作为德育对标的选择原则是：其一，正面引导原则。正面引导性指的是通过树立的标杆的示范对学生起到的正面的、积极的影响作用。示范指的是做出榜样或典范来供人们学习。而标杆式人物的高尚思想、模范行为、卓越成就对于学生的思想、情感和行为的引导就是正面的，通过运用德育对标法能使学生往积极正确的方向发展。德育对标法之所以独特于其他教学方法在于其能将抽象、深奥的理论以生动、形象的标杆展示出来，让学生能够更加直观地学习。教师通过呈现生动、形象的标杆，将抽象的思想道德、价值观念等具体化，让学生更加直接地体会与感受，也更能接受和学习。其二，可效仿性原则。德育对标法之所以可以成为高校思政课教学中重要的教学方法，是因为其具备了可效仿性。模仿是人能够成才的有效方法。换言之，就是以某一事物为标杆，模仿着做或者借鉴需要的方面，再结合自己更好地发扬其优势。德育对标法将榜样的先进事迹、高尚的道德情操示范给学习者，引导学习者效仿榜样获得行为方向。其三，深远持久原则。德育对标法对人的影响是深远持久的。德育对标法影响的持久性体现在实施过程中的持久以及实施后效果影响的持久上。德育对标法要对学生起到影响作用，就要不断地进行榜样示范。不同的榜样示范有着不同方面的影响，而且影响也不是一次效仿就可以起作用，而应该通过不断耳濡目染，一次又一次地循序渐进地实施，对学生进行持久的标杆示范教育。

1.3.3 课堂讨论法

课堂讨论法是在教师的指导下，学生以全班或小组为单位，围绕教材的中心问题，各抒已见，通过讨论或辩论活动获得知识或巩固知识的一种教学方法。课堂讨论便于学生整体参加活动，可以培养合作精神，激发学生的学习兴趣，提高学生学习的独立性。高校采用的课堂讨论的方式是思政课的有效学习方式之一。一是讨论的问题要具有吸引力。讨论前教师应提出讨论题和讨论的具体要求，指导学生收集阅读有关资料或进行调查研究，认真写好发言提纲。二是讨论时，要善于启发引导学生自由发表意见。讨论要围绕中心，联系实际，让每个学生都有发言机会。三是讨论结束时，教师应进行小结，概括讨论的情况，使学生获得正确的观点和系统的知识。四是运用讨论法需要学生具备一定的基础知识、一定的理解能力和独立思考能力，因此讨论法在高年级教学中运用得比较多。①

课堂讨论法是课堂教学的重要组织方法，也是提升课堂民主性、活跃课堂氛围的主要途径。课堂讨论法主要倾向于在课堂上让学生参与各种互动环节，即在课堂上学生们通过交流、讨论等方式发表各自的看法并获得知识的过程。该活动参与的主体可以是教师与学生，也可以是学生与学生，其实施的前提条件是需要拥有共同的话题，实施的过程中需要教师的指导与参与者们的交流，实施的目的是让学生获取知识，从而提高教学效果。②课堂讨论的实质，离不开“互动”二字，无论是教师与学生之间的互动、学生彼此之间的互动、师生与教学内容之间的互动，还是师生与教学环境之间的互动。

课堂讨论的核心在于讨论一词。《辞海》中关于“讨论”的定义是：探讨寻究，议论得失。《现代汉语大词典》中对“讨论”的定义是：就某一问题交换意见或进行辩论。国内也有学者将讨论定义为“针对某个事物相互表明见解或论证的过程，它是一种有效交流看法、形成认识、使信息增值的方法”。讨论的产生必须有一个中心，它可以是一个问题，也可以是某个事物，为了让更多的学生置身于思考的课堂氛围中，教师与学生之间、学生与学生之间共同讨论、探究与解决问题，学生由此获得知识技能、发展技能与人格提升。③

---

① 郑金洲. 教学方法应用指导［M］. 上海：华东师范大学出版社，2006：84-90.
② 任淑琦. 大学生参与课堂讨论现状及问题研究［D］. 南京：南京师范大学，2019.
③ 钟启泉，张华. 课程与教学论［M］. 上海：上海教育出版社，2000：199.

课堂讨论是指学生在教师的指导下，就教材中所学的基础理论问题或主要疑难问题进行讨论。作为一种共同讨论、相互辩论的教学组织形式，无疑需要教师的精心设计。因此，需要作为主体的思政课教师，必须通过预先的设计与组织，帮助学生经过认真思考，在教师引导下就某一历史问题发表自己的见解，以期达到主动探寻知识的教学效果。

结合“马克思主义基本原理”这门课，我们选择了孔子、孙子、墨子、管子作为融课点，主要基于以下的基本原则：其一，学生为本原则。课堂讨论确立了学生在课堂上的主体性，从而使学生更好地掌握学习的主动权。教师则由知识讲授者的角色变成了学生讨论活动的组织者与学生参与的引导者，在这样一种角色的转变下，学生也逐渐树立了主体意识，由于所学知识不再只是依靠单方面获得，学生为了获取知识，必须端正学习态度，积极查找资料，动手参与实践，从多方渠道来解决课程中的难题。其二，氛围活跃原则。课堂讨论多是以过程为导向，注重学习者参与问题探讨的过程以及获得问题解决的途径。学生在教师的引导下可以畅所欲言发表个人的看法以及独到见解，遇到疑问也可以在交流的过程中直接提出，在课堂中及时解决。学生的学习与思维能力、理解与概括能力、对问题的分析与表达能力以及团队协作能力等都会得到训练与优化，学生的综合素质也会得到更加全面的发展。

1.3.4 实地调研法

实地调研是对在实地进行考察研究活动的统称，当无法满足调研目的，收集资料不够及时准确时，就需要适时地进行实地调研来解决问题，取得第一手的资料和情报，使调研工作有效顺利地开展。所谓实地调研，就是指对第一手资料的调查活动。实地调研是指由调研人员亲自搜集第一手资料的过程，在特定范围内选出具有代表性的特定对象进行调查研究，借以认识同类事物的发展变化规律及本质的一种方法，到现场采用典型调查，能够明确对象的选择，做到对总体情况的了解，对有代表性对象的把握。

实地调研法的本质脱胎于党的高度重视调查研究的优良传统和作风。实地调研法本质就是解决问题。毛泽东曾经明确说过：“调查研究目的是解决问题。”[①]习近平也深刻指出：“调查研究的根本目的是解决问题。”[②]这种高度契合的认识告诉我们，只有通过调查研究努力掌握全面、真实、丰富、生动的第一手材料，真正搞清楚本地区、本部门、本单位的实际情况，真正搞清楚影响改革发展稳定的突出问题，真正及时了解人民群众的所思所盼，在这个基础上把实事求是与解放思想辩证统一起来，使我们的思想认识符合客观实际，冲破脱离实际的固有观念和主观偏见的束缚，改变因循守旧、不接受新事物的精神状态，这样才能真正地解决发展难题，从而与时俱进地把我们的事业和各项工作不断推向前进。

结合“毛泽东思想和中国特色社会主义理论体系概论”“习近平新时代中国特色社会主义思想概论”“形势与政策”课程的学习，我们重点介绍了孟子、孙子、墨子所在的历史纪念馆的有关情况，这样选择的原则是：其一，材料真实性原则。现场调查法是指通过实地走访、观察和相关文献资料收集等方式来获取研究对象的实际情况和信息，保证相关的数据真实可靠。其二，信息丰富性原则。现场调查可通过与对象直接进行接触、交流获得丰富的信息，能收集到更全面、详细的数据。其三，现场感染性原则。通过现场调查，我们容易受到受访对象的事迹和态度以及现场氛围的影响，从而受到教育和启发。

① 中共中央文献研究室．毛泽东年谱（1949—1976）（第四卷）［M］．中央文献出版社，2013：555．

② 习近平．谈谈调查研究［N］．学习时报，2011-11-21．

第2章　齐鲁优秀传统文化与学史明志

1840年以来的中国历史，是中国一代又一代的仁人志士和人民群众为救亡图存和实现中华民族伟大复兴而英勇奋斗、艰苦探索的历史；是全国各族人民在中国共产党的领导下，进行伟大的艰苦的斗争，经过新民主主义革命，赢得民族独立和人民解放的历史；经过社会主义革命、建设和改革，把一个极度贫弱的旧中国逐步变成一个初步繁荣昌盛、充满生机和活力的社会主义新中国的历史。“中国近现代史纲要”这门课的基本内容简单概括就是让学生懂得革命的价值和爱国的意义，帮助学生通过传统文化思政课的融入，进一步达到学史明志的教学目的。通过对“中国近现代史纲要”这门课的相关内容的解读，从近现代历史发展的基本脉络入手，揭示近现代中国社会发展之艰难。

本章依据对高校学生的问卷调研，大学生非常关心的有关历史背景的状况“你最好奇的历史背景是什么?”的结果显示，排在前三位的分别是管子、辛弃疾、戚继光三人所处时代的文化背景，即管子的春秋战国时代、辛弃疾的宋朝、戚继光的明朝，为此，本章结合“中国近现代史纲要”这门课的相关内容进行比较分析，促使学生能够自觉地继承和发扬近代以来中国人民的爱国主义传统和革命传统，进一步增强实现中华民族伟大复兴的责任感和使命感。

2.1 从管子所处的春秋战国时代到半殖民地半封建社会的近代中国

本专题从管子入手，结合管子所处时代的历史背景，以“中国近现代史纲要”这门课中的中国半殖民地半封建社会性质作为教学融入点，通过背景比较法进一步分析二者之间的内在关系。本专题教学融入课，旨在分析近代中国半殖民地半封建社会的基本国情，一方面是由封建统治者的腐朽无能以及国家的落后造成的，另一方面是由资本主义国家对中国的侵略造成的，中华民族由此陷入了内忧外患的悲惨境地。

2.1.1 思政理论

近代中国，殖民侵略给中国带来了沉重灾难，加剧了中国的贫困和落后。首先，他们发动侵略战争，屠杀中国人民；通过签订一系列不平等条约，侵占中国领土，划分势力范围；勒索大量赔款，抢掠财富。其次，在政治上控制中国政府，操纵中国的内政、外交，把中国当权者变成自己的代理人和驯服的工具，镇压中国人民的反抗。再次，在经济上进行掠夺，操纵中国的经济命脉。最后，对中国进行文化渗透，利用宗教进行侵略活动，宣扬殖民主义奴化思想，麻醉中国人民的精神，摧毁中国人民的民族自尊心和自信心。总之，西方的殖民侵略是中国近代贫困落后的重要原因之一。随着外国资本-帝国主义的入侵，中国社会发生了根本性变化：其一，独立的中国逐步变成半殖民地的中国；其二，封建的中国逐步变成半封建的中国。

殖民主义的本性决定了中国必然会遭受资本-帝国主义列强的侵略。我们需要思考一个问题，在近代中国，资本-帝国主义列强为什么能够达成侵略中国的目的。纵观历史发展，不难看出，资本-帝国主义列强最终达成侵略中国的目的原因是多方面的，概而言之，主要表现在以下几个方面：

1）清王朝衰相尽显

乾隆时期，正是西方资本主义大发展时期，由于工业革命的推动，西方资本主义国家力量迅速增强。与此同时，中国开始走下坡路。著名的爱国思想家龚自珍指出："自乾隆末年以来，官吏士民，狼艰狈蹶，不士不农不工不商之人，十将五六。……自京师始，概乎四方，大抵富户变贫户，贫户变饿者。四民之首，奔走下贱。各省大局，岌岌乎皆不可以支月日，奚暇问年岁？"他认为，清王朝已经"日之将夕"。正是由于力量的此消彼长，给西方列强侵略中国创造了条件。

2）闭关自守，固步自封

乾隆时期统治阶级固步自封，夜郎自大，采取了闭关自守的对外政策。这在乾隆给英王的敕谕中体现得特别清楚。针对马戛尔尼访华使团长期驻留北京的要求，乾隆皇帝回复说："天朝所管地方最为广远，凡外番使臣到京，驿馆供给，行至出入，俱有一定体制，从无听其自便之例。今尔国若留人在京，言语不通，衣服殊制，无地可以安置。"针对英国提出互通有无的要求，强调"天朝物产丰盈，无所不有，原不藉外夷货物以通有无"。最后总体的回复为"天朝统驭万国，一视同仁，亦不仅尔英吉利一国。若俱纷纷效尤，以难行之事变行干渎，岂能曲循所请？念尔国僻居荒远，间隔重瀛，于天朝体制原未诸悉。是以命大臣向使臣等详加开导，遣令回国"。

正是由于对外政策上的闭关自守，固步自封，导致中国失去了学习西方、赶超西方的机会，中西差距逐步拉大。马克思对清代的对外政策有这样一段分析："一个人口几乎占人类三分之一的大帝国，不顾时势，安于现状，人为地隔绝于世并因此竭力以天朝尽善尽美的幻想自欺。这样一个帝国注定最后在一场殊死的决斗中被打垮。"近代中国的遭遇充分印证了马克思的这个判断。

3）与西方相比较全面落后

后来西方列强对中国公然动用武力，展开军事侵略，双方在军队质量、武器装备上的差距异常明显，清军处于全面落后状态。

军队质量对比：英军军官大抵经过军官学校培训，士兵的招募、军官（包括士官）的选拔和退役都有一套完整的制度。而清军父子相继，且由于承平日久，训练废弛。由于军饷百年不变，物价上涨，当兵所得不足以养活一家老小，于是纷纷从事第二职业。同时，清承明制，官员俸禄标准很低，导致吃空饷，克扣军饷现象屡见不鲜。各路“军爷们”各显神通，贪赃枉法。种种问题，导致军队质量低下。对于此，林则徐无可奈何地表示，“虽诸葛武侯来，亦只是束手无策”。

武器装备对比：黄一农先生认为：“明末……中国与西方在实用炮学上的差距其实并不特别显著。”至鸦片战争前夕，双方的差距巨大。英军主要使用伯克式前装滑膛燧发枪和布伦威克式前装滑膛击发枪，射程分别为200米和300米，射速为2/3发/分钟和3/4发/分钟，清军所使用为兵丁鸟枪，射程100米，射速为1/2发/分钟，双方差距可见一斑。火炮的差距也与枪支相仿，中国的火炮铸造技术全面落后，不仅制造工艺差，而且使用的主要原材料铁在质量上也远逊于完成了工业革命的英国。由于铁质太差，铸造出来的火炮十分粗糙，威力也小，往往数千斤大炮不如英军的小炮。

中国与西方资本-帝国主义的力量对比此消彼长，由于西方殖民主义的本性，在西方列强的要求遭到拒绝以后，他们便决心诉诸武力。

实际上，英国武力侵略中国蓄谋已久，鸦片战争前已经做了充分的武力准备。1827年，鸦片贩子马地臣公开煽动武装侵华。1832年英国当局派胡夏米、郭士立在中国东南沿海搜集军事情报。1835年，胡夏米将制订的对华作战方案呈交英国政府。1836年英国驻华商务监督义律公开叫嚣对华战争。英国资本家也在伦敦成立“印度和中国协会”，敦促英国政府加紧对中国的扩张。几乎与此同时，法国、美国、沙皇俄国等也加紧了侵略中国的准备。

西方列强依仗着先进的武器和技术，展开了对中国的侵略。这些侵略，给中国人民带来了深重的灾难，使中国的经济和社会发展受到了严重阻碍。

2.1.2 历史背景

管子（？—公元前645年），名夷吾，又名敬仲，字仲，春秋初期颍上人，是我国古代著名的政治家、军事家、经济学家、哲学家。

管仲作为中国古代重要的政治家、军事家、道法家，其思想集中体现于《管子》一书。《管子》是一部经邦治国的经典著作，是一批以管仲为中心的崇尚管仲治国功业和理想的思想家，也可以说是“管仲学派”的著作总集。该书篇幅宏伟，内容复杂，思想丰富，如《牧民》《形势》等篇讲霸政法术；《侈靡》《治国》等篇论经济生产，此亦为《管子》精华，可谓齐国称霸的经济政策；《七法》《兵法》等篇言兵法；《宙合》《枢言》等篇谈哲学及阴阳五行等；其余如《大匡》《小匡》《戒》《弟子职》《封禅》等为杂说。《管子》是研究我国古代特别是先秦学术文化思想的重要典籍。

1）政治环境

管仲所处的时代是春秋时期，这个时期是中国历史上社会急剧变化、秩序崩塌的时期。在这个时期，周朝的中央权威逐渐削弱，各个诸侯国为了争夺领土和资源展开激烈的斗争。同时，边境各族也迅速发展起来，对中原地区构成了严重的威胁。齐国面临着异常严峻的外部形势。然而，管仲凭借他的卓越才能被任命为齐国宰相，他大刀阔斧地推行了一系列改革措施，极大地增强了齐国的国力。

管仲十分重视人才的价值，他提倡尊重和重用人才，打破了封建世袭制度的束缚，让人才能够在社会上自由地发挥自己的才能。他甚至提出了让贤的政策，鼓励人们积极展现自己的才华，而不仅仅看重家族背景。这些政策使得齐国的人才资源得到了充分利用，为齐国的发展奠定了坚实的基础。管仲在军事、政治、税收、盐铁等方面也进行了卓有成效的改革。他加强了军队建设，提高了税收收入，发展了盐铁产业等。这些改革措施极大地增强了齐国的经济实力，为齐国在春秋时期的争霸战争中占据了优势地位。

在管仲的帮助下，齐桓公以“尊王攘夷”为口号，通过高超的外交手段与周边国家建立友好关系，扩大了齐国的影响力。同时，管仲还推行了一系列有利于国家发展的政策，如发展农业、提高手工业水平、加强商业贸易等。这些政策促进了国内经济的发展，也为齐国在国外的贸易中赢得了更多的机会。

管仲的思想和才学被记录在《管子》一书中，这本书成为中国古代政治、经济、文化等方面的重要典籍之一。管仲的思想对后世产生了深远的影响，管仲被视为中国古代杰出的政治家和思想家之一。他的治国理念、领导能力和创新思维对后世产生了深远的影响，成为中国历史上不可忽视的重要人物。

2）经济兴起

管仲是春秋时期著名的政治家、军事家、思想家和经济学家。管仲的一生，不仅建立了彪炳史册的功勋，还给后世留下了一部以他名字命名的巨著——《管子》。他主张法治，全国上下贵贱都要守法，赏罚功过都要依法办事；重视经济发展，认为国家的安定与否，人民的守法与否，与经济发展关系十分密切；主张尊重民意，以“顺民心为本”。管仲深谙经济发展之道，他推崇农业生产、发展手工业和商业，为齐国带来了繁荣。他积极倡导农业改良，并制定了农田水利政策，使得齐国的农业产量大幅增长。同时，他重视工商业的发展，支持手工业的技术创新和商业交流，为齐国带来了可观的财富。

3）军事强国

管仲不仅在经济上领先一步，也在军事改革上有所建树。他与齐桓公合力推行了军功赏罚制度，使得齐国的军队备受鼓舞，士气高昂。在管仲的辅佐下，齐国不断扩张势力，并对内平定战乱、对外抵御敌人，成为当时中国最强盛的国家之一。管仲运用其诚信仁义、尊王攘夷的高超外交智慧，促成柯地会盟、鄄地会盟，辅佐齐桓公伐狄救燕、伐狄救邢、伐狄存卫、伐夷迁杞，实现了召陵之盟和葵丘会盟。公元前651年的葵丘会盟，标志着齐国春秋霸业的鼎盛，标志着齐国政治经济军事的强盛。

2.1.3 教学分析

1）以人为本的内在属性分析

集中体现管仲思想的《管子》一书内容丰富，论述严谨，其中蕴含了众多颇有创见性的育人思想，在中国古代思想史中独树一帜，就当今思政教育而言，也具有宝贵的现实价值与借鉴意义。

（1）管子“教育为本”“以人为本”思想

在《管子》中，尤为突出的是其提倡的“教育为本”“以人为本”思想。

管子将“务人”视为治国理政的重要大事，“人，不可不务也，此天下之极也”。培养人才不是一蹴而就的，“一年之计，莫如树谷；十年之计，莫如树木；终身之计，莫如树人。一树一获者，谷也；一树十获者，木也；一树百获者，人也”。虽然管子教育思想的出发点是服务于统治阶级，但能够认识并提出培养人才需要依靠持之以恒的教育不啻于一种教育思想上的跃升。

《管子》更进一步提出“以人为本”思想。该语最早出自《管子·霸言》篇，其中所言：“夫霸王之所始也，以人为本。本治则国固，本乱则国危。”其中所提及的“以人为本”中的“人”涵盖了“天下之贤”和“天下之众”。《管子》认为，国家长治久安的关键在于能否做到以人为本。当然，《管子》中所谓的“以人为本”的含义迥异于今日。其提出“以人为本”的出发点同样是试图获取人才、老百姓的力量以达到维护统治阶级利益的目的，但其中蕴含的思想依旧具有启发意义。对于当今思政教育而言，开展传道授业的前提必然要贯彻“以人为本”思想，切实为学生着想。只有充分了解受教育者的生活实际、学习实际与思想实际，在教育人、引导人、鼓励人的同时，做到尊重人、理解人、关心人，才能提高思政工作的针对性和说服力。

（2）管子的“四维”道德教育思想

管子道德教育思想的核心就是包含“礼、义、廉、耻”等道德行为规范的“四维”思想。其出自《管子·牧民》篇，其曰：“国有四维，一维绝则倾，二维绝则危，三维绝则覆，四维绝则灭。倾可正也，危可安也，覆可起也，灭不可复错也。何谓四维？一曰礼，二曰义，三曰廉，四曰耻。礼不逾节，义不自进，廉不蔽恶，耻不从枉。故不逾节则上位安，不自进则民无巧诈，不蔽恶则行自全，不从枉则邪事不生。”《管子》将礼、义、廉、耻作为道德教育主要内容，主张用社会伦理道德规范来约束国家和个人的道德行为，进而形成全社会范围内的社会公德。

《管子》对礼义廉耻的内涵和治世功用进行定位，指出“礼不逾节，义不自进，廉不蔽恶，耻不从枉”，有礼，人们不会僭越等级规矩；有义，人们不会妄求进取；有廉，人们不会掩饰恶行；有耻，人们不会顺从邪妄。这主要从防范的角度分析礼义廉耻“四维”的内涵，并从统治者治理天下的视角，阐述礼义廉耻“四维”的作用。这是《管子》在治国过程中重视德教的表现，其主要作用是从思想上对人的行为、需要施加影响，引导人们调整个人需要以适应国家的利益。以“礼”作为基本要求，把“礼”充分落实到日常的各个方面，使“礼”成为心中的标杆；以“义”作为交友准则，以“义”指引朋友间的“气”，让“义”成为心中的信仰；以“廉”作为生活常态，植“廉”于心而践于行；以“耻”常思进步，让“耻”鞭策而不断勇敢。礼义廉耻所包含的文明礼貌、以义制利、清正廉洁、自尊自重，是中华民族传统美德的重要内容。

以“礼、义、廉、耻”为核心“四维”思想充分彰显了管子的道德教育思想，不但在实践中具有突出的效果，而且对中国传统道德教育理论的形成也做出了特殊贡献。

(3) 管子“德法兼具”的思想

管子指出，法与道德都是建立秩序规范的手段，它们的立足点都是百姓。物质上的富足并不代表精神上的富足，满足百姓的物质需要只是基础要求。没有一套完整的秩序，社会就不会有序发展，国家也不会长治久安。因此，管仲法治思想的重要特征是刚柔相济，惠民与刑法兼施，即主张国家对百姓的日常统治不单纯依靠“二柄”(即刑德赏罚)，而是德法并用，在威刑中充分融入道德恩惠的因素，使齐国呈现出内政上以德治民，外交上礼仪之邦的局面。

《管子》认为，道德的作用体现在用礼仪引导人的“四欲”“四恶”，通过实施教化，引导百姓的精神需求，用“礼”来维护等级秩序。管子将“礼”作为维护国家纲纪的四维之首，充分体现了它举足轻重的地位。“义审而礼明，则伦等不逾，虽有偏卒之大夫，不敢有幸心，则上无危矣。”义理详备，礼制彰明，伦理的等级就没有人敢逾越，仅依靠刑罚不足以维护社会稳定，还必须发挥伦理等级的作用，用道德来教化百姓。在此基础上,《管子》把礼仪道德看作影响国家存亡的重要因素。

《管子》高度重视法治的作用,并提出法是必须永远坚持的,是国家得以治理的根本,更是圣明的君主治理百姓的大道。不按照法令制度推行法律,事情的处理就没有常规,有法而不能严格执行,法律政令就不能贯彻落实。“法者,民之父母也。”《管子》将法提升至天下之至道、治国之根本、百姓之父母的崇高地位,足见《管子》对于法律权威性的重视,无非在于使整个社会形成知法、守法的法治氛围,促使各阶层的人们都对法律保持敬畏,以维护君主的权威。

《管子》主张道德教化,但并未完全依赖道德教化。《管子》将“趋利避害”的人性论作为民本思想的基础和治国理政的主要原则,在承认人“趋利避害”自然本性的基础上实施“德法兼治”,才是《管子》倡导的御民之辔、道民之门,更是《管子》实现政治目标的途径和手段。

2)道德建设的外在表现分析

管子以“礼、义、廉、耻”为核心价值的道德教育思想,不仅具有理论意义,而且具有重大的实践意义。从思政教育本身而言,管子的教育思想可视为对当代大学生进行德育教育的重要资源。

(1)助力社会主义精神文明建设

要将守“礼”助力精神文明建设,将“礼”之思想精髓科学运用到精神文明建设的各个层面,使其成为指引精神文明建设的风向标。管子“四维”思想中的“礼”并非直接灌输的规范规则,而是最基本的道德规范,所谓“上下有义,贵贱有分,长幼有等,贫富有度。凡此八者,礼之经也”。

在思政教育过程中,思政教师同样应以非灌输性教育为目标,培养大学生对道德的理性认识与判断,依据正确的道德认识,并加以指引,促进道德教育内化、外化的有机转换,为社会主义精神文明建设助力。用思想政治教育的眼光深刻挖掘“礼”的思想内涵,守住“礼”的底线。以社会主义核心价值观为纲,将守“礼”深深刻印在学生的道德品质、文化素养之中,进而形成社会主义精神文明。

（2）引导大学生树立正确义利观

管子所谓的“义”与“礼”类似，是社会各阶层都要遵守的基本规范。“义”是君民共同遵守的规范，但又有所不同，百姓行义则要从小义做起。“小义不行于国，而求百姓之行大义，不可得也。”“义”的作用很大，“夫民必知义，然后中正；中正然后和谐；和谐然后乃能处安；处安然后动威，动威乃可以战胜而守固”。管子所提倡的“义”同样可应用于大学生成长成才。

在思政课教育教学中，要引导大学生明确“义”中的“大义”，即国家与民族的利益，通过正确价值观引导学生。要引导大学生明确“义”中的“小义”，即人人都应遵守的最基本义务，引导学生明晰对他人的义务和对社会的义务。要达到社会主义“义”与“利”的统一，要鼓励学生树立追求自身的合法权益的意识，而非虚伪地空谈“不言钱”。当大学生追求个人利益有了道德准绳，“大义”也随之建立起来，当个人形成了正确的“义利观”导向，社会主义精神文明建设也会更进一步。

（3）培养大学生知廉耻、守底线的崇高人格

修身教育在《管子》中占有十分重要的地位，大到一个国家的治理，小到一个人自身的修养都要遵循知廉耻、守底线。《管子》认为，“廉”不单是治国的纲领，还将其视为社会安定的根本，“欲民之有廉则小廉不可不修也”。其主张从“小廉”着手教育民众，以达到“大廉”。耻是指有羞耻之心，“耻”的规范是“不从枉”，意思是能守正而不从邪，知耻就是知道社会层面的道德伦理。

管子“四维”思想中的“廉”和“耻”，受众不仅仅是统治阶级、普通百姓，对当今思政教育对象同样适用。在国内外形势的深刻变化大背景下，大学生思政教育既面临有利条件，也面临严峻挑战，在西方文化思潮和价值观念的冲击下，一些大学生不同程度地存在价值取向扭曲、诚信意识淡薄、社会责任感缺乏、崇尚金钱、个人极端主义盛行等问题。面向大学生开展何为“廉”与“耻”的教育，不仅对培育有理想、有道德、有文化、有纪律的社会主义公民有重要意义，更对于良好社会风气的形成有着促进作用。教育者要旗帜鲜明地引导教育大学生守

廉、知耻，守住个人节操与社会的底线，以知廉耻、守底线培养大学生个人节操，推动良好社会风气的形成。

2.2 从辛弃疾参与的宋朝反对民族压迫到近代民主革命

本专题从辛弃疾的历史背景入手，以“中国近现代史纲要”这门课中中国被资本-帝国主义侵略的历史作为教学融入点，通过背景比较法，分析从封建压迫到民族压迫的过程。本专题教学融入课程，帮助大学生了解资本-帝国主义的军事侵略、经济掠夺、政治控制、文化奴役给近代中国带来的严重危害，认清资本-帝国主义的侵略是造成近代中国贫穷落后的根本原因。同时，对大学生进行国耻教育，使他们从沉痛的历史教训中懂得国荣我荣、国耻我耻，唤起忧患意识，增强其实现中华民族伟大复兴的责任感和使命感。

2.2.1 近代历史纲要

资本-帝国主义对中国的侵略采用了军事、经济、政治及文化等多种手段，其中军事侵略是最直接且主要的方式。他们凭借先进的武器与军事技术，或是实施武力胁迫，或是挑起侵略战争，甚至武装干涉中国内政。这些侵略行为给中国人民带来了沉重的苦难，严重阻碍了中国的经济和社会发展进程。

1）军事侵略①

1919年前资本-帝国主义对中国发动的规模较大的侵略战争主要有：1840年至1842年的第一次鸦片战争；1856年至1860年的第二次鸦片战争；19世纪70年代英、俄对西藏的侵略；1883年至1885年的中法战争；1894年的甲午战争；1900年的八国联军侵华战争。通过这些战争，西方“文明人”对中国做了些什么呢？

一是屠杀中国人民。在军事侵略中国的过程中，西方殖民主义者对

---

① 本书编写组. 中国近现代史纲要（2023年版）[M]. 北京：高等教育出版社，2023：23-35.

中国人民进行了残忍的屠杀。1894年11月，日军攻陷旅顺，制造了旅顺大屠杀惨案，4天之内有2万多中国居民被杀害。八国联军攻陷北京后，1900年8月，仅在庄王府一处，就烧死和杀死义和团团民和平民1 700多人。翰林院编修叶昌炽记载，北京“城破之日，洋兵杀人无算”“但闻枪炮轰击声，妇稚呼救声。街上尸骸枕藉”，甚至很久以后，有些空屋里由于尸体腐烂，“蛆出户外”。英国人记载，联军攻占北京以后，北京“成了真正的坟场，……到处是死人，无人掩埋，任凭野狗啃食躺着的尸体”。1900年，沙皇俄国在东北制造了江东六十四屯惨案。他们把中国人居住的村庄烧光，把数千居民枪杀，或驱入黑龙江活活淹死。如此罪行，罄竹难书。

二是侵占中国领土，划分势力范围。列强在战后，通过不平等条约，割占中国领土，强占中国租界，并且在中国划分各自的势力范围。英国通过中英《南京条约》和《北京条约》割占了香港岛、九龙半岛南端和昂船洲，又通过中英《展拓香港界址专条》强行租借九龙半岛界限街以北、深圳河以南及附近岛屿，从而实现了对整个香港地区的控制。直到1997年中国才恢复对香港的主权。此外，英国还强租山东的威海卫，并把长江流域划为其势力范围。

葡萄牙于1849年强占澳门后，又于1887年胁迫清政府订立《中葡和好通商条约》，获得葡萄牙“永居管理澳门”的权力，从而实现了对澳门的控制。直到1999年，中国政府才恢复对澳门的管辖。另外，俄国、日本、德国、法国等国家也都通过不平等条约割占了中国大片领土，并划分了各自的势力范围。

三是勒索赔款，抢掠财富。帝国主义列强在战后向中国勒索巨额战争赔款，还公开抢掠中国财富。晚清政府主要的对外赔款及其利息，合计赔款总额超过13亿两。甲午战争前，赔款数额尚在国家财政可以承受的范围内，甲午战争后，战时军费支出及战后赔款的需要，清政府不得不大量举借外债，致使偿还外债成为清政府沉重的负担，导致国家财政状况持续恶化。另外，西方列强在侵华战争中还公开抢劫中国的财富，肆意破坏中国的文物和古迹，特别是被称为“万园之园”的圆明园，遭到了英法联军的焚烧和抢劫。参加抢劫的英国人戈登承认：“我们就这样以最野蛮的方式摧毁了世界上最宝贵的财富。”八国联军攻入北京后，圆明园又遭遇了第二次洗劫。八国联军总司令，德国元帅瓦德西承认：“所有中国此次所受损毁及抢劫之损失，其详数将永远不能查出，但为数必极重大无疑。”这些自称“西方文明传播者”在中国的所作所为，充分暴露了其践踏人类文明的野蛮本性。

2）政治控制

资本-帝国主义对中国政治侵略的主要手段是通过操控中国政府，干预中国的内政与外交，将中国执政者转变为其代理傀儡，使其成为顺从的工具。

一是控制中国的内政和外交。第一次鸦片战争期间，外国侵略者还是通过中国内部的妥协派、贵族大臣，如琦善、耆英、伊里布等人，来对清政府施加压力和影响。直到第二次鸦片战争期间，西方列强通过《天津条约》，达到了外国公使进驻北京的目的。外国公使在北京可以直接向中国政府发号施令，成为清政府的“太上皇”。另外，领事裁判权是外国侵略者强迫中国缔结的不平等条约中所规定的一种非法特权。这种非法特权，是对一个主权国家属地优越权的侵犯，更是对一国独立司法主权的剥夺，是公然违背国家主权和国家之间权利对等的国际法基本准则的。曾经在中国享有领事裁判权的国家有20余国，即英、法、美、俄、德、日、奥匈、意、比、西、葡、丹、挪、荷、秘、墨、智、瑞典、瑞士、巴西等。控制中国的海关和外交事务也是列强惯用手段。英国人赫德自1863年继李泰国任总税务司开始，直到1908年回国，掌握中国海关大权达40余年。

二是镇压中国人民的反抗。西方列强还勾结清政府镇压人民的反帝反封建斗争。为了镇压太平天国农民起义，他们不但向清政府供应军火、船只，而且派外国军官组织“洋枪队”，甚至直接动用陆海军对太平军作战。当一些“教案”发生时，外国侵略者便迫使清政府屠杀中国人民，惩办对人民镇压不力的地方官员。1901年《辛丑条约》中，帝国主义列强迫使清政府做出永远禁止中国人民成立或加入任何反帝组织的承诺，并规定清政府各级官员如对人民反帝斗争“弹压惩办”不力，“即行革职，永不叙用”。列强还在北京等地攫取驻兵权，以便随时动用武力干涉清政府和镇压中国革命。

三是扶植、收买代理人。为了加强对中国的政治控制，西方列强还特别注意在中国政府中扶植、收买自己的代理人。

第二次鸦片战争后，支持奕訢、文祥等满族贵族掌握总理各国事务衙门。在镇压太平天国过程中，扶植曾国藩、李鸿章等湘系、淮系军阀，帮其购买、制造洋枪、洋炮和练兵。慈禧太后在《辛丑条约》签订前夕，表示要“量中华之物力，结与国之欢心”，以此得到列强的肯定。清末，帝国主义列强又扶植袁世凯建立北洋军阀政权。袁世凯死后，又分别扶植段祺瑞、冯国璋、张作霖等作为自己的代理人。

3）经济掠夺

一是控制中国的通商口岸。鸦片战争前，清政府实行“闭关政策”，只允许外国商人在广州一地贸易，而且必须经过官方指定的公行，即“十三行”进行。《南京条约》开放5个通商口岸，标志着中国的大门从此被打开。此后，十几个商埠陆续开放。在这些通商口岸里，外国人依仗不平等条约，控制当地的工商、金融，甚至设立租界，实行殖民统治。这些通商口岸大多成了资本-帝国主义列强在中国进行经济侵略的基地。

二是剥夺中国的关税自主权。鸦片战争前，中国享有完全的关税自主权。鸦片战争后，中国开始丧失关税自主权。《南京条约》规定：“英国商人应纳进口出口货税饷费，均宜秉公议定则例”。这项规定，开了协定关税的恶例。道光二十四年（1844年），中美《望厦条约》进一步加强协定关税权，规定“中国日后欲将税例更变，须与合众国领事等官议允”。同年，中法《黄埔条约》亦规定：“如将来改变则例，应与佛兰西会同议允后，方可酌改。”1858年中英《天津条约》确定“值百抽五”低关税税率，实行子口税制度，凡洋货进口后运往内地，除缴纳“值百抽五”的关税外，可向海关再纳一“子口税”即可“遍运天下”，不再缴纳常关税和厘金等内地税。这些不平等条约和片面最惠国待遇规定，使中国从此失去了自主调整税率的权利。

三是操纵中国的经济命脉。列强在中国开办工厂，形成了对中国近代工业的垄断，使中国民族工业难以独立发展，迫使清政府以关税、盐税担保，举借外债，偿还赔款。列强通过控制这两项税收，控制住了中国财政的核心，并通过在中国设立银行，展开对华资本输出。这些银行及其分支机构通过操纵中国外汇、经办对华贷款、投资开设厂矿、发行纸币，在中国金融系统中形成垄断地位，并成为列强对华经济侵略的中心。总之，资本-帝国主义的入侵，使中国在经济上也丧失了独立性，沦为西方大国的经济附庸。

4）文化渗透

一是披着宗教外衣，进行侵略活动。西方列强的文化渗透活动，有许多是披着宗教外衣，在传教的名义下进行的。一部分西方传教士积极参与了对中国的侵略活动。如德国传教士郭士力（立）曾受英国东印度公司派遣，以传教为掩护，在中国沿海进行过长达几个月的间谍活动，刺探搜集大量军事情报，并竭力鼓吹对中国发动侵略战争。19世纪60年代后，外国传教士逼迫中国公民信仰基督教，强迫中国公民抛弃中国传统礼俗，甚至公开干涉中国内政。美国驻华公使田贝说过，“这些先锋队（指美国传教士）所搜集的有关民族、语言、地理、历史、商业，以至一般的文化情报，将其送回国内，对于美国的贡献是很大的。”

二是为侵略中国制造舆论。外国教会中的某些势力还利用宣传宗教和西学的名义，为帝国主义侵略制造舆论。它们在中国办报纸、杂志，翻译、出版各种书刊。较早的外文期刊是《中国丛报》和《北华捷报》（后改为《字林西报》）。基督教在中国设立的最大的出版机构是广学会。其指导思想是：“争取中国士大夫中有势力的集团，启开皇帝和政治家们的思想”，以影响中国的政治方向。《万国公报》主编美国传教士林乐知发表《印度隶英十二益说》，鼓吹英国统治印度使印度获得12条好处，主张把英国的殖民统治制度搬到中国来。李提摩太也常常美化帝国主义侵略，他在《泰西新史揽要》的序言中说：“泰西各国素以爱民为治国之本，不得不藉兵力以定商情”；“然闭关开衅之端则在中国，故每有边警，偿银割地，天实为之。”炮制“种族优劣论”，攻击诬蔑中华民族是愚昧落后的“劣等民族”，应该接受“优等民族”白种人的开导和奴役。

19世纪末，欧美帝国主义者炮制了所谓“黄祸论”，即中国威胁论。德国皇帝威廉二世甚至亲自构思了一幅《黄祸图》，西方还出现了一批关于“黄祸论”的文章和专著。有的黄祸论鼓吹者说：“一旦中国人民意识到自己的力量时，将给西方文明带来灾难和毁灭。”他们宣扬中国等黄色人种对西方白色人种构成威胁，企图以此论证西方列强侵略、压迫中国有理。

总的来看，鸦片战争前的中国社会是主权独立、领土完整的封建社会。鸦片战争之后，随着外国资本-帝国主义的侵入，中国社会经历了根本性的转折：一方面，原本独立的中国逐渐沦为半殖民地的状态；另一方面，原本封建的中国也逐渐转变为半封建的社会。

2.2.2 历史背景

辛弃疾（1140年—1207年），原字坦夫，后改字幼安，号稼轩，山东济南人。辛弃疾出生时，南宋朝廷偏安一隅，济南已经是金国的辖区。他在金国出生、成长，因为父亲早逝，便由祖父辛赞亲自带大。他的祖父辛赞在金国任职，却一直希望有机会能够拿起武器和金人决一死战。于是，辛赞经常带着辛弃疾“登高望远，指画山河”，告诉辛弃疾这里曾经是大宋的江山，让辛弃疾长大后要恢复中原、收复失地。

1）政治环境

南宋（1127年—1279年）是北宋灭亡后由宋皇族在江南建立起来的小王朝。南宋王朝自建立以来，一直在金国的威胁之下，直至被元消灭时，也未能恢复宋朝在中国北方的统治。南宋始于高宗赵构，终于卫王，共9帝。南宋王朝极其懦弱，偏安一隅。从赵构开始，一朝皇帝全无作为，奸臣当道，堪称最软弱的王朝。

宋高宗赵构于1138年任秦桧为相，推行求和政策。秦桧于1141年，解除抗金将领韩世忠的兵权，又以莫须有的罪名将岳飞下狱，并于除夕前夜（1142年）杀害了岳飞父子。其余所有曾支持过岳飞，坚决抗金的文臣武将，也都纷纷被贬斥。宋高宗以纳贡称臣为代价，换回了东南半壁江山的统治权。

在高宗之后，宋金两国发展相对稳定。金国也有几次南侵，但大都半途而废，而南宋在孝宗年间也进行了北伐，但也未能收复国土。

到1207年，南宋的政权由史弥远掌握，继续推行求和政策，还恢复了秦桧的王爵和赠谥。但此时金国的实力已大不如前，不但自己无力南征，还须时刻提防来自西北日渐兴起的蒙古势力。随后，于1214年7月，南宋根据真德秀的奏议，决定从此不再向金贡纳“岁币”，而此时，金已遭受蒙古的打击。为了扩大疆土以弥补被蒙古侵占的地域，金以宋不再纳“岁币”为名，出兵南侵，南宋王朝则与蒙古联手抗击金军。1234年，金国蔡州被蒙宋联军攻陷，金哀宗自缢，金灭亡。

2）军事力量

金灭亡之后，南宋不仅没能由此换来一时的安宁，反而又将面对更为强大的敌人——蒙古。灭金之后，南宋想趁蒙古退兵之际，收复被蒙古占去的土地，但南宋一直以主和为主，并无强大的军事力量，所以虽出兵但未达到预期目的。南宋的这一举动反而成为蒙古南侵的借口。1235年，蒙军首次南侵，被击退。蒙军并不甘心失败，于次年九月和第三年两次南侵，其前部几乎接近长江北岸。由于宋军奋勇作战，打败蒙军，再一次挫败蒙军渡江南下的企图。而后，南宋军民又在抗蒙将领孟珙、余介等人的指挥下，多次击败蒙军，使其不得不绕道而行。公元1259年，蒙古大汗蒙哥死于军中。其弟忽必烈正于鄂州与宋军交战，听到消息后，立即撤军以便夺取大汗之位，但南宋佞臣贾似道不但不遣军南追，反而使人向蒙古求和，以保太平，使蒙军得以顺利退回北方。

此后，忽必烈继承了大汗之位，又继续其南征的步伐。1271年，蒙古建国号为元，并于1276年攻占临安（今杭州），南宋王朝走向了灭亡。

与此同时，生活在金国统治下的汉人，赋税沉重，还经常遭到金人的羞辱。幼小的辛弃疾把同胞的痛苦和屈辱都看在眼里。于是，年少的他暗暗地在心里许下志向：抗金复国，恢复中原！绍兴三十一年（1161年），金主完颜亮大举南侵，在金国的汉族人民由于不堪金人严苛的压榨，奋起反抗。21岁的辛弃疾聚集了两千人，参加了由耿京领导的一支声势浩大的起义军，并担任掌书记。

绍兴三十二年（1162年），辛弃疾南下与南宋朝廷联络。在他完成使命归来的途中，得知耿京被叛徒张安国所杀，起义军溃散，便率领五十多人闯入金兵五万人的敌营，把叛徒张安国擒拿并带回建康，交给南宋朝廷处决。

从时代背景看，在宋金对峙的大背景下，汉族政权南迁，民族矛盾尖锐，大量“北人”被迫南下。在时代巨变的浪潮中，王朝的最高统治者都变成了阶下囚，更何况普通百姓。南宋王朝偏安东南，位于北方的原宋朝子民却希望王师北上，一统山河。在反抗金朝残暴统治的浪潮中，年仅22岁的辛弃疾聚众起义，举旗反金。

3）地理环境

从地域而言，辛弃疾是北方人，他人生的前二十年都在山东居住。齐鲁大地则为文武兼备奇才的培养提供了肥沃的土壤。这里有齐国之重商与鲁国之重礼，亦有岱宗之秀色与大海之美景，还存孔孟之遗风与好汉之忠勇。泰山的厚、孔孟的儒、泉水的灵、山东好汉的义相互融合，崇文与尚武的精神交织跌宕，这些都为辛弃疾的塑造提供了多元的外部环境。南下江南后，辛弃疾又被新家园的历史文化、风土人情所吸引。在滚滚东流的长江边，在六朝旧事的故都城，在郁孤台下的清江水，在鱼稻富庶的楚旧地，在奇山秀水的赣东北，辛弃疾这北方的“根”，又发出南方的“芽”。

在从政方面，他是少见的治世能吏。辛弃疾南归后，从江阴签判开始，先后担任建康通判、滁州知州、江东安抚司参议官、江西提点刑狱、京西转运判官、江陵府兼荆湖北路安抚使、隆兴知府兼江西安抚使等职务，每次任职，都是政绩卓著。比如，宋金交界地带的滁州，连年战乱，人烟稀少，商人避之不及，经济近于崩溃，辛弃疾到任不到一年，滁州商贾云集，百姓安居乐业，经济迅速复苏。

2.2.3 教学分析

1）爱国情怀的内在属性分析

（1）山河破碎背景下辛弃疾的不懈奋斗

虽然辛弃疾一生都想为国出力，但是生不逢时，南宋朝廷内部官僚腐败，皇帝听信小人谗言，一而再再而三地弹劾其官职，最终还是没有重用他。辛弃疾终其一生都没有实现其收复中原的抱负，官场上的失意，使其百感交集，常以其英雄失路、壮志难酬的心态来抒发浓烈的爱国热情。在友人陈亮来函索词时，他首先想到的还是“了却君王天下事，赢得生前身后名。”（《破阵子·为陈同甫赋壮词以寄之》）然而，当年带兵征战沙场的场景只能在梦里想想，如今只能无奈悲愤自己已经白发苍苍，精忠报国的理想已成泡影。正如兰海雁在《论辛弃疾词作中的爱国情怀》一文指出，“他的词不是用墨汁写成的，而是蘸着血和泪挥洒而就的”。直至晚年，辛弃疾还不愿放弃其报效祖国的一腔热血。嘉泰改元后，朝廷大臣韩侂胄决定北伐，请辛弃疾出山任将。辛弃疾明知韩侂胄以前所作所为早已不得人心，如果接受这个请求势必辱其一生名节，但多次犹豫挣扎后，为了顾全大局，完成抗金复国事业，最终年满64岁的辛弃疾决定再次出山。辛弃疾晚年任知镇江府时，就作了一首《南乡子·登京口北固亭有怀》。词中作者以英雄孙权为榜样，抒发了自己追慕英雄，勇担国家兴亡的历史使命及积极进取的人生态度。

辛弃疾作为南宋著名的豪放派词人，又是抗金名将，他一生“以复兴为志向”，但屡次被排挤，难以实现其雄心壮志。在其大量的词作中，既能看到对国家兴衰的关心和担忧，又能感受到对民族命运的牵挂和感慨，也能感受到复兴祖国的雄心壮志，在内容、题材的丰富和拓展上，都为词的发展做出了巨大的贡献。辛弃疾“以文为词”，不但在主题上更加宽广，在表达方面也有了长足的进步，突破了过去“诗庄词媚”的传统认识，使豪放词曲的创作达到了一个新的高度，同时也使其具有了无可取代的多样性与独特性。尤其在意象的使用上，辛弃疾一反士人的情感，表现出更加宽广、更加豪放的英雄气概，并在革新中形成了鲜明的个人英雄主义特征。辛弃疾的金戈铁马、刀光剑影、沙场血战，都蕴含着浓烈的爱国情怀，也蕴含着难以言说的豪迈。

辛弃疾是军人出身，身经百战，对军旅生活非常熟悉，他的这种军旅形象，在他的作品中，一定有许多其他作家所没有的、集中在他身上的，显示出他的英雄气概、激昂慷慨、辽远壮丽的美学特点。这些军事要素，组成了一幅栩栩如生的战争图景，将作者的爱国热情、豪迈、不能报国的悲凉，描绘得淋漓尽致。辛弃疾在许多小说中，都以主人公的形象为表现对象，不仅表现了真实的历史，而且还表现出了对自己的想象和塑造，一位位有勇有谋、驰骋疆场、建功立业的英雄豪杰，其实都寄托着辛弃疾对抗击金兵、收复失地的渴望与忧虑。也正是这种独具特色的创造性形象，使辛词有了雄伟壮丽、雄浑激昂的气魄，既体现了时代特色的豪迈，又体现了作者的个性和刚劲。

辛弃疾的主张与南宋政府的投降求和政策相左，终其一生，恢复南北统一的事业始终未见有一丝一毫的转机，辛弃疾的悲愤化为了怒火，直刺现实，讽刺偏安，痛斥投降派，批判和嘲讽“江左沉酣求名者”（《贺新郎·甚矣吾衰矣》）苟且偷安、阻碍恢复的投降政策。辛弃疾是一个立志收复失地、整顿乾坤、统一南北的爱国志士。他投奔南宋以来，多次上书献策想让朝廷出兵北伐；他做地方官时，设想多种方法建军备战，积极为北伐中原筹措。然而，南宋的最高统治集团只图眼前的安逸，不顾国家的山河破碎，一味退避江南一隅以求苟且偷安，同时对抗战人物多加贬谪弃置。这种腐败状况、偏安一隅的局面，令辛弃疾极其愤慨，他在词作中，用直接且犀利的语言对南宋政府的投降政策与用人不当，以及官场上苟且偷安之人，进行了彻底揭露和愤怒谴责。如《千年调·卮酒向人时》：“卮酒向人时，和气先倾倒。最要然然可可，万事称好。滑稽坐上，更对鸱夷笑。寒与热，总随人，甘国老。少年使酒，出口人嫌拗。此个和合道理，近日方晓。学人言语，未曾十分巧。看他们，得人怜，秦吉了。”这首词直指南宋黑暗腐朽的官场，勾勒出一幅士林官僚百丑图，讽刺语言直接又辛辣，在对这些苟安之徒嘲讽的同时，也表明了词人不愿与这些人同流合污的高尚情操。

“辛稼轩风节建竖，卓绝一时，惜每有成功，辄为议者所沮。”或受“用钱如泥沙，杀人如草芥”之诬，或遭“酷虐裒敛，掩帑芷为私家之物”之诼。“江头未是风波恶，别有人间行路难”，但痛苦而未消沉，悲愤却不玩世，苦闷依然昂扬。22岁南归，68岁辞世，收复中原失地、挽救民族危亡的努力，贯穿四十余载。前后二十余年放废于林泉，尽管不无“千古李将军，夺得胡儿马。李蔡为人在下中，却是封侯者”的愤懑，“却将万字平戎策，换得东家种树书”的落寞，“侂胄岂能用稼轩以立功名者乎？稼轩岂肯依侂胄以求富贵者乎”的失望，但刻骨未忘“西北有神州”“了却君王天下事，赢得生前身后名”，时常盼望“西北洗胡沙”“平戎万里”“整顿乾坤”“补天裂”，一旦觅得时机，更殚思竭力。不乏《美芹十论》《九议》《阻江为险须藉两淮疏》《请练民兵守淮疏》等克敌之策，常见遣谍至金侦察兵骑数量、屯戍地点、将帅姓名、帑廪位置等备战之举，更有组成“雄霸一方，为江上诸军之冠”飞虎军等图强之绩。64岁之龄，“不以久闲为念，不以家事为怀，单车就道，风采凛然”，欣然上任绍兴府知府和浙东安抚使，全力准备北伐。65岁时被宋宁宗召见，壮心未已，“陈用兵之利，乞付之元老大臣”，主动请缨担当北伐大任……遗憾的是，空有满腔民族恨、英雄血，最终未获报国用武地。临殁之际，心有不甘，仍大呼“杀贼！杀贼！”“古之君子，出处不齐，同归于是而已。辛弃疾知大义而归宋。”元朝丞相、蒙古族人脱脱所编的《宋史》，以“知大义”作论，或可见其“英雄之才、忠义之心、刚大之气”，深为后世推许。

辛弃疾出生时，北方就已沦陷于金人之手，同时，辛弃疾还是南宋时期有名的抗金将领。辛弃疾虽然出生在金国，他却是一个不折不扣的汉人，少年时期的辛弃疾就“抗金归宋”，曾经被南宋朝廷授予江西安抚使等职务。辛弃疾虽然屡立战功，但是，当时南宋的政治集团把控在统治阶层的手中，这就造成了权力的垄断。他虽有出色的才干，但他豪迈倔强的性格和执着北伐的热情，却使他难以在官场上立足。当南宋北伐失败后，他对朝廷失望之极，病倒后，68岁与世长辞。

辛弃疾一生以恢复南宋昔日荣光为终身志向，可惜他却备受排挤，一生不受重用而壮志难酬。然而，他的爱国信念却没有动摇，辛弃疾将他对国家的热爱，对国家的忧虑全都写在了他的词曲之中。

（2）辛弃疾以民为本的思想

辛弃疾曰："自古天下离合之势常系乎民心，民心叛服之由实基于喜怒。"（《美芹十论·观衅》）辛弃疾认为，民心向背取决于统治者是否顺应民意，这种"以民为本"的思想受儒家影响极大。辛弃疾几次上疏力陈百姓之苦，事关赋税、货币、酷吏等直接关系民生的大事，以期朝廷重视民生。

乾道六年（1170年），辛弃疾在延和殿接受孝宗召见时，进奏了《议练民兵守淮疏》。他在疏中提到，虏人南犯时，"两淮之民常望风奔走，流离道路，无所归宿，饥寒困苦，不兵而死者十之四五"（《议练民兵守淮疏》）。且"守城必以兵，养兵必以民"（《议练民兵守淮疏》），百姓负担愈加沉重。针对这种境况，辛弃疾提出了将淮南百姓划分为三镇，按人口管理，"无事之时，使各居其土，营治生业，无异平日；缓急之际，令三镇之将各檄所部州县，管拘本土民兵户口赴本镇保守"（《议练民兵守淮疏》）。

乾道八年（1172年）春，辛弃疾调任滁州知州，上任之初，他面对的是一个贫弊交加的烂摊子。经过1161年和1163年的两次战争后，滁州已是"境内萧条，民戚戚不奠厥居"，后又有"水旱相乘凡四载"。辛弃疾到任时，"周视郛郭，荡然成墟"。滁人无家可归，只能"编茅籍苇"，寄居在瓦砾之所，"每大风作，惴惴然不自安"；人民苦于饥饿，养不起鸡豚；市场萧条，"商旅不行，市物翔贵"。面对这样的萧条景象，辛弃疾说出了掷地有声的一句话："守土者过也，余何辞。"

到任之后，辛弃疾采取了免赋、聚民、开市三项举措。滁州百姓因连年战乱和天灾，"共欠下租赋五千八百贯"。正如同辛弃疾所说："忍于疮痍之余，督以承平之赋。"（《谢免上供钱启》）辛弃疾向朝廷上疏表达了他的不忍之情。经他多次陈情，终得以免除此项赋税，这才有了感激皇恩的《谢免上供钱启》。几年间，滁州人口锐减，大量百姓移迁外地。为聚拢人丁、恢复生产，辛弃疾将土地分配给百姓，又配以谷种、农具。为吸引商户，辛弃疾不但减免商税，还在市区修建繁雄馆，使往来商人各有定所。在辛弃疾的领导下，"夏麦大熟，商旅坌集，榷酤之课倍增"，渐渐地，"流亡复还，民始苏"，辛弃疾的治理取得了成效。辛弃疾在滁州任上不过两年，就使得当地积贫积弱的面貌有所改善。

辛弃疾每到一地，都会设法改变当地之弊。他的另一则为民请命的奏疏，即由湖北转任湖南不久便上奏的《淳熙己亥论盗贼札子》，进于淳熙六年（1179年）。此疏在辛弃疾所有奏疏中显得独树一帜。此疏虽名为“论盗贼”，实为论“贪吏之害甚于盗贼”。他在文章开头说：“比年以来，李金之变，赖文政之变，姚明敖之变，陈峒之变，及今李接、陈子明之变，皆能攘臂一呼，聚众千百，杀掠吏民，死且不顾。”（《淳熙己亥论盗贼札子》）辛弃疾的目的是想借武装暴动，引起皇帝对两湖疾苦的注意。他进一步提出，希望皇帝“深思致盗之由，讲求弭盗之术，无恃其有平盗之兵。”（《淳熙己亥论盗贼札子》）

“民者国之根本”的信念让辛弃疾不畏强御。辛弃疾在文中说：“臣孤危一身久矣，荷陛下保全，事有可为，杀身不顾。”（《淳熙己亥论盗贼札子》）他借此来表达舍身为民、整顿贪吏的坚定决心。辛弃疾此疏是对民间疾苦的申诉，他对百姓的苦难感同身受，对肩负的使命毫不推卸，其情之深，心之诚，令人动容。朱德才评价此文“不失为忧国怀民之作”。邓广铭认为：“辛稼轩虽是南宋统治阶级中之一员，却肯挺身出来代替呻吟于统治集团和剥削阶级荷重压榨下的劳动人民说话，且简直是代替广大人民对统治集团和剥削阶级提出控诉，这是当时统治阶级中任何其他的人员所不能做到的。”

辛弃疾到各地就任，虽均不过一二载，但他每到一地均极力推行“惠民政策”，为民户推行一些兴除利害的实际措施，努力改变当地的贫弊之态。终其一生，辛弃疾建功立业的愿望都没有机会实现，但他牵挂百姓之心、为民谋福祉之举是贯彻始终的，他救贫救急的才干也是颇受肯定的。辛弃疾几次因在地方就任时表现出众而加官，任江西提点刑狱时，因灭茶商军有功，加秘阁修撰；后又因在隆兴府救荒有功，升为奉议郎。朝廷的褒奖是辛弃疾爱民、恤民之心的最有力证明。

（3）辛弃疾矢志抗金的爱国情怀与英雄豪气

辛弃疾是宋代豪放词派的代表人物，其词作豪迈慷慨、沉郁悲壮，展现了一位矢志抗金的英雄的豪情壮志与爱国情怀。这种慷慨悲壮的英雄气概感染了一代代中华儿女。

辛弃疾的爱国情怀首先表现在其词作的内容和题材选取上。词这种文学形式自隋以来，其内容、题材一直在春花秋月、家园闺阁、离别相思的范围内陈陈相因。三百年的“词为艳料”的樊篱，直到北宋才被“以诗为词”的苏轼冲破，从而开创了豪放一派，而真正将词发扬光大并有所建树的是辛弃疾。辛弃疾将词的内容、题材进一步扩大，以国仇家恨为词，以壮志豪情为词，以艰难时事为词，以失路悲愤为词。辛弃疾用大气磅礴的词，书写波澜壮阔的抗金爱国之作，这也是辛词的主要内容。他一生写了六百多首词，其中激昂慷慨的爱国词是辛弃疾的主调，代表辛词的最高成就，也最能体现其词的英雄本色。

辛弃疾词的英雄豪气还从其词作所描绘的自然景物中表现出来。辛词中常常使用融情于景、情景交融的手法，将词人的情感寓含于所描绘的景物之中，通过对景物的刻画含蓄地表现出词人的独特情怀。辛词中所描绘的自然景物，多有一种奔腾耸峙、不可一世的气派。如《水龙吟》中“峡束苍江对起，过危楼，欲飞还敛”；如《满江红》“谁信天峰飞堕地，傍湖千丈开青壁”；如《摸鱼儿·摇观潮上叶丞相》中“吴儿不怕蛟龙怒。风波平步。看红旆惊飞，跳鱼直上，蹙踏浪花舞”；又如《沁园春·摇送赵江陵东归，再用前韵》中“伫立潇湘，黄鹄高飞”“都休问，看云霄高处，鹏翼徘徊”。这些景物描写或开阔邈远，或壮观雄浑，或奇峻峭拔，或激烈动荡，或惊心动魄，让人仿佛身临其境，都从侧面表现出词人炽热的爱国热情，豪迈的英雄气概，远大的胸襟抱负，悲愤的沉重心绪，烘托出一位空有豪情壮志，却落魄失意的悲情英雄形象。

辛弃疾词的爱国情怀更重要地表现在其词作的思想主题和感情基调上。辛弃疾平生以气节自负，以功业自诩，一生力主抗战，抗金复国是其作品的主旋律。其中不乏英雄失路的悲叹与壮士闲置的悲愤。具有鲜明的时代特征、强烈的爱国主义思想和战斗精神是辛词的基本思想内容。首先表现在对中原山河和人民的系念，表现在对恢复统一的向往，表现在对偏安一隅不思北上的投降苟安主义者的极度鄙视和愤慨，表现在对胸怀壮志无处可用的难以掩饰的苦闷和悲愤，还表现在抒发报国之志时，展现出的军人的勇毅和豪迈自信。理想与现实的激烈冲突，为他的词奠定了悲壮的基调。“壮岁旌旗拥万夫，锦襜突骑渡江初。燕兵夜娖银胡䩮，汉箭朝飞金仆姑。”这都是他戎马生涯、英雄气概的写照。他上马是能征善战之勇士，下马是治国安民之栋梁。陆游赞其才：“大材小用古所叹，管仲萧何实流亚。”称赞他的才气胜过管仲、萧何。辛弃疾既是这样的英雄，同时，又把自己的英雄气概、伟大抱负、豪情壮志、审美理想全都寄托在他的词中，达到了人品与词品的完美统一。世人皆称辛词为英雄之词，是因为其词中常常出现刀、枪、剑、戟、弓、戈、甲等兵器，前所未有地描写了众多历史英雄人物。

2）立志报国的外在表现分析

（1）以坚韧不拔的精神激励大学生迎接各类挑战

辛弃疾文武双全，是当之无愧的豪放词巨擘，写出了“醉里挑灯看剑”“金戈铁马，气吞万里如虎”等气势如虹的豪放词。其中展现出了他豁达乐观的人生观，具有浓郁的英雄崇拜意识，具有浓厚的国家情怀，对今天的大学生的思想引领具有重要的现实意义，有助于培养和激发大学生乐观豁达、积极向上、迎难而上的精神。

许多大学生在学习、生活上面对困难和挫折时容易气馁，经不住考验和打击，部分学生在读大学后最明显的一个弱点就是遇到挫折就容易走极端，抗挫折能力较低。而辛弃疾豪放词中自身的经历及其经典代表词作，能够成为引导大学生树立乐观豁达的人生态度的最好示范。利用好辛弃疾的豪放词，能够使我们的教育工作避免乏地味说教，充满诗情画意，这样的教育方式和内容，大学生也更容易接受。利用好这些豪放词，能够在潜移默化中影响大学生的人生观，在他们学习这些经典的同时，也是他们自己与古人进行心灵对话的开始。向古人学习，学习乐观豁达的人生态度，这些对于他们今后处理人生中遇到的挫折与困难，具有非常大的帮助。豪放风格诗词中饱含深厚的人生哲理和精神力量，这类诗词中词人在面对逆境、面对困难时往往流露出豪放豁达、积极向上、知难而进的精神，通过强化这类诗词教育，有利于增强大学生面对困难时不气不馁、越挫越勇、一往无前、义无反顾的奋斗精神。

作为南宋爱国词人，辛弃疾一生都在为恢复故国而奔走呼号，浓浓的爱国情怀和坚定的战斗意志是辛词的基本思想内容。辛弃疾之所以为我们所赞颂至今，除了他的文学成就，更是因为他的人格品质，也在于他忧国伤时、居安思危的意识。“词中之龙”除了是对他豪放词风的概括，也是对他渴望通过北伐以收复故土的坚韧意志与矢志不渝地热爱自己的民族与国家的爱国精神的最好概括。坚强的意志作为完善人格的重要组成部分，它能充分激发人的潜能，大学生意志品质的培育需要汲取中华优秀传统文化的精髓，继承和发扬中国共产党人的坚强意志品质。

习近平总书记曾勉励青年，要为实现中华民族伟大复兴中国梦的目标驰而不息、不懈奋斗，提倡广大青年“在奋斗中释放青春激情、追逐青春理想，以青春之我、奋斗之我，为民族复兴铺路架桥，为祖国建设添砖加瓦。”[①]站在历史新起点上，实现社会主义现代化强国的目标需要持续奋斗，大学生必将成为奋斗实践的中流砥柱，需要具备持续奋斗的精神。大学生意志品质培育是对大学生毅力、坚韧品性的养成过程，而毅力和坚韧品性都是持续奋斗精神最核心的动力和体现。培育大学生坚强意志品质可以让大学生在任何艰难困苦面前都具有不畏艰险的勇气，能够有解决难题的决心和不达目的不罢休的毅力，这正是大学生奋斗精神所需要的。显而易见，大学生意志品质培育的价值意义也就体现了，它在于连接大学生对于持续奋斗的认识和奋斗的实际行动，在于当大学生奋斗动机不强烈时以坚韧的品质激发其自觉选择并使其付诸行动，在于以品质的坚韧性涵养大学生持续奋斗的行动成为固有的精神状态。

辛弃疾一生命运多舛，但是身处乱世的他，却有着对国家兴亡的关切、忧虑，具有满腔激情和远大志向。这对当代大学生具有深刻教育意义。立志是大学生成长、成才、成功的基础和前提，是大学生成长经历、品德修养、知识水平在情感意志上的集中反映，反过来又促进品德修养、行为自律、奋斗精神的养成。立志在青年的成长和发展过程中有

① 习近平. 在北京大学师生座谈会上的讲话［N］. 人民日报，2018-05-03.

着基础性、决定性的作用。在大学生思想政治教育的实践中突出立志教育，对提高大学生群体的道德水平、思想境界、精神风貌，提升思想政治教育实效性有着重要的现实意义。

不屈不挠是面对艰难、面对挫折展现出来的英勇无畏和奋勇抗争。中华民族向来是一个不屈不挠、压不垮的民族，中国共产党更是不屈不挠、敢于斗争、勇于夺取胜利。无论是个人还是国家，不可能一帆风顺，时常会遇到困难和艰难险阻，往往需要有不屈不挠的动力去与之抗争，也正是在这种强大动力下才会愈挫愈勇，成就事业，走向辉煌。不难看出，这种不屈不挠深深印刻着坚强意志品质的烙印，是意志品质中的韧性和坚毅的核心力量。意志品质坚定才能具有不屈不挠的力量，才会不畏苦难、不畏艰辛。不屈不挠、在磨难中成长、从磨难中奋起，始终是中华民族的精神品格，然而当代大学生中仍有部分群体在困难和挫折面前无法承受、不堪一击，更谈不上不屈不挠地战胜困难，意志品质薄弱导致了他们没有勇气和动力去面对和克服困难，时代的发展不允许他们如此这般。在百年未有之大变局的环境下，当代大学生将会面临更多的困难、更复杂的问题，也将接受多重的考验和挑战，唯有塑造坚强的意志品质，才可能增强大学生不屈不挠的动力，才能使大学生更加坚毅，更具韧性，以矢志不渝、不屈不挠的姿态为实现中国人民美好生活的追求与梦想踔厉奋发、砥砺前行。

（2）引导大学生将爱国情怀转化为报国担当

辛弃疾是文武双全的侠士，年轻时期的他便因为爱国的壮志情怀就参加到了抗金起义的活动中去。爱国是扎根于每个中国人内心最深处的信念，是立德之源、立功之本。爱国主义是中华民族的民族心、民族魂，是最重要的精神财富，是我国各族人民实现民族独立和维护民族尊严的强大精神动力，激励着一辈又一辈中华儿女艰苦奋斗，让中国从受人压迫发展到今日屹立于世界东方。当代高校大学生作为填写“考卷”的中坚力量，正处于“三观”形成的重要时期，因此新时代深入开展爱国主义教育显得极为迫切。

爱国主义传统在中华民族源远流长。中国共产党领导亿万中国人民取得中国革命、建设与改革胜利的历史，同一代又一代中华儿女不断发扬爱国主义精神密不可分，同中华民族深厚的爱国主义传统密不可分。新时代的广大青年学生作为国家的未来、民族的希望，肩负着实现中华民族伟大复兴的历史使命。站在新的历史起点上，新时代高校加强爱国主义教育，始终将正确的历史观、民族观、国家观、文化观贯穿其中，围绕爱国主义教育主线，在广大学生中间广泛开展党史、新中国史、改革开放史、社会主义发展史的“四史”教育，使大学生深刻认识中国人民选择中国共产党、信仰马克思主义、走社会主义道路和坚持改革开放的历史必然性，形成正确的历史观；强化民族团结和祖国统一教育，使大学生认识到民族团结是中华民族根本利益所在，养成正确的民族观；深化国情及形势政策教育，使大学生能够正确认识本国国情，培养理性的国家观；加强中华优秀传统文化教育，引导大学生反对文化虚无主义，形成正确的文化观。因此，爱国主义教育有利于增强大学生坚定中国特色社会主义道路自信、理论自信、制度自信、文化自信。

自“五四运动”以来，在实现中华民族伟大复兴事业的道路上，无论是建立中国共产党、成立中华人民共和国，还是推进改革开放和中国特色社会主义事业建设，青年一代始终前赴后继为之贡献着智慧、力量，奉献着自己的青春年华甚至于生命。新时代，大学生更要肩负起实现中国梦的重任，需要大学生自觉践行“四个意识”“四个自信”，坚决做到“两个维护”，前赴后继地在进行伟大斗争、建设伟大工程、推进伟大事业的进程中持续贡献力量。之所以说前赴后继的不竭动力来源于坚强意志品质的支撑，是因为坚强意志品质促使大学生具有远大的志向和理想、明确的奋斗目标，并且能够给予大学生不懈努力的动力，可以说坚强意志是脚踏实地、前赴后继的基石。增强大学生意志品质培育能够坚定大学生的理想信念，使他们具有干事创业的信心和勇气，并且能够敦促他们将个人发展与国家民族的复兴紧紧联系在一起，同时也能够将中国共产党革命的红色基因传承到新一代青年身上，铸就他们百折不挠、前赴后继的品格，这样才能够鞭策大学生砥砺前行，最终彰显个人价值，成就个人发展，同时也为实现中华民族伟大复兴事业贡献力量。

天下兴亡，匹夫有责。为了进一步强化新时代大学生的社会责任感，高校要继续加强爱国主义教育，引导广大学生能够以义不容辞的使命感迎接突发事件等一切挑战，从而促进大学生进一步深刻认识自我价值与社会价值之间的关系，深刻认识自身作为新时代青年所肩负的时代使命，最终促使广大青年在报效祖国的过程中升华对人民的热爱、对党和国家的忠诚、对社会的责任，为实现中华民族伟大复兴而不懈奋斗。

2.3 从戚继光指挥的明朝抗击倭寇到近代反抗侵略战争

为了探索国家的出路，社会不同阶级、阶层都提出了自己的方案和主张，但是太平天国运动、洋务运动、维新运动等探索都失败了，中国半殖民地半封建的社会性质没有改变。

2.3.1 思政理论

在帝国主义对中国进行侵略的过程中，中国人民也展开了积极反抗外来侵略的斗争。

1867年，美国派海军入侵台湾，副舰长马肯基率陆战队在琅桥（今恒春）登陆，高山族人民英勇抵抗，击毙马肯基，打退了美军的进犯。1874年，日本派陆军中将西乡从道率日军侵犯琅桥地区，遭到高山族人民的迎头痛击。1884年，中法战争期间，中国造船工人举行罢工，拒绝修理受伤的法舰，爱国商人也举行罢市，码头工人则不运送法货。1895年《马关条约》签订后，台北人民闻讯鸣锣罢市，反对割台。当地绅民还发布檄文，表示“愿人人战死而失台，决不愿拱手而让台”。总兵刘永福所率领的黑旗军抗击日本侵略，吴汤兴、徐骧等指挥的台湾义军和吴彭年、杨泗洪指挥的黑旗军在新竹、彰化、嘉义、台南等地与日军激战，许多人英勇牺牲。从1895年6月至10月，台湾军民浴血奋战，抗击了日本两个近代化师团和一支海军舰队，日军死伤32 000多人。台湾军民为保卫祖国神圣领土，写下了可歌可泣的一页。此后，在日本统治台湾的半个世纪里，人民反抗日本侵略者的斗争从未间断过。

1900年八国联军侵华时，义和团及部分清军与之展开殊死战斗。6月，英国海军中将西摩指挥的八国联军2 000多人，从天津乘火车向北京进犯，在廊坊遭到义和团的阻击。撤到杨村又遭到当地义和团和清军的围攻，死伤近300人。义和团和清军一起在天津老龙头火车站、紫竹林租界等地与八国联军拼死鏖战。义和团与清军还在东北抗击沙俄侵略军。爱国官兵在历次反抗外国侵略的战争中，表现出了英勇顽强的战斗精神，并在一些战役中取得了胜利。

1859年6月，英法联军大举进攻大沽炮台，守军沉着应战，击沉、击伤敌舰多艘。中法战争期间，1884年8月，法舰进犯台湾基隆，同年10月，又进犯淡水，都被督办事务大臣刘铭传指挥守军击退。1885年初，法舰炮轰浙江镇海炮台，也被守军击退。3月，在中越边境镇南关（今友谊关），年近七十的老将冯子材身先士卒，率部勇猛冲杀，大败法军，取得镇南关大捷。在抗击外国侵略的战争中，许多爱国官兵英勇献身。如第一次鸦片战争中广东水师提督关天培，江南提督陈化成、副都统海龄（满族），第二次鸦片战争中提督史荣椿、乐善（蒙古族），中日甲午战争中致远舰管带（舰长）邓世昌、经远舰管带林永升等，都以身殉国。近代中国人包括统治阶级中的爱国人士在反侵略斗争中表现出来的爱国主义精神，进一步铸成了中华民族的民族魂。正是由于中国人民前赴后继、英勇顽强的斗争，才使我们的国家和民族历尽劫难、屡遭侵略而不亡。那些不畏强暴、赴汤蹈火、血战疆场、宁死不屈的民族英雄，乃是中华民族的脊梁。

19世纪70至90年代，自由竞争的资本主义向垄断资本主义即帝国主义过渡，出现了列强争夺殖民地的狂潮，非洲基本上被瓜分完毕，亚洲也大部分被列强瓜分。中国这个还保存着名义上独立的半殖民地国家，成了尚未被瓜分的“仅有的富源”。19世纪70至80年代，列强从侵占中国周边邻国发展到蚕食中国边疆地区，使中国陷入“边疆危机”。英国从印度侵入西藏，又从缅甸入侵云南。法国则从越南侵犯广西，俄国从中亚入侵新疆。帝国主义列强对中国的争夺和瓜分的图谋，在1894年中日甲午战争爆发后达到高潮。1895年4月2日，即《马关条约》签订前半个月，日本驻德公使青木周藏与德国外交部参事米尔堡会谈时，提出将“南满”给日本，“北满”归俄国，舟山预定给英国，而“德国完全有权在东南要求一省”的瓜分方案。中日《马关条约》规定把台湾岛及其附属岛屿、澎湖列岛和辽东半岛割让给日本，更大大刺激了帝国主义列强瓜分中国领土的野心，并激化了列强争夺中国的矛盾。俄国认为，日本割取辽东半岛损害了俄国在中国的侵略利益，便联合法国和德国共同干涉还辽，迫使日本放弃了割占辽东半岛的要求。日本则以再向中国勒索3 000万两白银“赎辽费”作为补偿。俄、德、法三国又以干涉还辽“有功”为由，要求租借中国港湾作为报酬。德、俄、英、法、日等国于1898年至1899年竞相租借港湾和划分势力范围，掀起了瓜分中国的狂潮。

1900年八国联军侵华战争期间，欧美报刊纷纷公开讨论如何瓜分中国领土。八国联军总司令、德国元帅瓦德西在给德皇威廉二世的奏议中认为：“关于近年以来时常讨论之瓜分中国一事”，现在“实为一个千载难得之实行瓜分时机”。俄国迫不及待地出动十几万大军侵入中国东北地区。日本驻台湾总督则加紧策划派兵在厦门登陆侵占福建。连一直标榜“保全中国”的美国政府也发出准备占领中国福建三沙湾的训令。

在义和团反帝爱国运动时期，中国人民以其不畏强暴、敢与敌人血战到底的英雄气概，打击和教训了帝国主义者，使它们不敢为所欲为地瓜分中国。这一点，即使帝国主义分子自己也是不得不承认的。瓦德西向德皇威廉二世报告说：“吾人对于中国群众，不能视为已成衰弱或已失德性之人，彼等在实际上，尚含有无限蓬勃生气。”“至于中国所有好战精神，尚未完全丧失，可于此次‘拳民运动’中见之。”因此，他得出结论：“无论欧、美、日本各国，皆无此脑力与兵力，可以统治此天下生灵四分之一也。”“故瓜分一事，实为下策。”法国议会在辩论对华政策时，一位法国议员指出：“中国地土广阔，民气坚劲。”“吾故谓瓜分之说，不啻梦呓也。”

由此可见，正是包括义和团在内的中华民族为反抗侵略所进行的前赴后继、视死如归的战斗，才粉碎了帝国主义列强瓜分和灭亡中国的图谋。

诚然，由于当时中国人民对帝国主义的认识还停留在感性认识的阶段，义和团运动存在着笼统的排外主义的问题；由于认识不到帝国主义联合中国封建地主阶级压迫中国人民的实质，义和团曾经蒙受封建统治者的欺骗；由于小生产者的局限性，义和团运动中还存在着迷信、落后的倾向。但是，一个基本的历史事实不容抹杀：义和团运动在粉碎帝国主义列强瓜分中国的斗争中，发挥了重大的历史作用。

2.3.2 历史背景

戚继光（1528年—1588年），山东人，杰出的军事家、书法家、诗人，著名抗倭英雄。他一生金戈铁马、转战南北，为中国的抗倭事业做出了杰出的贡献，被视为民族英雄垂名青史。

1）多元环境

从自然环境来看，明朝时期，中国的自然环境相对稳定，没有出现大规模的自然灾害。山东地区作为戚继光的故乡，是一个自然环境相对较好的地区，土地肥沃，气候适宜，为农业生产和人民生活提供了良好的条件。从政治环境来看，明朝初期，太祖朱元璋实行了一系列政治改革，加强了中央集权，统一了地方行政机构。然而，随着时间的推移，明朝政治逐渐出现了腐败和混乱的局面。特别是到了嘉靖年间，明朝政治已经陷入了严重的腐败和内忧外患的境地。从经济环境来看，明朝时期，中国经济发展较好，特别是商品经济和手工业生产得到了很大的发展。然而，在嘉靖年间，由于政治腐败、战争和自然灾害等原因，农村经济陷入了困境，加上明朝税收制度的不合理和商业贸易的限制，农民生活十分困苦。从文化环境来看，明朝时期，是中国文化发展的重要阶段。特别是到了嘉靖年间，儒家思想得到了进一步的发展，文人墨客辈出。同时，随着商品经济的发展和城市化进程的加快，市民文化也开始兴起。这种文化的繁荣为戚继光提供了良好的文化氛围和创作灵感。从人口环境来看，明朝时期，中国人口数量迅速增长。虽然明朝政府采取了一系列措施控制人口增长，但是由于人口基数的增加和土地资源的有限性，人地矛盾逐渐加剧。同时，由于商品经济的发展和城市化进程的加快，社会的价值观和文化特点也有了变化。

总之，戚继光所处的时代背景是一个复杂而多元的环境。自然环境相对稳定，政治环境混乱多变，经济环境发展迅速但也存在困境，文化环境繁荣多样，人口环境矛盾加剧。这些因素都影响了戚继光的生活和成长，也塑造了他在不同领域中的思想和行为。

2）人生境遇

戚继光祖上曾因战功被授予了四品官职，世袭罔替。在为人清廉正直的父亲教导之下，戚继光从小懂事，勤奋好学，文武兼修，发展顺畅。他先后在山东、浙江等多地任职，并平息了多年的倭患。后来，戚继光被派去总领蓟州兵务，整顿边军抵挡蒙古骚扰。在镇守北方期间，抗击蒙古部族内犯，保障了北部疆域的安全，促进了蒙汉民族的和平发展，戚继光也凭借战功获得职位升迁。但是，戚继光受张居正牵连，被参革职，最后在贫病交迫中，离开人世。

3）文化影响

戚继光是一位备受尊敬的军事家和指挥官，在明朝历史上留下了辉煌的一页。他具备卓越的军事才能和领导力，能够灵活运用兵法与谋略，使戚家军成为一支令敌人望而生畏的铁血部队。在东南沿海平定倭寇的战争中，以及在北方边境抗击蒙古入侵的战斗中，他都展现出了超凡的指挥能力和战略眼光，取得了重大的胜利，为明朝的繁荣与稳定做出了杰出的贡献。

除了军事成就外，戚继光也是一位博学多才、思想深邃的文化名人。他注重学问，善于思考，倡导实学，强调实践，其思想体系既体现了明朝时期的特点，也蕴含着他自己独特的创新与思考。他在推广汉字、发展文学、重视教育等方面都做出了杰出的贡献，对当时的文坛和文化界产生了深远的影响。

戚继光更是名副其实的民族英雄，他的事迹和精神成为中华民族优秀品质的典范。他的忠诚、勇敢、智慧和坚韧不拔的品质，为当时的民众树立了榜样，同时也激励着后人为中华民族的繁荣和发展不懈努力。他的英雄事迹和精神将永远铭刻在中华民族的历史长河中，成为我们民族永远的骄傲和力量源泉。

综上所述，戚继光不仅是中华民族历史上一位杰出的军事家和民族英雄，他的军事成就、文化思想成就以及民族英雄的事迹和精神都是中华民族的宝贵财富。他的丰功伟绩和卓越品质将永远铭刻在历史的长河中，激励着我们去追求更加美好的未来。

2.3.3 教学分析

1）因势利导的内在属性分析

（1）戚继光活学活用的创新思维

戚继光在抗倭战斗中积累了练兵、筑防、屯兵、情报等多方面的经验，成为明朝倚重的名将。为应对北方鞑靼诸部的威胁，由谭纶竭力推荐，1568年夏，朝廷调遣戚继光总理蓟州、昌平、辽宁、保定练兵事务。戚继光在率兵打击鞑靼部的时候，发现长城不完善，城上不能驻兵，无法及时应对突发的敌情。于是，他发兵在1 200里的东线长城。戚继光在修建长城过程中，依据“因地制宜，用险制塞”的建筑思想，山势低矮处，加高城墙；山势高峻处，修建敌楼，个别地方加修了障墙、支墙、挡马墙，全部为砖石结构或砖石木结构，使这段长城设施完备、构筑牢固、布局严谨、可攻可守。经专家鉴定，金山岭长城是我国万里长城的精华之所在。障墙、文字砖、挡马墙，被誉为金山岭长城的“三绝”。戚继光还修了一千多个空心敌台，平均一华里一个，敌台内有部队驻扎。空心台进可攻退可守，是极具特色的军事工程。在与入侵之敌战斗的过程中，戚继光发现长城沿线的部队习惯于单一防守，不懂多兵种配合作战，不重视建立侦察系统。于是，他选择山海关石河两岸为练兵之地，并且亲临山海关训练部队。在山海关老龙头的南海关口，戚继光看到敌台修建到海边礁石上，落潮和结冰时，敌人骑兵可以从海水浅处入侵。他根据修建蓬莱水城的经验，下令军民修筑由礁石敌台向海里延伸、长达7丈的入海石城。他的这些措施，完善加固了长城防线。

戚继光结合古代治军之道，不断创新，根据实战需要，戚继光注重研究军事技术的改革，创新战术，改善装备。抗倭时针对江南“地多沮泽，行者不得比肩而行”的情况，嘉靖三十九年戚继光创鸳鸯阵，十二人为一个小队，多种长短兵器攻守配合，运用灵活，组织严密、简单，士兵能够彼此呼应，每个人都能充分发挥作用，紧密团结协作，机动快捷，能够适应江南的地形。经过严格训练之后，鸳鸯阵在抗倭战斗中发挥了巨大的威力。戚继光在北方面对骑兵时，注重创新，注意寻求车兵、骑兵、步兵和水师等多兵种之间的合同战术。戚继光将车兵、骑兵和步兵合而成为一营，通过合理编组和严格训练，令骑兵、车兵和步兵不仅不可分离，而且紧密相依、步调一致，避免发生“车前马后，马前车后之误”。三者之间，以车兵为正兵，车上多配各种火器，车与车之间有步兵护卫，车兵和步兵、车兵和骑兵、骑兵和步兵之间可以互相形成支援。这种战术编组也强调变化，在遇到复杂地形时，骑兵可以前出列阵，防止整个战队遭到敌人伏击。另外，在各种不同地形下，作战的主力也会发生变化。平坦开阔地带以车兵为主力，山林地带则以步兵为主力，这有效提高了军队的战斗力。戚继光又创立空心台，“台高五丈，虚中为三层，台宿百人，铠仗糗粮具备”，颇似后世之碉堡，创造性地发展了我国边海防的战略、战术。

戚继光对各种冷热兵器进行更新改造，促进了我国冷兵器向热兵器的过渡。军事训练以实战为准，《纪效新书》言：“曰‘纪效’明非口耳空言；曰‘新书’所以明其出于法而不泥于法，合时措之宜也。”当时明军已经拥有火炮、火铳等较为先进的热兵器，具有一定作战优势。就海上作战而言，明军的舰船也较为先进。但戚继光注重研究军事技术的改革，改进兵器，改善装备。如为了对付倭刀，创制了“狼筅”，还组织人创制了一些新型火器，如虎蹲炮、连子铳等，甚至还创造了地雷自动引爆装置“钢轮发火”。他具备极为前瞻性的活学活用与创新思维能力。

（2）戚继光对戚家军的情感教育

戚继光16岁，父亲去世，依照明朝的官职承袭制度，他依例承袭父职任登州卫指挥佥事，开始了一生的戎马生涯。嘉靖三十四年，28岁的戚继光被调往浙江省任参将，镇守宁波、绍兴、台州三府。当时东南沿海深受倭寇的骚扰，倭寇们到处杀烧抢夺，沿海的人们深受其苦。戚继光上任后，首先就是组建一支新型的军队。他深知当时的社会风气和当朝文官集团的政治倾向，如果不重新组建军队，原来那种组织散漫、低效，行动无纪律，后勤还没有保障的军队，是根本不可能在战场上取胜的。戚继光看到了义乌人民的战斗精神，决定招募新兵。义乌百姓与从永康赶来的开矿者经常发生战争，不论男女老幼，一同上阵。戚继光练兵绝对重纪律，他创立了很厉害的连坐法，对提高戚家军的整体战斗力发挥了巨大作用。戚继光亲自研究装备，他改造、发明了许多新火器，为了追击倭寇，建造了庞大的战舰、实用的战车。鸳鸯阵虽不是戚继光首创，却被他运用得出神入化，这种阵法灵活搭配不同兵种、不同兵器，临阵时利用江南水乡的地形，对倭寇的克制非常明显，对敌效果显著。戚继光有一套非常详尽的训练士兵作战动作的方法，重视以及强调团队的协同作战。他组建的“戚家军”在岑港之战、台州之战、兴华之战、仙游之战等大大小小的战斗中都取得了胜利，“戚家军”成为一支听指挥、肯吃苦，敢打敢拼的队伍。

戚家军之所以在抗倭战争中屡建奇功，与戚继光注重对官兵的教育，使官兵整体上具有“人自为战”的主动性和积极性是分不开的。考虑到普通士卒的文化基础相对薄弱，戚继光采用“爱兵”“感召”“赏罚”三管齐下的方法开展对士卒的教育。“爱兵”的关键在于“真有是心”“诚于平居之时，实心爱之，真如父子一家”，具体来说，要做到“达士情”“循士欲”“恤病伤”，然后在动之以情的基础上晓之以理。对各级将领的教育，戚继光并不仅仅满足于使部属服从命令、听从指挥，而是本着“立身”“树人”的出发点，希望通过教育来“培养人”“造就人”。戚继光主要利用传统的修身理论来达到“立身”“树人”的目的。

（3）戚继光灵活多变的实用思想

戚继光认为不是任何时候都可以实行“诡道”，他指出，对敌人可用“诡道”，对士兵不仅不能实行“诡道”，还必须“以诚感诚”，要“至诚待下”。他要求对士兵要像对待孩子一样，“饮食为之通，疾病为之恤，患难为之处，甘苦为之同”“不待其心之发而先为之所，不待其口之言而预为之谋”。戚继光因时制宜，一切从实际出发，具体问题具体分析，平时，他认为要实心实意地爱护他们，像父子一家人一样；操场上训练时，要有公心，违反纪律即使是最亲近的人也不能袒护，言必信，行必果；出征打仗时，要身先士卒；获得战利品时，要同士兵均分，而且要更多地让给士兵。将领用人格的感召力使士兵树立起坚定的信念，任何艰难困苦都难使他们动摇。他认为孙子并不是一味地要求追求速胜，“兵闻拙速”是在一定的条件下成立的，必要时也可放缓作战活动的节奏，后人不能因误读孙子而否定甚至怪罪孙子。

战争中的每一场战斗都不相同，地理环境、兵力装备、后勤储备等因素会不同程度地影响战争走向，这就要求在战场中的各个作战单位根据不同的战场态势调整自身的应对策略。戚继光身经百战，常常奔走多地，需要面对不同的盟友、敌人、地理以及当地的社会人文环境，但是长时间、多地域的军旅生涯让他在面对不同情形下的战场态势时应对自如，并善于用最小的代价换取最大的胜利。根据身处的不同境况，妥善运用后勤要素，是戚继光屡屡得胜的关键，也是身为古代将领的必备军事素养。如《孙子兵法》中，要想与诸侯争锋，必须建立一支“霸王之兵”，做好战争准备，“故用兵之法，无恃其不来，恃吾有以待也；无恃其不攻，恃吾有所不可攻也”。戚继光把这一重要思想运用到实际之中，因地制宜，舍弃现有的明军不用，在浙江金华、义乌招募三千人进行严格训练，建立了一支战斗力非常强大的戚家军。观察戚继光的征战足迹，他领兵征战南北，“习知西北地利，坦夷无险阻，获以方列并驱。江南则地多沮泽，行者不得比肩”。两种不同的地形地貌，不仅对应了戚继光军旅生涯的不同时期、不同的作战方式，也代表着他在保障运作时需要做到因地制宜、因事就便。

2）实事求是的外在表现分析

（1）干实事建实功，弘扬爱国主义精神

戚继光19岁就立下“封侯非我意，但愿海波平”的报国志，此后一生不忘“受国豢”“荷国恩”，最终目的则是“干实事，图实战、实功，以报国耳”[①]。戚继光浓厚的爱国主义情感受到习近平总书记的高度肯定。在中国共产党第十八届中央委员会政治局第十二次集体学习会议上的讲话中，习近平总书记指出：“如戚继光在抵御倭寇、冯子材对抗侵略、鸦片战争、甲午海战、抗日战争、抗美援朝战争等历史事件中

① 高扬文，陶琦. 练兵实纪［M］. 北京：中华书局，2001：181.

所体现的爱国主义精神，都应受到深入挖掘……以激发中国人的志向，增强他们自身作为中国人的自信和坚韧。”[①]

戚继光是一名抗倭英雄，他的个人事迹和军事生涯充分体现了他不畏强暴的英雄气概。在中国人民近代反对外国侵略的斗争中，如义和团运动、太平天国运动等同样也显示了中国人民不畏强暴的英雄气概。习近平总书记指出，“英雄是民族最闪亮的坐标”[②]。新时代大学生是国家的未来、民族的希望，要积极引导大学生追寻“民族最闪亮的坐标”，培育正确的英雄观。以社会实践深化理论认知，内化英雄价值认同。大学生在社会实践中要坚定政治立场、提高政治站位，传承红色基因，厚植爱国主义情怀，在坚定理想信念和文化自信中，旗帜鲜明地批判各种解构英雄、消解崇高、虚无历史等形形色色的错误思潮，回击“污名化”英雄的错误言行，切实提升理论素养和思想道德水平，以实践推动英雄精神的宣传与培养。

在2018年5月28日中国科学院第十九次院士大会、中国工程院第十四次院士大会上，习近平总书记引用了“繁霜尽是心头血，洒向千峰秋叶丹”这句诗，说明爱国的热血丹心，并不仅仅体现在军人的戎马倥偬上，也同样体现在各行各业的工作岗位上，因为爱国的本质就是要扎根人民，为国家奉献自己的智慧与力量。

弘扬和培育戚继光的奉献精神，首先要从树立正确价值观入手，引导大学生树立奉献光荣的理念。随着改革的深入，各类利益冲突加剧，各种社会矛盾凸显，这种社会现实在认识中的反映就是新旧观念、先进与落后思想、主流与非主流价值观以及各种社会思潮的交汇交锋。非马克思主义和反马克思主义思想影响着大学生的世界观、人生观、价值观，不利于大学生正确认识新形势下的中国国情，不利于大学生做出正确价值判断和选择。

热爱祖国、热爱人民是公民道德建设的基本要求，新时代的大学生应当把国家的命运和自己的命运联系在一起，承担一定的法律义务和道德责任。在新形势下，更需要加强大学生爱国主义教育，发扬爱国主义

---

① 习近平. 习近平谈治国理政（第二卷）[M]. 北京：外文出版社，2017：314.

② 习近平. 在中国文联十一大、中国作协十大开幕式上的讲话 [N]. 人民日报，2021-12-15.

精神。要提高民族自尊心和自信心，热爱祖国，热爱人民，以损害祖国利益和民族尊严为耻，要积极投身到社会主义事业中，报效国家和人民，这对于实现中华民族伟大复兴具有深远的历史意义。

（2）坚持一切从实际出发，实事求是

戚继光曾直言："兵事须求实际。"[①]戚继光从面对的对手、所处的实际情况出发，积极推进兵制改进、创新兵法，勤加练兵，注重各种兵法的实际效果，及时修正一些花拳绣腿。戚继光熟读兵书而不拘泥于兵书，恰是做到了实事求是，从实际问题出发，将理论和实际相结合。

认识世界和改造世界是人类创造历史的两种基本活动，认识的任务不仅在于解释世界，更在于为改造世界提供理论指导，实现主观与客观、认识与实践的统一。马克思主义认识论揭示了人类认识的本质和发展的一般规律，为人类正确认识世界和改造世界指明了道路。马克思主义认识论的根本要求是一切从实际出发，这是马克思主义认识论的根本要求和具体体现。

如何在复杂多变的世界中把握"实际"，做到不唯书、不唯上、只唯实，坚持一切从实际出发对我国的发展具有重要的作用。坚持一切从实际出发，就要深入调查，投身于实践。我们的世界是一个丰富多彩的物质世界，物质决定意识，意识反映物质。这就要求我们的主观思想一定要符合客观实际，以客观存在的实际为出发点，按照客观物质世界的本来面貌和规律去认识和改造世界。

大学生要掌握原理，弄清立场、观点和方法，理论联系实际。首先要努力学习知识，一个具有丰富理论知识和实践经验的人，会比知识单调、经验贫乏的人产生更多新的联想和独到的创意。大学生要理论联系实际，做一个自觉的实践者，必须首先认真学好理论。理论学习是一个能动的理性思维活动，要注重理解理论的精神实质，掌握理论的科学原理，着重从立场、观点和方法上去把握理论的世界观和方法论意义，使理论转化为能力、转化为觉悟、转化为智慧。只有在这时，知识才成为

① 高扬文，陶琦．练兵实纪［M］．北京：中华书局，2001：283．

真正的力量。马克思主义是放之四海而皆准的行动指南，是我们制定路线、方针和政策的理论基础，也是我们观察问题和处理问题的锐利思想武器。我们要坚持理论联系实际，在实践中检验和发展真理。

第3章　齐鲁优秀传统文化与道德修养

大学生是民族的希望，祖国的未来，肩负着人民的重托、历史的责任。在大学阶段，引导大学生坚定集体主义原则，保持积极的人生态度、良好的道德风尚、健康的生活情趣，努力做中华民族传统美德的传承者，做体现时代进步要求的新道德规范的实践者，做新型人际关系和良好社会风气的推动者，是“思想道德与法治”课教学的首要任务，本章侧重对“思想道德与法治”课教材内容的解读。

根据大学生有关齐鲁文化人物中“你最崇拜的偶像是谁?”的调研问卷结果，大学生心中对齐鲁优秀传统文化人物中道德人格排在前四位的分别是孔子、孟子、辛弃疾、戚继光。为此，我们结合四人的有关事迹或思想，将其融入“思想道德与法治”课程。本章的任务是以上述四人形象作为融课点，运用德育对标法培养和提升大学生道德修养水平。

3.1　孔子与道德人格

道德人格是人们在道德生活中表现出来的人格特征，或可以理解为人在社会化的过程中，道德品质与道德行为的高度统一和在人格上的集中体现。道德要求中的理想人格是道德所认定的各种善的集合，因而也是它为人们树立的最高的行为标准。孔子讲“知之者不如好之者，好之者不如乐之者”；孟子谓：“可欲之谓善，有诸己之谓信。充实之谓美，充实而有光辉之谓大，大而化之之谓圣，圣而不可知之之谓神。”这些思想都反映着古人对人生境界的看法，对高尚人生境界的尊崇和追求。儒家把“君子”“圣人”作为自己的理想人格，道家推崇逍遥于天地之间的“真人”“至人”，近代启蒙思想家梁启超呼吁“新民”的理想人格。

3.1.1 思政理论

锤炼道德品格，崇德修身，是大学生自我修养和提升的重要组成部分。大学时期是道德观形成和发展的重要阶段，在这个时期形成的道德观念对大学生一生影响很大。道德是立身兴国之本，对个人和社会都具有基础性意义。社会主义道德是人类道德发展史上一种崭新类型的道德。弘扬社会主义道德，坚持以为人民服务为核心，以集体主义为原则，提高全社会道德水平，是全面建成社会主义现代化强国的战略任务，是适应社会主要矛盾变化、满足人民对美好生活向往的迫切需要，是促进社会全面进步、人的全面发展的必然要求。大学生要坚持马克思主义道德观，弘扬社会主义道德，做崇德向善的积极践行者。

1）道德的本质与功能

（1）道德的本质

道德是一种特殊的社会意识形态，它是以善恶为评价方式，主要依靠社会舆论、传统习俗和内心信念来发挥作用的行为规范的总和。道德与法律规范、政治规范不同，是一种非强制性的规范，并且表现为一种实践精神。作为实践精神，道德是一种旨在通过把握世界的善恶现象而规范人们的行为，并通过人们的实践活动体现出来的社会意识。作为人类社会发展到一定阶段的必然产物，道德对人和社会发展具有重要的促进作用，并随着社会的发展而不断进步。

自古以来，在探讨道德的起源这一问题上形成了多种观点。“天意神启论”把道德起源归结于上天的命令或者神的旨意，试图以人之外的某种所谓客观意志来说明道德的起源；“先天人性论”把道德的起源或者归结为与生俱来的善性，或者归结为先天存在的良心、理念或精神；“情感欲望论”认为道德起源于人们的情感欲望，是人们为实现情感欲望而形成的行为要求；“动物本能论”则认为道德观念源于动物的本能，进而把动物基于本能的活动与人类有目的、有意识的活动画上等号。由于脱离了人类社会的实践，这些观点要么是主观唯心主义或客观唯心主义的注解，要么是旧唯物主义形而上学的分析，均没有正确揭示道德的起源。马克思主义道德观认为，劳动创造了人和人类社会，是道德起源的第一个历史前提；社会关系是道德赖以产生的客观条件；人的自我意识是道德产生的主观条件。马克思主义在人类思想史上第一次科学而全面地论述了道德的起源问题，强调道德属于上层建筑的范畴，是一种特殊的社会意识形态，为正确认识和理解道德的本质奠定了基础。

马克思主义道德观是科学世界观、人生观、价值观在道德领域的反映与体现。道德是反映社会经济关系的特殊意识形态。道德的产生、发展和变化，归根结底源于社会经济关系。其一，道德的性质和基本原则、规范反映了与之相应的社会经济关系的性质和内容。其二，道德随着社会经济关系的变化而变化。其三，道德作为一种社会意识，在阶级社会里总是反映着一定阶级的利益，因而不可避免地具有阶级性。同时，不同阶级之间的道德或多或少有一些共同之处，反映着道德的普遍性。其四，作为社会意识的道德一经产生，便有相对独立性。这种相对独立性既表现为道德的历史继承性，也表现为道德对社会发展具有能动的反作用。

（2）道德的功能

道德源于人的社会生活需要，又反过来服务于人的社会生活需要。道德在人类社会中居于非常重要的地位，具有特殊的功能和作用。道德的功能，一般是指道德作为社会意识的特殊形式对社会发展所具有的功效与作用。道德的功能是多元的，同时也是多层次的。在道德的功能系统中，认识功能、规范功能、调节功能是最基本的功能。道德的认识功能是指道德反映社会关系特别是反映社会经济关系的功能与效力。道德往往运用善恶、荣辱、义务、良心等范畴，反映人类的道德实践活动和道德关系，从而揭示社会道德发展的趋势，为人们的行为选择提供指南。道德规范功能是指在正确善恶观的指引下，规范社会成员在社会公共领域、职业领域、家庭领域的行为，并规范个人品德的养成，引导并促进人们崇德向善。道德调节功能是指道德通过评价等方式指导和纠正人们的行为和实践活动，协调社会关系和人际关系的功效与能力。道德评价是道德调节的主要形式，主要评价方式是社会舆论、传统习俗和人们的内心信念。道德的作用则是道德功能的发挥和实现所产生的社会影响及实际效果。只有反映先进生产力发展要求和进步阶级利益的道德，才会对社会发展和人的素质的提升产生积极的推动作用。在社会生活中，道德对人们的意志、行为和品格，以及社会的存在和发展，有着广泛的、持久的、深入的影响。

2）社会主义道德的核心与原则

与以往社会的道德形态相比，社会主义道德具有显著的先进性特征，是对人类优秀道德资源的批判继承和创新发展。社会主义道德建立在生产资料公有制的基础上，坚持以为人民服务为核心，坚持以集体主义为原则，展现出真实而强大的道义力量。

（1）坚持以为人民服务为核心

为什么人服务是道德的核心问题，决定并体现着道德建设的根本性质和发展方向，规定并制约着道德领域中的所有道德现象。为人民服务，不仅是坚持历史唯物主义的必然要求，是中国共产党践行的根本宗旨，也是社会主义道德观的集中体现，是全体中国人民共同遵循的道德要求。

为人民服务是社会主义经济基础和人际关系的客观要求。在社会主义社会，每个劳动者和建设者都在为社会、为他人同时也是为自己而劳动和工作。各行各业的劳动者和建设者，只是社会分工不同，没有高低贵贱之分。每个人都是服务对象，又都为他人服务，全体人民通过社会分工和相互服务来实现共同利益。在我国，公有制为主体、多种所有制经济共同发展，按劳分配为主体、多种分配方式并存，社会主义市场经济体制等社会主义基本制度，是为人民服务的根本制度保证；团结互助、平等友爱、共同进步的人际关系，是为人民服务的广泛社会基础。

为人民服务是社会主义市场经济健康发展的要求。社会主义市场经济不仅不排斥为人民服务，而且只有在实现服务人民尤其是高质量服务人民的情况下才能得到更好的发展。为人民服务与社会主义市场经济并不冲突。社会主义市场经济不仅要求人们在一切经济活动中，正确处理个人与社会、竞争与协作、效率与公平、先富与共富、经济效益与社会效益等关系，形成健康有序的经济和社会生活规范，而且强调在社会主义物质文明和精神文明的引导下，每个市场主体都要有为人民服务的思想，自觉积极地为人民服务、为社会服务，把自身利益同国家和人民的共同利益结合起来。

在今天，毫不利己、专门利人、无私奉献是为人民服务，顾全大局、先公后私、爱岗敬业、办事公道是为人民服务，同志间、师生间、同学间互相关心、互相爱护、互相帮助是为人民服务，热心公益、助人为乐、见义勇为、扶贫帮困、扶残助残是为人民服务，遵纪守法、诚实劳动并获取正当的个人利益同样也是为人民服务。

（2）坚持以集体主义为原则

社会主义道德的基本原则是集体主义。在我国，国家利益、社会整体利益和个人利益根本上是一致。长期以来，集体主义已经成为调节国家利益、社会整体利益和个人利益关系的基本原则。

作为社会主义道德的基本原则集体主义具有以下三层含义：首先，集体主义强调国家利益、社会整体利益和个人利益的辩证统一。国家利益、社会整体利益体现着个人根本的、长远的利益，是所有社会成员共同利益的统一。同时，每个人的正当利益，又都是国家利益、社会整体利益不可分割的组成部分。在现实生活中，国家利益、社会整体利益和个人利益是相辅相成的，要力求做到共同发展、相互增益、相得益彰。其次，集体主义主张将国家利益和社会整体利益置于个人利益之上。集体主义强调在个人利益与国家利益、社会整体利益发生矛盾尤其是发生激烈冲突的时候，必须坚持国家利益、社会整体利益高于个人利益的原则，即个人应当以大局为重，使个人利益服从国家利益、社会整体利益，在必要时做出牺牲。集体主义要求个人为国家、社会做出牺牲并不是随意的，只有在不牺牲个人利益就不能保全国家利益、社会整体利益的情况下，才要求个人做出牺牲。最后，集体主义重视和保障个人的正当利益。集体主义促进和保障个人正当利益的实现，使个人的才能、价值得到充分的发挥。这不但与集体主义不矛盾，而且正是集体主义思想的应有之义。集体主义所重视和保障的是个人的正当利益，对于损人利己、损公肥私的行为，集体主义不但不保护，而且强烈反对和禁止。

随着社会主义市场经济的发展，我国的经济生活和道德生活正在发生着深刻的变化，在道德领域出现了许多新问题，必须适应实际变化，不断补充、丰富和完善集体主义原则。根据我国现阶段经济社会生活和人们思想道德的实际，集体主义可分为三个层次的道德要求：一是无私奉献、一心为公。即时时处处为集体利益着想，并甘愿为集体牺牲一切。这是集体主义的最高层次，是优秀共产党员、先进分子应努力达到的道德目标。二是先公后私、先人后己。即自觉把集体利益放在个人利益之上，在维护集体利益的前提下，实现个人的正当利益。这是已经具有较高社会主义道德觉悟的人能够达到的要求，具有广泛的社会基础。三是顾全大局，遵守法律法规，热爱自己的祖国，以诚实劳动为荣，通过正当合法的途径来维护个人的合法权益。这是对公民最基本的道德要求。

3）中华传统美德的基本精神

社会主义道德不是凭空产生的，中华传统美德是中华文化的精髓，蕴含着丰富的思想道德资源。“今天，中华民族要继续前进，就必须根据时代条件，继承和弘扬我们的民族精神、我们民族的优秀文化，特别是包含其中的传统美德。”①大学生应当自觉继承和发扬中华优秀传统美德，不断深化对社会主义道德的认识。

中华传统美德的基本精神主要表现为以下几点：第一，重视整体利益，强调责任奉献。中华民族传统道德发展演化中，始终强调整体利益、国家利益和民族利益的重要性。传统道德中的义利观、理欲观的核心都是公私之辨。第二，推崇仁爱原则，注重以和为贵。推崇仁爱、崇尚和谐是中华民族的优良传统和高尚品德。从仁爱出发，古人强调社会

① 习近平. 习近平谈治国理政（第一卷）[M]. 北京：外文出版社，2018：181.

和谐，讲求和睦友善，倡导团结互助，追求和平共处。在人际相处上，主张与人为善、推己及人，建立和谐友爱的人际关系；在民族关系上，主张各民族互相交融、和衷共济，建设团结和睦的大家庭；在对外关系上，倡导亲仁善邻、协和万邦，与世界其他民族在平等相待、互相尊重的基础上发展友好合作关系。第三，注重人伦关系，重视道德义务。中华传统美德的一个重要特点，就是非常重视每个人在人伦关系中的地位及价值，强调每个人都必须根据规范的要求来尽自己的义务。第四，追求精神境界，向往理想人格。中华传统美德主张在物质生活基本满足的情况下应追求崇高的精神境界，把道德理想的实现看作人生诸种需要中最高层次的需要。第五，强调道德修养，注重道德践履。中国古代思想家大都认为，在修身养性的过程中，最重要的就是要使社会的道德原则和规范转化为自身的道德要求和实践，通过切磋践履不断养成良好的道德习惯，形成完善的道德人格。

传统道德具有鲜明的两重性，要取其精华，弃其糟粕，加强中华传统美德的创造性转化和创新性发展。一方面要加强对传统美德的挖掘和阐发，另一方面要反对“复古论”和“虚无论”，树立高度的文化自觉和文化自信，让中华传统美德更好地滋养社会主义道德，让中华文化展现出永久魅力和时代风采。

4）投身崇德向善的道德实践

弘扬社会主义道德，在坚持以为人民服务为核心、以集体主义为原则的前提下，推进社会公德、职业道德、家庭美德、个人品德建设。大学生要自觉讲道德、尊道德、守道德，做社会主义道德的践行者、示范者和引领者。

《新时代公民道德建设实施纲要》强调，要把社会公德、职业道德、家庭美德、个人品德建设作为着力点。推动践行以文明礼貌、助人为乐、爱护公物、保护环境、遵纪守法为主要内容的社会公德，鼓励人们在社会上做一个好公民；推动践行以爱岗敬业、诚实守信、办事公道、热情服务、奉献社会为主要内容的职业道德，鼓励人们在工作中做一个好建设者；推动践行以尊老爱幼、男女平等、夫妻和睦、勤俭持家、邻里互助为主要内容的家庭美德，鼓励人们在家庭里做一个好成员；推动践行以爱国奉献、明礼遵规、勤劳善良、宽厚正直、自强自律为主要内容的个人品德，鼓励人们在日常生活中养成好品行。

个人品德在社会道德建设中具有基础性作用。在现实生活中，社会公德、职业道德和家庭美德的状况，最终都是以每个社会成员的道德品质为基础的。社会公德、职业道德和家庭美德建设，最终都要落实到个人品德的养成上。个人品德是通过社会道德教育和个人自觉的道德修养所形成的稳定的心理状态和行为习惯。它是个体对某种道德要求认同和践履的结果，集中体现了道德认知、道德情感、道德意志、道德信念和道德行为的内在统一。无论是社会的和谐有序，还是个人的人格健全，都有赖于个人品德的不断提升。锤炼个人品德需要形成正确的道德认知和道德判断，激发正向的道德认同和道德情感，强化坚定的道德意志和道德信念，关键在于道德践行。

“纸上得来终觉浅，绝知此事要躬行。”高尚道德品格的形成重在实践，贵在坚持。大学生投身崇德向善的道德实践，就要自觉加强道德修养，向道德模范学习，培养志愿服务精神，大力弘扬时代新风。

（1）掌握道德修养的正确方法

道德修养作为人类道德实践活动的重要形式之一，是指个体自觉地将一定社会的道德规范、准则及要求内化为内在的道德品德，以促进人格的自我陶冶、自我培育和自我完善的实践过程。加强道德修养，提升个人品德，应借鉴历史上思想家们所提出的学思并重、省察克治、慎独自律、知行合一、积善成德等各种积极有效的方法，并结合当今社会发展的需要身体力行，不断提高自己的道德素质和精神境界。加强个人品德修养不可能一蹴而就，更不可能一劳永逸。只有按照有效的品德修养方法去做，并长期坚持下去，才能使自己不断进步、不断完善，从而成为品德高尚的人。

（2）向道德模范学习

道德模范主要是指思想和行为能够激励人们不断向善且为人们所崇敬、模仿的先进人物。道德模范是群众身边看得见、摸得着的榜样，是可以学、能够学的标杆。榜样的力量是无穷的，道德模范用自己的行动诠释着道德的内涵，展示着道德的力量。大学生应做到见贤思齐，向道德模范学习，争做崇高道德的践行者、文明风尚的维护者、美好生活的创造者。

（3）参与志愿服务活动

志愿服务是指志愿贡献个人的时间及精力，在不求任何物质报酬的情况下，为改善社会、促进社会进步而提供的服务。志愿服务的精神是奉献、友爱、互助、进步，其中，奉献精神是精髓。参与志愿服务活动，一方面，帮助了他人、服务了社会，推动了社会道德水平的提高；另一方面，也把为社会和他人的服务看作自己应尽的义务和光荣的职责，从服务社会和帮助他人中获得成就感和幸福感。大学生应结合自身专长，在需要的地方提供优质高效的服务，在志愿服务中长知识、强本领、增才干。

良好的社会风尚是人们在社会道德实践中逐渐形成的。大学生投身崇德向善的道德实践，要弘扬真善美、贬斥假恶丑，做社会主义道德的示范者和引领者，促成知荣辱、讲正气、作奉献、促和谐的社会风尚。

3.1.2 道德典范

孔子生于春秋时期的鲁国（今山东曲阜），在那个礼崩乐坏、诸侯争霸的乱世，孔子把仁作为其学说的最高范畴，将其列为各种美德之首和“君子”道德应当遵循的最高准则。在记载孔子与弟子言行的《论语》中，论及“仁”字的地方达100多处，不同之处意思虽有所相同，不过无一例外地都指向人们在处理人际社会关系时应当追求和实践的最高道德规范。

1）树立仁者爱人、忠恕之道的道德准则

在孔子看来，“仁”的最核心要求就是“爱人”。如“樊迟问仁。子曰：‘爱人。’”[①]（樊迟问什么是仁。孔子说：爱人。）那么何为“爱人”?“爱人”的具体表现就是“忠恕之道”。所谓“忠恕之道”，《论语》中记录道，子曰：“参乎！吾道一以贯之。”曾子曰：“唯。”子出。门人问曰：“何谓也?”曾子曰：“夫子之道，忠恕而已矣。”（孔子说：

① 杨伯峻. 论语译注［M］. 北京：中华书局，2017：185.

“曾参啊！我讲的道，可以拿一个道理把它贯穿起来。”曾子说：“我明白了。”孔子就离开了。曾子的师兄弟来问：“这是什么意思呢？”曾子就告诉他们：“我们的老师所讲的道，忠恕之道而已。从这里开始学，学到圆满的境界，就是道。”）何为“忠恕”？朱熹在《论语集注》中对忠恕的注解是：“尽己之谓忠，推己之谓恕。”“忠”指中正不偏，忠诚无私，尽心竭力。“恕”是指以己心如别人心，以别人心如己心，将心比心。所以，一方面，孔子曰：“己欲立而立人，己欲达而达人。”意思是有仁德的人，自己想站得住（指立身），也让他人站得住；自己想行得通（事业通达），也让他人行得通。此谓之“忠”。（子贡曰：“如有博施于民而能济众，何如？可谓仁乎？”子曰：“何事于仁，必也圣乎！尧舜其犹病诸！夫仁者，己欲立而立人，己欲达而达人。能近取譬，可谓仁之方也已。”）另一方面，孔子曰：“己所不欲，勿施于人。”（子贡问曰：“有一言而可以终身行之乎？”子曰：“其恕乎？己所不欲，勿施于人。”）意思是说自己不愿承受的事情也不要强加在别人身上。此谓之“恕”。“忠恕之道”是孔子一生在处理人际关系的基本准则。

2）养成“恭、宽、信、敏、惠”的道德品格

在孔子看来，要做到“仁”，就要做到五种道德品格。如子张问仁于孔子。孔子曰：“能行五者于天下为仁矣。”“请问之。”曰：“恭、宽、信、敏、惠。恭则不侮，宽则得众，信则人任焉，敏则有功，惠则足以使人。”[①]所谓恭，是指在对待他人和自己的时候，要持有一种尊重的态度，做到对自己庄重，对他人心存恭敬，这样就不会受到侮辱；所谓宽，是指为人要宽厚，要心胸宽广，要宽以待人。为人宽厚就不会抱怨别人，别人也不会怨恨自己，就会得到大众的拥护。所谓信，是指诚信。“人而无信，不知其可。”[②]不道听途说，做到一诺千金，自然就会得到别人的信任。所谓敏，是指勤敏。勤敏就会工作效率高、贡献大。子曰：“君子食无求饱，居无求安，敏于事而慎于言，就有道而正焉，可谓好学也已。” 意思是君子饮食不求饱，居处不求安，敏捷地做事，谨慎地说话，又能常向有道之人来辨明自己的是非，这样可算是好学

① 杨伯峻. 论语译注［M］. 北京：中华书局，2017：260.
② 杨伯峻. 论语译注［M］. 北京：中华书局，2017：28.

了。所谓惠，是指给人以恩惠，就是善待别人，别人需要帮忙，尽己所能帮助人。子曰：“君子怀德，小人怀土。君子怀刑，小人怀惠。”孔子说：“君子常怀念于德性，小人常怀念于乡土。君子常怀念到刑法，小人常怀念到恩惠。”只有这样，才可以使用人，才能使动人。

3）遵守“克己复礼为仁”的道德规范

在孔子看来，仁作为一种最高的道德规范，其不仅表现在其内在的人格修炼，而且具体体现在对一种社会秩序即“礼”的遵守。即所谓“道之以政，齐之以刑，民免而无耻；道之以德，齐之以礼，有耻且格。”孔子说，“不学礼，无以立”“不知礼，无以立也”“克己复礼为仁”（颜渊问仁。子曰：“克己复礼为仁。一日克己复礼，天下归仁焉。为仁由己，而由人乎哉？”颜渊曰：“请问其目？”子曰：“非礼勿视，非礼勿听，非礼勿言，非礼勿动。”颜渊曰：“回虽不敏，请事斯语矣。”《论语·颜渊》），即抑制自己，使自己的言语行为都合于“礼”，这就是“仁”。不学“礼”，就无法在社会立足。他还说，“恭而无礼则劳，慎而无礼则葸，勇而无礼则乱，直而无礼则绞”（《论语·泰伯》），即容貌态度端庄却不知礼就会劳倦，谨慎却不知礼就会流于畏惧懦弱，敢于作为却不知礼就会盲动闯祸，心直口快却不知礼就会尖刻伤人。所以，作为君子应该要“博学于文，约之以礼”（《论语·雍也》），即广泛地学习文化知识，再用礼节来加以约束自己。孔子所说的“礼”在本质上虽然是一种宗法等级社会秩序的规范，目的在于批判当时“礼崩乐坏”的社会现实，缅怀夏商周三代的“礼治”，有着很大的社会局限性，但是其中蕴含的很多思想认识，对当下我们社会主义市场经济体制下进行社会主义核心价值观的建构和法治建设的推进也有重要借鉴意义。

4）践行“重义轻利是为仁”的道德情操

孔子认为“君子义以为上”（《论语·阳货》），即君子以义为最尊贵。他说，“君子有勇而无义为乱，小人有勇而无义为盗”（《论语·阳货》）。意思是如果没有义，那么即便是君子也会误入歧途，小人更会为非作歹，所以要用义引导人们走向正确的道路，用义完善人的道德品质，提高人的道德境界。孔子将义与利相对而言。“君子喻于义，小人喻于利”（《论语·里仁》），即君子追求的是义，小人讲求的是利。他说，“不义而富且贵，于我如浮云”（《论语·述而》），即如果是通过不义之举而获得的荣华富贵，就会像浮云一样。相反，如果和颜渊一般，注重自己的品行修养，那么就能做到“饭疏食饮水，曲肱而枕之，乐亦在其中矣”（《论语·述而》），即说品德高尚的人，即使是吃粗粮，喝冷水，弯着胳膊当枕头，乐趣也自在其中。

5）坚守“仁以为己任”的道德毅力

在孔子看来，仁是人终生奋斗的目标，甚至高于个人生命价值。君子对于道德的追求绝不仅仅是独善其身，还应胸怀天下，承担历史使命，君子理想人格的道德价值就在于把仁德、仁爱推广于天下，因此需要具有强烈的使命感。就如曾子所说的：“士不可以不弘毅，任重而道远。仁以为己任，不亦重乎？死而后已，不亦远乎？”（《论语十则》）更甚至于，孔子认为：“志士仁人，无求生以害仁，有杀身以成仁。”（《论语·卫灵公》第九章）仁作为君子的最高追求是比生命更重要的，求生害仁是对生命的玷污，而杀身成仁将会使生命得到升华。[①]而纵观孔子的一生，也正是为了自己所坚守的道德理想准则而颠沛流离、不断践行的一生。孔子一生颠沛流离，55岁开始周游列国十四载，虽其主张不为当世所容，甚至“惶惶然如丧家之犬”，但即便如此，孔子也没有放弃自己的人生准则，在生命的最后，他坦然面对了死亡。但是，圣人不灭，精神不息。孔子和他代表的儒家文化，已经融入每个中国人的血脉，成为中华文化不可分割的一部分，塑造了中华民族的性格特征。

6）“有教无类”“因材施教”培养道德典范

孔子不但将“仁”作为最高的道德准则，还开创私人讲学之风，倡导仁义礼智信，通过培养人才的方式来践行自己的道德准则。《史记·孔子世家》所记：“孔子以诗书礼乐教，弟子盖三千焉，身通六艺者七十有二人。”

孔子坚持平等的原则，明确提出“有教无类”，将教育的权利扩及

① 姜楠．孔子仁爱思想对大学生道德情感教育启示［D］．石家庄：河北科技大学，2022（12）：15.

平民百姓。虽然主张对学生一视同仁，公平对待，但是每个学生都有自己的个性特点，孔子便根据学生的个体差异，实行有针对性的教育。他说："中人以上，可以语上也；中人以下，不可以语上也。"（《论语·雍也》）中等水平以上的人，可以告诉他高深的学问；中等水平以下的人，不可以告诉他高深的学问，这是按照学生的学识水平来进行不同的教育。

孔子在道德教育过程中也注重因材施教，当学生问到有关"仁"的问题，孔子对不同的学生有不同的解答。樊迟资质鲁钝，孔子就对他讲"仁"的最基本概念——"爱人"；司马牛因"多言而躁"，孔子就对他说"仁者，其言也讱"（《论语·颜渊》），告诫他要谨慎言语；仲弓对人态度不够谦恭，孔子教育他要将心比心，宽以待人，"己所不欲，勿施于人"（《论语，卫灵公》）；子贡能言，喜欢评论别人的是非善恶，孔子让他多与仁人交朋友，向贤士大夫学习，提高自身修养；子张热衷于从政，孔子就跟他讲为政者必须具备的道德修养，即"恭、宽、信、敏、惠"。另外，对"孝"等内容，孔子也是因人而异地进行教导。

3.1.3 教学分析

道德作为一种社会意识，是国家软实力的重要组成部分，对个人和社会的影响更为直接广泛。我国当前教育的根本任务是立德树人，大学时期是大学生道德观形成的关键时期，如何引导大学生做社会主义道德的积极践行者和引领者成为重中之重。孔子作为儒家思想代表人物，其伦理道德思想和实践仍然具有重要借鉴价值。本部分主要就孔子道德人格融入"思想道德与法治"课第五章（遵守道德规范 锤炼道德品格）涉及的相关内容进行分析。

1）坚持集体主义原则

道德原则是道德规范体系的总纲，它最直接最集中地反映着一定社会经济关系和利益关系的根本要求，代表着一定阶级的根本利益和长远利益。孔子强调树立"仁者爱人，忠恕之道的道德准则"。从道德建设的角度来看，二者具有内在一致性，这也是为什么孔子的"仁爱"原则在当前依然具有重要现实意义的原因之一。

作为社会主义道德基本原则的集体主义包含以下三层含义：集体主义强调国家利益、社会整体利益和个人利益的辩证统一；集体主义主张国家利益和社会整体利益应优先于个人利益；同时，它也重视并保障个人的合法权益。孔子的“仁爱”原则设计始于人本身、人与人、人与社会的关注和思考，是社会德性与个体德性的统一。“仁爱”原则从家庭伦理（孝悌）到社会伦理（泛爱众），再到以德治国（为政以德）。它的宗旨是以利他的方式达到人际关系的和谐统一，在这一过程中个人道德修养得以提升，和谐的社会秩序得以维护。孔子的“仁爱”原则也是力图实现个人和社会的统一，个人德性与社会德性的共同提升，这和集体主义原则在本质上具有一致性。从“仁爱”原则角度来解释集体主义原则，结合中华优秀传统文化的创造性转化和创新性发展，可以借鉴传统道德中的典故，学生也更易理解。不管是集体主义原则还是孔子“仁爱”原则，都不是空洞的、强调牺牲个人利益保全集体利益和国家利益的原则。

在社会主义道德建设过程中，集体主义原则不是一刀切的唯一标准，可以细化为三个层次的道德要求：一是无私奉献、一心为公，这是集体主义的最高层次；二是先公后私、先人后己，这是集体主义的普遍层次；三是顾全大局、遵纪守法、热爱祖国、诚实劳动，以正当合法的手段保障个人利益，这是对公民最基本的道德要求，是集体主义的基础层次。

集体主义离我们并不遥远，体现于具体的学习工作生活之中。人人都可以而且应当践行集体主义原则，沿着道德的阶梯循序渐进地向上攀登。当代大学生应正确认识和处理好国家利益、集体利益和个人利益之间的关系，要自觉坚持个人利益服从集体利益、局部利益服从整体利益、当前利益服从长远利益，反对小团体主义、本位主义和极端个人主义。道德修养重在实践，大学生要积极参与社会主义道德建设实践，不断提升个人品德，做社会主义道德建设的积极实践者和引领者。

2）传承中华传统美德

中华传统美德是中华文化的精髓，今日，中华民族若要持续前行，就必须紧密结合时代特征，传承并发扬光大我们的民族精神及优秀传统文化，特别是其中蕴含的传统美德。大学生应主动承担起传承与弘扬中华卓越传统美德的责任，并持续深化对社会主义道德观念的理解与认识。孔子是儒家思想的代表，也是中华传统美德的代表，将孔子个人作为道德典范融入中华传统美德教育本身就是水到渠成的。

中华传统美德的基本精神可以概括为仁爱孝悌、谦和好礼、诚信知报、精忠报国、克己奉公、修己慎独、见利思义、勤俭廉政、笃实宽厚、勇毅力行等，这些精神体现了中华民族优秀的民族品质、民族精神、民族气节、民族情感及民族礼仪，对个人成长和社会发展具有重要意义。在孔子看来，仁是人终生奋斗的目标，甚至高于个人生命价值，高度推崇仁爱原则，并提出“仁者爱人”，爱人是仁爱的实现，当时的“爱人”更多地体现在人伦关系。关于践履，正如孔子所言：“吾十有五而志于学，三十而立，四十而不惑，五十而知天命，六十而耳顺，七十而从心所欲，不逾矩。”在他眼里，进行道德修养是一辈子的事情。孔子认为，成为君子是最高精神境界，并且君子对于道德的追求绝不仅仅是独善其身，还应胸怀天下，承担历史使命，需要具有强烈的使命感。孔子的一生，是矢志不渝地坚守并实践自己道德理想的一生，他为此历经坎坷，四处奔波，不断将自己的理想准则付诸实践。孔子及其所代表的儒家文化，已经深深植根于每个中国人的心灵深处，成为中华文化不可或缺的组成部分，对中华民族的性格塑造产生了深远的影响。

在长期的历史发展中，中华传统美德已经渗入全民族的思维方式、价值观念、行为方式和风俗习惯，具有重要的当代价值。比如，关于道法自然、天人合一的思想，关于天下为公、大同世界的思想，关于自强不息、厚德载物的思想，关于经世致用、知行合一、躬行实践的思想，关于仁者爱人、以德立人的思想，关于以诚待人、讲信修睦的思想，关于清廉从政、勤勉奉公的思想，关于俭约自守、力戒奢华的思想等。这些传统美德既可以为我们今天的道德建设提供借鉴意义，为治国理政提供有益启示，也为解决当代人类面临的道德难题提供了重要启迪。因此，要“深入挖掘中华优秀传统文化蕴涵的思想观念、人文精神、道德规范，结合时代要求继承创新，让中华文化展现出永久魅力和时代风采”[①]。

大学生学习和继承中华传统美德的优良传统，首先，要坚定历史自信、文化自信，不忘本来、辩证取舍，古为今用、推陈出新，传承和弘扬中华传统美德。中华传统美德是中华优秀传统文化的重要组成部分，在加强对中华传统美德的挖掘和阐发中实现传统道德的创造性转化和创新性发展。其次，要坚持批判地继承的态度。任何道德都是具体历史时代的产物。中华传统美德是经过漫长的社会发展而形成的，不可避免地打上了传统社会的印记，在内容和形式上或多或少地存在着与今天的现实生活不相适应的地方。弘扬中华传统美德，必须通过科学的分析和鉴别，把其中带有阶级和时代局限性的成分剔除出去。最后，要立足面向大众、服务人民，发挥中华传统美德人伦日用的化育功能，使传统美德与日常生活水乳交融，让传统美德中蕴含的伦理精神点点滴滴地融入人们的生活，生根发芽，不断丰富人们的精神世界，增强人们的精神力量。

3）锤炼个人品德

个人品德是通过社会道德教育的引导以及个人主动的道德修养过程形成的一种稳固的心理倾向和行为模式。它是个体对道德准则内化认同并外化实践的结果，深刻融合了道德认知的明晰、道德情感的充沛、道德意志的坚定、道德信念的执着以及道德行为的自觉。无论是确保社会的和谐稳定与有序发展，还是促进个人人格的完善与健康成长，都离不开个人品德的持续培育与提升。个人品德在社会道德构建中扮演着基石的角色。在现实社会的各个层面，无论是公共道德、职场操守还是家庭美德的表现，其根本都源于每个社会成员的个人道德品质。在孔子的道德思想中，个人品德是非常重要的内容，对当前的个人品德培育和提升具有重要意义。

道德修养的最高目标是成为君子。孔子认为的理想人格是君子。在他那里，君子是道德修养的最高境界，也是每一位有识之士的终身追求。孔子提出并践行君子教育，其主要目标是为了培养既可以出仕为

① 习近平．在北京大学师生座谈会上的讲话［N］．人民日报，2018-05-03.

官，也可以以自身品行影响一方的君子。从个体层面来看，君子是个体自我道德修养和道德实践的人格追求，是个体内在高尚道德品性和外在高尚道德行为的统一。这和当前立德树人的教育目标是一致的。党的二十大报告提出，“育人的根本在于立德。全面贯彻党的教育方针，落实立德树人根本任务，培养德智体美劳全面发展的社会主义建设者和接班人”①。新时代君子同样要求具备高尚的道德修养，“仁、义、礼、智、信”等品质是其基本要素，遵循为人民服务的社会主义道德建设核心和集体主义的基本原则，坚持社会主义核心价值观。大学生不断增强内在学识和道德修养，力争成为新时代的君子。

道德修养重在践履。孔子特别重视身体力行、将意识化为行动的重要性。通过提升人的内在修养，在此基础之上落实在具体的行动中。德行即道德实践，是个人道德认知的外在表现，也是从学到行、由内及外、由浅入深的过程。君子应以“仁”“义”“勇”这些内在道德素养来要求自己，以礼作为德行的外在要求。在孔子的观念中，仁被视为至高无上的道德规范，它不仅仅体现在个人内在的品德修养上，更具体地展现在对“礼”这一社会秩序的遵循之中，孔子强调通过“克己复礼”来实现仁，即将个人的欲望和行为约束在礼的框架内，以此作为达到仁的途径。礼既是个人修身的道德准则，也是和谐人伦关系的价值标准。理论知识虽重要，亲身体验更深刻，真正领悟道德精髓需亲身实践，而高尚道德品格的塑造关键在于持续不断地实践与坚持。道德修养是一辈子的事情，正如孔子所言“吾十有五而志于学，三十而立，四十而不惑，五十而知天命，六十而耳顺，七十而从心所欲，不逾矩。”大学生应主动树立道德观念，崇尚道德规范，恪守道德底线，成为社会主义道德的积极实践者、模范榜样以及引领潮流的先锋。现实中，一些大学生尽管掌握了丰富的道德知识，却缺少道德行动，即存在知而不行的现象。进行道德修养的过程中，道德意志和道德信念也是非常关键的因素。这是人们在道德实践中自觉克服一切困难和障碍的毅力，通过道德意志和信念的坚守，道德行为才能体现出稳定性。进行道德修养，大学生坚持磨

① 习近平. 高举中国特色社会主义伟大旗帜 为全面建设社会主义现代化国家而团结奋斗（在中国共产党第二十次全国代表大会上的报告）［M］. 北京：人民出版社，2022.

炼道德意志，坚定道德信念，在砥砺中前行，在拼搏中进取，并做到持之以恒、久久为功，从而成就高尚的道德品格。

3.2 孟子与理想信念

中华文明历来把人的精神生活纳入人生和社会理想之中。孟子“富贵不能淫，贫贱不能移，威武不能屈”的理想人格，体现了中华民族的优秀传统文化和民族精神，我们应该继承和发扬。

中华民族崇尚精神的优秀传统，表现为对理想的不懈追求。如儒家把仁爱和谐视为最高理想，为实现“仁”的理想即使献出生命也在所不惜，即“志士仁人，无求生以害仁，有杀身以成仁”。正是因为有了这种理想主义情怀，无数志士仁人秉持“为天地立心，为生民立命，为往圣继绝学，为万世开太平”的理想追求，心怀天下，利济苍生，为追求道义、实现理想而上下求索。

3.2.1 思政理论

大学是立德树人、培养人才的地方，是青年人学习知识、增长才干、放飞梦想的地方。追求远大理想，坚定崇高信念，在为实现中国特色社会主义共同理想而奋斗的过程中实现个人理想，是大学生自身成长成才的现实需要，也是国家和人民的殷切期盼。

1）理想信念的内涵和作用

理想是人们在实践中形成的、有实现可能性的、对未来社会和自身发展目标的向往与追求，是人们的世界观、人生观和价值观在奋斗目标上的集中体现。理想具有超越性、实践性和时代性的特征。理想是多方面和多类型的，根据不同的标准，可以分为个人理想和社会理想，近期理想和远期理想，生活理想、职业理想、道德理想和政治理想等。

信念是人们在一定的认识基础上确立的对某种思想或事物坚信不疑并身体力行的精神状态。信念是认知、情感和意志的有机统一体，为人们矢志不渝、百折不挠地追求理想目标提供了强大的精神动力。信念具有执着性、支撑性和多样性的特征。

理想和信念总是相互依存。理想是信念所指的对象，信念则是理想实现的保障。离开理想这个人们确信和追求的目标，信念无从产生；离开信念这种对奋斗目标的执着向往和追求，理想寸步难行。在此意义上，理想和信念难以分割地紧密联系在一起。也正因如此，人们常将理想与信念合称为理想信念。

理想信念是人的精神世界的核心，是人精神上的“钙”。没有理想信念，理想信念不坚定，精神上就会“缺钙”，就会得“软骨病”。一个人精神上“缺钙”，就容易精神空虚甚至陷入精神荒漠，既不可能感受精神生活的丰满充实，更不可能承担时代所赋予的历史重任。

理想信念是人生发展的内在动力，理想指引方向，信念决定成败。

第一，理想信念昭示奋斗目标。人生是一个在实践中奋斗的过程，要使生命富有意义，就必须在科学的理想信念指引下，沿着正确的人生道路前进。有什么样的理想信念，就意味着以什么样的期望和方式去改造自然和社会，塑造和成就自身。第二，理想信念催生前进动力。一个人有了崇高坚定的理想信念，才会以惊人的毅力和不懈的努力成就事业。与此相反，一个人如果没有崇高坚定的理想信念，就有可能浑浑噩噩、庸庸碌碌、虚度一生，甚至腐化堕落、走上邪路。第三，理想信念提供精神支柱。理想信念是一个人在精神生活领域“安身立命”的根本。没有理想信念的支撑，人的精神世界就如同无根之木、无基之塔。理想信念能够使人们在遭遇挫折、经受考验的时候，做到知难而进、迎难而上，顽强奋斗直至战胜艰难险阻。第四，理想信念提高精神境界。理想信念是衡量一个人精神境界高下的重要标尺。理想信念作为人的精神世界的核心，一方面能使人的精神生活的各个方面统一起来，使人的精神世界成为一个健康有序的系统，避免精神空虚和迷茫；另一方面又能引导人们不断地追求更高的人生目标，并在追求和实现理想目标的过程中提升精神境界、塑造高尚人格。

2）树立和坚定崇高理想信念

加强思想修养、提高精神境界，必须牢牢把握理想信念这个核心。实现共产主义是共产党人的最高理想，实现中华民族伟大复兴是全体中华儿女的共同理想，二者统一于中国特色社会主义的历史进程之中。实现中华民族伟大复兴的中国梦需要一代又一代青年矢志奋斗。大学生应当志存高远、脚踏实地，切实坚定对马克思主义、共产主义的信仰，增强对中国特色社会主义的信念，增强对实现中华民族伟大复兴的信心，把个人理想追求融入党和国家事业之中。

马克思主义作为我们立党立国的根本指导思想，是近代以来中国历史发展的必然结果，是中国人民长期探索的历史选择。大学生要树立崇高的理想信念，增强对马克思主义、共产主义的信仰，在错综复杂的社会现象中看清本质、明确方向，为服务人民、奉献社会做出更大的贡献。第一，马克思主义为我们提供了科学的思想方法，正确运用马克思主义，我们在观察事物时就能正确地提出问题、分析问题和解决问题。尽管我们所处的时代同马克思所处的时代相比发生了巨大而深刻的变化，但从世界社会主义500年的大视野来看，我们依然处在马克思主义所指明的历史时代。第二，马克思主义深刻揭示了自然界、人类社会、人类思维发展的普遍规律，为人类社会发展进步指明了方向。时代在变化，社会在发展，但马克思主义基本原理依然是科学真理。第三，马克思主义第一次创立了人民实现自身解放的思想体系。人民性是马克思主义的本质属性。马克思主义博大精深，归根到底就是一句话，为人类求解放。第四，马克思主义是实践的理论，指引着人们改造世界的行动。正是在马克思主义的指导下，社会主义由空想变成科学，由科学理论转变为社会实践。第五，马克思主义是不断发展的开放的理论，始终站在时代前沿。马克思主义诞生于19世纪中叶，但并没有停留在19世纪。马克思一再告诫人们，马克思主义理论不是教条，而是行动指南，必须随着实践的变化而发展。一部马克思主义发展史就是马克思、恩格斯以及他们的后继者们不断根据时代、实践、认识发展而发展的历史。马克思主义进入中国，是中国人民的历史选择，马克思主义中国化的历史进程是马克思主义与时俱进品质的实践展现。

马克思主义科学预测了未来社会的理想状态，指明了人类社会的发展方向。共产主义社会是物质财富极大丰富、实现按需分配、人的精神境界极大提高、每个人自由而全面发展的社会。共产主义只有在社会主义社会充分发展和高度发达的基础上才能实现。中国共产党从成立之日起，就确立了共产主义的远大理想，始终团结带领中国人民朝着这个伟大理想前行。共产主义是崇高的社会理想，是关于无产阶级解放的学说，同时也是一种现实运动。共产主义远大理想既是面向未来的，又是指向现实的，不仅反映了人们对未来社会的美好向往，更是一个从现实的人出发，不断满足人的现实利益需求、推进人的全面发展、推动社会发展进步的历史过程与现实运动。

中国特色社会主义是马克思主义与中国具体实际相结合的产物，是科学社会主义的体现。中国特色社会主义承载着几代中国共产党人的理想和探索，寄托着无数仁人志士的夙愿和期盼，凝聚着亿万人民的奋斗和牺牲，是近代以来中国社会发展的必然选择。在中国共产党领导下，坚持和发展中国特色社会主义，实现中华民族伟大复兴，要求我们必须增强对中国特色社会主义的坚定信念。历史和现实都告诉我们，只有社会主义才能救中国，只有中国特色社会主义才能发展中国。中国特色社会主义是改革开放以来党的全部理论和实践的主题，是党和人民历尽千辛万苦、付出巨大代价才取得的根本成就。中国特色社会主义以全新的视野深化了对共产党执政规律、社会主义建设规律、人类社会发展规律的认识，使我们国家快速发展起来，使我国人民生活水平快速提高起来。新时代坚持和发展中国特色社会主义，总任务是实现社会主义现代化和中华民族伟大复兴，在全面建成小康社会的基础上，分两步走，到21世纪中叶建成富强民主文明和谐美丽的社会主义现代化强国，以中国式现代化推进中华民族伟大复兴。

实现中华民族伟大复兴，是中华民族近代以来最伟大的梦想。这个梦想就是要实现国家富强、民族振兴、人民幸福，它凝聚了几代中国人的夙愿，体现了中华民族和中国人民的整体利益，是每一个中华儿女的共同期盼。在五千多年的文明发展历程中，中华民族为人类文明进步做出了不可磨灭的贡献。近代以后，我们的民族历经磨难，无数仁人志士在探索救国救民的道路上做出了可歌可泣的奉献和牺牲，值得永远敬仰和铭记。在中国共产党领导下，我们终于找到实现民族复兴的正确道路。经过长期努力，中华民族实现了从站起来、富起来到强起来的伟大飞跃。

实现中华民族伟大复兴是一项光荣而艰巨的事业。这一事业绝不是轻轻松松、敲锣打鼓就能实现的，必须付出艰苦的努力。中国共产党一经成立，就义无反顾肩负起实现中华民族伟大复兴的历史使命。百余年来，为了实现这一历史使命，无论是弱小还是强大，无论是顺境还是逆境，中国共产党都初心不改、矢志不渝，团结带领人民历经千难万险，付出巨大牺牲，敢于面对挫折，勇于修正错误，攻克了一个又 一个看似不可攻克的难关，创造了一个又一个彪炳史册的人间奇迹。进入新发展阶段，是越来越接近实现中华民族伟大复兴的阶段，这一进程是不可阻挡的，中国人民实现中华民族伟大复兴的信心无比强烈。

走好新时代的长征路，我们要坚定道路自信、理论自信、制度自信、文化自信，自觉做共产主义远大理想和中国特色社会主义共同理想的坚定信仰者、忠实实践者，为崇高理想信念而矢志奋斗。

3）在实现中国梦的实践中放飞青春梦想

理想信念是一个思想问题，更是一个实践问题。实现理想到现实的转化才能更好体现理想信念的价值。理想变为现实，关键要去实践，通过坚持不懈地努力奋斗来实现。

要科学把握理想与现实的辩证统一。首先，要认清理想与现实的关系，二者是辩证统一的。人们在处理理想与现实的关系时，往往只看到二者对立的一面，忽视了二者统一的一面。理想和现实存在着对立的一面，二者的矛盾与冲突，属于“应然”和“实然”的矛盾。理想与现实又是统一的。理想受现实的规定和制约，是在对现实认识的基础上发展起来的。一方面，现实中包含着理想的因素，孕育着理想的发展；另一方面，理想中也包含着现实，既包含着现实中必然发展的因素，又包含着由理想转化为现实的条件，在一定的条件下，理想就可以转化为未来的现实。其次，要认识到实现理想的长期性、艰巨性和曲折性。理想的实现是一个过程。一般来说，理想越是远大，它的实现过程就越复杂，需要的时间也就越漫长。纵观人类社会发展史，任何一种理想的实现都不是轻而易举的，必然会遇到各种各样的困难和波折，充满艰险和坎坷。实现理想必须有战胜种种艰难险阻的坚定不移的信心和坚韧不拔的毅力。再次，要确信艰苦奋斗是实现理想的重要条件。艰苦奋斗是我们的传家宝。“人类的美好理想，都不可能唾手可得，都离不开筚路蓝缕、手胼足胝的艰苦奋斗。”[①]一个没有艰苦奋斗精神作支撑的民族，是难以自立自强的；一个没有艰苦奋斗精神作支撑的国家，是难以发展进步的；一个没有艰苦奋斗精神作支撑的政党，它的事业是难以兴旺发达的。我们的国家从积贫积弱一步一步走到今天的发展繁荣，靠的就是一代又一代人的顽强拼搏，靠的就是中华民族自强不息的奋斗精神。在实现中华民族伟大复兴的新征程上，必然会有艰巨繁重的任务，特别需要我们发扬艰苦奋斗精神。艰苦奋斗是成就人生事业不可或缺的条件。对于当代青年来说，理想的实现必须通过实践才能转变为现实。

理想分为个人理想和社会理想。个人理想是指处于一定历史条件和社会关系中的个体对于自己未来的物质生活、精神生活所产生的向往和追求。社会理想是指社会集体乃至社会全体成员的共同理想，即在全社会占主导地位的共同奋斗目标。个人理想与社会理想的关系基于个人与社会的关系。个人与社会是相互依存、相互制约、共同发展的辩证关系。个人理想与社会理想之间也是相互联系、相互影响、相互制约的。个人理想以社会理想为指引。追求个人理想的实践活动都是在社会中进行的，个人理想的确立不能只凭个人的主观愿望，而要顺应社会发展的客观规律和趋势要求；个人理想的实现不仅仅是个人奋斗的事情，而是要担当时代赋予的社会责任和历史使命。从根本上说，个人理想是由社会理想规定的。在整个理想体系中，社会理想是最根本、最重要的，个人理想则从属于社会理想。换句话说，个人理想的确立要以社会理想为导向，个人理想的实现依赖于社会理想的指引。个人理想只有同国家的前途、民族的命运相结合，个人的向往和追求只有同社会的需要和人民的利益相一致，才可能变为现实。社会理想是个人理想的汇聚和升华。社会是个人的联合体，社会理想与个人理想密不可分。社会理想不是凭空产生的，也不是由外在力量强加的，而是建立在广大社会成员的个人理想基础之上的。强调个人理想要符合社会理想，并不是要排斥和抹杀

---

① 习近平. 习近平谈治国理政（第一卷）[M]. 北京：外文出版社，2018：52.

个人理想，而是要摆正个人理想同社会理想的关系。社会理想归根到底要靠全体社会成员的共同努力来实现，并具体体现在每个社会成员为实现个人理想而进行的实践中。当社会理想同个人理想有矛盾冲突的时候，有志气、有抱负的人可以做出最大的自我牺牲，使个人理想服从于全社会的共同理想。只有把个人理想融入国家和民族的事业中，才能最终成就一番事业。青年的前途与国家的前途命运紧密相连，大学生肩负着实现中华民族伟大复兴的历史使命，只有坚持长期脚踏实地地艰苦奋斗，才能放飞青春梦想，实现人生理想。

3.2.2 道德典范

孟子（约公元前372年—公元前289年），姬姓，孟氏，名轲，字子舆，战国时期邹国（今山东济宁邹城）人。战国时期著名哲学家、思想家、政治家、教育家，儒家学派的代表人物之一，地位仅次于孔子，与孔子并称“孔孟”。孟子是继孔子之后，对儒家思想发展做出重大贡献的思想家。他以继承、发扬孔子的思想为己任，既为孔子提出的以“仁”为核心的伦理道德思想体系提供了“人性”的支撑，又将“仁”引入到政治领域，提出了著名的“仁政”学说，同时，又树立了“圣人”“君子”“大丈夫”等不同品次的道德理想人格榜样，丰富了人的精神世界，以此作为人们追求的道德理想人格目标。

1）确立“性善论”之理论基础

孟子对理想人格的养成是建立在对人的本性是善的认知之上的。在与告子辩论时，孟子说：“水性无分于东西，无分于上下乎？人性之善也，犹水之就下也。人无有不善，水无有不下。”（水流确实没有东流西流之分，但是没有上流下流之分吗？人的本性是善良的，就好比水向下流淌一样。人的本性没有不善良的，水的本性没有不向下流淌的。）孟子认为，人之所以和动物不一样，就在于人有天生的道德是非观念，有内在的向善的本性。这种向善的本性来自人的“四心”。孟子说：“恻隐之心，人皆有之；羞恶之心，人皆有之；恭敬之心，人皆有之；是非之心，人皆有之。恻隐之心，仁也；羞恶之心，义也；恭敬之心，礼。也；是非之心，智也。仁义礼智，非由外铄我也，我固有之也。”（同情心，人人都有，羞耻心，人人都有，恭敬心，人人都有，是非心，人人都有。这个本有的同情心，就是仁，这个本有的羞耻心，就是义，这个本有的恭敬心，就是礼，这个本有的是非心，就是智。仁义礼智，并不是从外面刻画进来的，是我们本来就有的。）也就是说，人都有恻隐、羞恶、恭敬和是非“四心”。这“四心”对应的是“四端”，即人的四种德行，即仁、义、礼、智。所谓仁，就是宽厚，指同情、关心和爱护的心态，即“仁爱之心”。义，就是正直，指正当、正直和道义的性格，即“正义之气”。礼，就是谦让，指礼仪、礼貌和礼节的规矩，即“礼仪之规”。智，就是才能，指明辨是非、善恶分明和明理睿智的能力，即“智谋之力”。信，就是诚实，指诚实守信、坚定可靠、相互信赖的品行，即“诚信之品” 。孟子认为，只要人人都有这“四心”，养成这四种德行，那么人人都有成为道德楷模、成为尧舜的可能。

孟子指出，尽管人人都有可能成为道德楷模，但是由于外部环境的影响，人们又会丢失这“四心”。孟子举出“牛山”的例子作比喻说：“牛山之木尝美矣，以其郊于大国也，斧斤伐之，可以为美乎？是其日夜之所息，雨露之所润，非无萌蘖之生焉，牛羊又从而牧之，是以若彼濯濯也。人见其濯濯也，以为未尝有材焉，此岂山之性也哉？”（牛山上曾经树木茂盛，如果它就在城市旁边，天天被砍伐，它还能茂盛吗？它也每天夜里生长休息，承蒙雨露滋润，也不是没有新芽出生，只因为有牛羊放牧啃食，才变得光秃秃的，人们看到它光秃秃的样子，就认为牛山从来没有过树木，没有树木难道是牛山的本性吗？）孟子说，人性也是如此，有些人之所以丧失了仁义之心，原因就在于像树木不善于养护而遭到了砍伐那样，每天不断砍伐，哪还会美好呢？这就是孟子所讲的“放心”，是指人善良的本心被人后天的习气所遮蔽了，因此要摒弃习气，将善良的“心”从习气的遮蔽中“放”出来。即通过自我的道德自觉找回丢失的“心”，并由此养成“大丈夫”的理想人格。

2）树立“大丈夫”之理想人格目标

孟子在与景春的辩论中对“大丈夫”做了明确的界定。他说：“居天下之广居，立天下之正位，行天下之大道。得志，与民由之；不得志，独行其道。富贵不能淫，贫贱不能移，威武不能屈，此之谓大丈

夫。”(《孟子·滕文公下》)

在孟子看来，真正的大丈夫应当具备三重理想人格。其一，守道。大丈夫应当是坐得正，行得端，严格遵守仁、礼、义等道德规范，这是成就大丈夫理想人格的核心和前提要件。其二，立志。大丈夫应当在守道的前提下有理想、有抱负。无论是处在“得志”的处境还是不“得志”的处境，都能够坚持正确的道德准则和理想志向不动摇。其三，力行。大丈夫不但要立志，而且要在实践中力行，做到“富贵不能淫，贫贱不能移，威武不能屈”。也就是说，真正的大丈夫应当有高尚的气节，不为金钱、地位和外力左右。富贵不能使他的思想迷惑，贫贱不能使他的操守动摇，威武不能使他的意志屈服。这样的人才称得上大丈夫。

3）形成善养“浩然正气”之路径

按照孟子对人性“求放心”的思路，理想人格的养成实际就是“养心”和找回丧失的“本心”的过程。据《孟子·尽心上》记载：“尽其心者，知其性也；知其性者，则知天矣。存其心，养其性，所以事天也。”而“养心”就是要蓄养“浩然之气”。所谓浩然之气，就是正气、至刚之气、仁者之气。“其为气也，至大至刚，以直养而无害，则塞于天地之间，其为气也，配义与道。无是，馁也。是集义所生者，非义袭而取之也。行有不慊于心，则馁矣。”[①]孟子认为，这种气，最伟大，最刚强。用正义去培养它，一点不加伤害，就会充满上下四方，无所不在。那种气，必须与义和道配合；缺乏它，就没有力量了。那种气，是由正义的经常累积所产生的，不是偶然的正义行为所能取得的。只要做一件于心有愧的事，那种气就会疲软了。可见，浩然正气需要人们去蓄养它，方如此，才能形成大丈夫之心、仁者之心。在这里孟子实际上已经指明了“大丈夫”要形成理想人格的修心之路，所谓气的养成，实际上是大丈夫的修心实践。具体而言，一是持志以养气。孟子认为，有没有志向是人能不能蓄养出气的关键。人只有树立和坚持正确的志向和追求，才能有精神气，才能蓄养出“浩

① 方勇. 孟子［M］. 北京：中华书局，2010：49.

然正气”。二是存心以养性。既然人的本性是“四心”“四端”，那么就应当养护好人的善心和本性。人之所以丢失“四心”或者说“四心”被遮蔽，孟子认为主要是因为人有各种各样的欲望。因此，孟子主张要做到寡欲以养气。三是动心忍性。就是要自觉地有意识地磨炼意志。《孟子·告子下》中说，“天将降大任于是人也，必先苦其心志，劳其筋骨，饿其体肤，空乏其身，行拂乱其所为，所以动心忍性，曾益其所不能”。只有经过千锤百炼特别是经受在逆境中的磨炼，大丈夫才能形成坚强的意志，才能始终不渝地坚持自己的志向和追求。四是反求诸己。就是说当行动没有达到预期效果时，要时刻反思自己，审视自己的行为是不是有不妥当之处。其所谓“爱人不亲，反其仁；治人不治，反其智；礼人不答，反其敬——行有不得者皆反求诸己，其身正而天下归之。《诗》云：‘永言配命，自求多福。’”就是说，爱别人却得不到别人的亲近，那就应反问自己的仁爱是否够；管理别人却不能够管理好，那就应反问自己的管理才智是否有问题；礼貌待人却得不到别人相应的礼貌，那就应反问自己的礼貌是否到家——凡是行为得不到预期的效果，都应该反过来检查自己，自身行为端正了，天下的人自然就会归服。《诗经》说：“常思虑自己的行为是否合乎天理，以求美好的幸福生活。”五是舍生取义。孔子认为：“鱼，我所欲也，熊掌亦我所欲也；二者不可得兼，舍鱼而取熊掌者也。生亦我所欲也，义亦我所欲也；二者不可得兼，舍生而取义者也。”当利益和仁义发生冲突的时候，孟子主张要舍生取义。

4）践行“君子”之道德品性

孟子不仅提出了“大丈夫”的理想人格，而且在生活实践中忠诚地践行其原则，彰显出鲜明的人格魅力和道德品性。虽然孟子是通过周游列国、游说各国君王的方式来实践自己主张，然而，孟子并不因为对方是高高在上、权威在手的国君就自惭形秽、唯唯诺诺，而是正直笃行，气宇轩昂，与君主对论，论辩滔滔，宏大深刻。在孟子看来，君王诸侯与民众生来都是平等的，而真正值得尊重的是仁德道义，只有人格的高贵才能傲然独立。所以，无论面对梁惠王、齐宣王，还是滕文公、邹穆公，他从来不屈膝臣服，那种“万物皆备于我”“当今之世，舍我其谁”

的气度和风范，为人所敬仰。[①]所以，孟子敢于责备梁惠王是“顾左右而言他”，无话对答，左顾右盼，敷衍搪塞；孟子见完梁（魏）襄王，直接撂下一句话，说梁襄王“望之不似人君”，就是说远远望去不像个国君的样子。孟子敢于责备邹穆王不念及百姓，而只是顾着自己享乐。

3.2.3 教学分析

理想信念是精神之“钙”。青年应志存高远，立志做大事，这是关系一生前途命运的重大课题。志向越高远，就越能激发奋进潜力。当前，大学生应当坚定对马克思主义、共产主义的信仰，增强对中国特色社会主义的信念，增强对实现中华民族伟大复兴的信心，为崇高理想信念而矢志奋斗。孟子善养“浩然正气”成就“大丈夫”的理想人格对当前理解远大理想信念具有重要意义。本部分主要就孟子理想人格融入“思想道德与法治”课第一章（追求远大理想 坚定崇高信念）相关内容进行分析。

1）追求高级人生境界

漫漫人生，应当如何度过，是碌碌无为地度过一生，还是有所作为、奋力拼搏地度过自己精彩的一生，这不仅仅是一个世界观的问题，而且是一个人生观、价值观的问题，对这一问题的回答决定了你人生之路向何处走，又将如何走好？孟子守道、立志、力行的“大丈夫”理想人格，为我们如何做好回答提供了一个方向性指引。大丈夫人生在世，岂能碌碌无为平庸一生，当胸怀“浩然正气”、仗剑天涯，以拯救天下苍生为己任，做到有大志、走正道、有作为，方不负人生这一回。

大丈夫理想人格的形成过程实际上就是追求孟子所说的人生六境界的过程：“可欲之谓善，有诸己之谓信，充实之谓美，充实而有光辉之谓大，大而化之之谓圣，圣而不可知之之谓神。”[②]（《孟子·尽心下》）这一句完整地表达了孟子对其完美人生境界的追求。首先，要有“善”念。我们应当有一种向善的欲望和追求，要有成为具有高尚人格的人的道德自觉。这种道德自觉是达成其完美高尚人格的开始。如果没

① 龚彦成.《孟子》的理想人格之美［N］. 学习时报，2019-01-25.
② 方勇. 孟子［M］. 北京：中华书局，2010：295.

有这种觉悟，是不可能成为高尚的人的。其次，要有“善”性。只有向善的欲望还不够，还要将这种高尚人格的道德自觉和欲望，转化为自身的品性，使自己的品性中确确实实有了这种“善”性，此时我们便可以称之为是一个有“诚信”之人了。再次，当这种“善”性不仅仅是一些，而是如浩然之气充盈于全身之时，人就会展现出“美”的韵味，给人一种“美”的感觉。从此，人一旦有了这种充满善能量的浩然正气，在自身展现“美”的同时，就会发光发热，自觉不自觉地影响到他人。此时，人不仅能够自身有品格，而且能够影响他人时，才可以被称为“大”。然后，如果能够将美德发扬光大，感化他人时，就达到“圣人”的境界了。最后，达到了一种“神”的至高境界。在此境界，人无论是个人修为还是对他人的教化都不是刻意为之，而是在潜移默化中自然而然地完成，真正达到了行而不自知的境界。

孟子这一对高级人生境界的追求，构成了中华民族崇尚民族气节、坚持正义、具有顽强的民族凝聚力和凛然不可侵犯的民族特征，是中华民族宝贵的精神财富，也深刻影响着此后的中华儿女，历代中华儿女也往往以追求孟子所说的“六重人生境界”为修身的目标。中国历史上的名人先贤无不以此为人生的境界追求，也涌现出了数不胜数的名人豪侠义士。如不为五斗米折腰的陶渊明，出使匈奴誓死不降的苏武，“安能摧眉折腰事权贵，使我不得开心颜”的李白，傲然独得、任性不羁的阮籍，“人生自古谁无死，留取丹心照汗青”的文天祥，“我自横刀向天笑、去留肝胆两昆仑”的谭嗣同，等等。在革命和建设时期，也涌现出一批又一批、数之不尽的英雄模范人物。

新时代的大学生应当继承和发展孟子关于理想人格的思想和实践，追求一种高级的人生境界。就如毛泽东评价白求恩时所说的那样，做“一个高尚的人，一个纯粹的人，一个有道德的人，一个脱离了低级趣味的人，一个有益于人民的人”。特别是在社会主义市场经济的今天，面对着当下多种价值观并存，孟子的居仁、寡欲、养浩然正气等大丈夫人格思想，体现出一种仁人志士不为物欲所囿、追求人生终极价值对现实的超越精神，而这种精神正是当今以消费享乐主义为主导的经济全球化时代所最缺乏的东西。

2）树立远大理想

人生之路到底如何走？这一问题的另外提法就是，你有没有理想、你的理想是什么的问题。理想是一个人从现实出发对自己未来发展成什么样子的一种期待和目标，能够催生前进的动力，它又有个人理想和社会理想的区分，个人总是在实现自己社会理想的过程中成就个人理想的。纵观孟子的一生，其个人理想是成为拥有完美的高尚的理想人格的人，其社会理想则是通过推行“仁政”，实现其高尚而远大的治世之治。正如曾子所说：“士不可以不弘毅，任重而道远。仁以为己任，不亦重乎？死而后已，不亦远乎？”

“天下大同”是儒家追求的最高境界，也是孟子的最高社会理想。就如孔子在《礼记·礼运》大同章里讲道：“大道之行也，天下为公，选贤与能，讲信修睦，故人不独亲其亲，不独子其子，使老有所终，壮有所用，幼有所长，矜、寡、孤、独、废疾者皆有所养；男有分，女有归，货恶其弃于地也不必藏于己，力恶其不出于身也不必为己，是故谋闭而不兴，盗窃乱贼而不作，故外户而不闭，是谓大同。”然而，就如孔子所指出的：“今大道既隐，天下为家，各亲其亲，各子其子，货力为己，大人世及以为礼。城郭沟池以为固，礼义以为纪；以正君臣，以笃父子，以睦兄弟，以和夫妇，以设制度，以立田里，以贤勇知，以功为己。故谋用是作，而兵由此起。禹、汤、文、武、成王、周公，由此其选也。此六君子者，未有不谨于礼者也。以着其义，以考其信，着有过，刑仁讲让，示民有常。如有不由此者，在势者去，众以为殃，是谓小康。”既然大同社会已然不可能，那就将“小康社会”作为其终生的社会理想追求。在孟子理想的“小康社会”中，将人民放在首位是其理想社会的典型特征。

因此，在面对当时百姓“乐岁终身苦，凶年不免于死亡”的悲惨情形时，孟子在与梁惠王、齐宣王的对话中表明了自己心目中“以民为本”理想社会的情形：“五亩之宅，树之以桑，五十者可以衣帛矣……谨庠序之教，申之以孝悌之义，颁白者不负戴于道路矣。七十者衣帛食肉，黎民不饥不寒，然而不王者，未之有也。”（《孟子·梁惠王上》）（在五亩大的住宅田旁，种上桑树，上了五十岁的人就可以穿着丝绸了；

鸡鸭猪狗的繁殖饲养，不要错过时节，上了七十岁的人就可以经常吃到肉食了。一家一户所种百亩的田地，不误农时得到耕种，数口之家就不会闹灾荒了。注重乡校的教育，强调孝敬长辈的道理，头发花白的老人不会在路上背着或者顶着东西了。年满七十岁的人能穿上丝绸、吃上鱼肉，老百姓不缺衣少食，做到了这些而不称王于天下的是绝不会有的。）可以看出，孟子的理想社会实际上是一个“以民为本”的理想社会。在这个社会中，百姓生活富足、快乐生活，虽然也存在君王和等级，但是“父子有亲，君臣有义，夫妇有别，长幼有序，朋友有信”，“民为贵，社稷次之，君为轻”。与孔子一样，孟子力图将儒家的政治理论和治国理念转化为具体的国家治理主张，并推行于天下。

审视孟子的这一社会理想，虽然其诞生于生产力比较落后的战国时代，以现代的眼光来看也存在着诸多局限，但是其中也蕴藏着诸多跨越时代的、于今而言有着宝贵价值的思想。特别其心目中的“大同社会”与共产主义社会，“小康社会”与当下我们正在构建的中国特色社会主义，有着诸多契合之处。特别是其中蕴含的“以民为本”理念与当下我们“以人民为中心”发展理念实现了超越时空的交融契合。无论是从对中华优秀传统文化的守正创新角度来说，还是从当下我们正在建设的中国特色社会主义伟大事业来说，我们都应该将个人理想与社会理想相结合，树立共产主义的伟大理想和中国特色社会主义的共同理想，勇于担负起中华民族伟大复兴的重任。

3）实践理想信念

信念是认知理解、情感倾向与意志决心的综合体现，它为人们坚定不移、百折不挠地追寻理想目标提供了强大的精神支撑与驱动力。一个人如果只有理想，而没有实现理想的信念，就不可能实现他的理想。所谓“无志之人常立志，有志之人立长志”，在仰望星空立下远大理想之后，只要有了坚定的信念，并做到脚踏实地，在实践中一步一个脚印地去实现，理想就一定能够实现。

综观其一生，孟子的志向是养成大丈夫的理想人格，通过辅佐君王推行自己的“仁政”，以达到安民平天下的社会理想。为推行其“仁政”主张，孟子放弃安逸生活，周游于齐、宋、鲁、滕、梁等国家，游说各国诸侯。孟子曾经向滕文公陈说过“为国”之道，和梁惠王展开过关于“义”与“利”的辩论，与齐宣王就“霸道”与“王道”进行过辩论。在其人生中的相当长一段时间，孟子都是力求将其“仁政”思想付诸政治实践，实现自己的政治理想。尽管孟子有其宏大的社会理想，但是却不得时。当孟子之时，正值春秋各国争霸之时，各国国君推崇的都是如何能够富国强兵的争雄之道，虽然儒家主张治国安民之说于治世有其重要现实价值，但于当时的乱世而言，无疑是“迂远而阔于事情”。各国也仅仅是通过尊崇孟子之名借以提升国家知名度，并不准备行孟子之学说，孟子之说在当世必然不能得到实施。尽管如此，孟子以“如欲平治天下，当今之世，舍我其谁也?”的信念，也如孔子一般，明知不可为而为之，笃行其志，不懈努力，游说于各国君主之间，推行他的“仁政”主张。孟子大约在45岁之前率领弟子出游各国。孟子第一次到齐国，是在齐威王（公元前356年—公元前320年）年间，当时匡章背着“不孝”的坏名声，孟子却“与之游，又从而礼貌之”。到了齐国，孟子宣扬他的“仁政无敌”主张，他在齐国很不得志，连威王赠送的“兼金一百”镒，都没有接受，就离开齐国。直到最后看到实在是无法践行自己的政治主张，亦不气馁。晚年孟子退居讲学，和他的学生一起，“序《诗》《书》，述仲尼之意，作《孟子》七篇”，将自己主张宣传于天下。其后，孟子之说果为后世王朝所接纳，孟子也被后人推崇为“亚圣”。

于我们而言，孟子立志、守志、践志的一生为我们树立了人生楷模。人生在世，当如孟子一般，做到胸怀一股浩然正气，一身傲骨行于天地间，立安民平天下大志，始终不渝坚守践行理想信念，方能成就“大丈夫”。

3.3 辛弃疾与人生态度

3.3.1 思政理论

习近平同青年大学生座谈时强调：“要树立正确的世界观、人生观、价值观，掌握了这把总钥匙，再来看看社会万象、人生历程，一切是非、正误、主次，一切真假、善恶、美丑，自然就洞若观火、清澈明了，自然就能做出正确判断、做出正确选择。”[①]面对世界的深刻复杂变化以及纷繁多样的社会现象，大学生只有树立科学的世界观、人生观、价值观，把自己的人生追求同国家发展进步、人民伟大实践结合起来，才能少走弯路，更好地实现人生价值。

大学生思考和规划自己的人生之路，首先要掌握人生观的基本理论，学会科学看待人生的根本问题。人生观是人们关于人生目的、人生态度和人生价值等问题的总观点和总看法。

面对复杂多样的现实世界，树立正确的人生观，首先要对人和人的本质有科学的认识。马克思运用辩证唯物主义立场和历史唯物主义的观点，揭示了什么是人的本质，为人们认识人生、形成正确的人生观提供了科学的方法论。

1）人的本质

马克思运用辩证唯物主义和历史唯物主义的立场观点方法，揭开了人的本质之谜。他做出了“人的本质不是单个人所固有的抽象物，在其现实性上，它是一切社会关系的总和”[②]这一论断，在人类历史上第一次科学说明了人的本质，为人们认识人生、形成正确的人生观提供了科学的方法论。这一论断关注的是现实的、具体的人，强调从社会关系出发去把握变化着的人的本质。

马克思主张从人的现实的、具体的生活实践活动入手，整体性地认识人的本质，把经过人有意识的生命实践活动而形成的一切社会关系的总和界定为人的本质。人具有自然属性和社会属性，社会属性是人的本质属性。每一个人都从属于一定的社会群体，都同周围的人发生各种各样的社会关系，如家庭关系、地缘关系、业缘关系、经济关系、政治关系、法律关系、道德关系等。人的社会关系的总和决定了人的本质。人们正是在这种客观的、不断变化的社会关系中塑造自我，成为真正现实的、具有个性特征的人。因此，认识人的本质，只能立足于具体的、历史的社会关系中从事社会实践的人，而不能从抽象的人性论出发，更

① 习近平. 习近平谈治国理政（第一卷）[M]. 北京：外文出版社，2018：173.

② 马克思，恩格斯. 马克思恩格斯文集（第一卷）[M]. 中共中央马克思恩格斯列宁斯大林著作编译局，编译. 北京：人民出版社，2009：501.

不能依靠所谓神的启示。正是在一定的社会历史条件下，人们面对各种各样的境遇，在客观的不断变化的社会关系中实践人生，通过现实的生活逐渐地感悟人生，形成了相应的人生观。

人是社会的人，社会是人们相互交往的产物，是人类生活的共同体，人生的内容与社会活动密不可分。个人与社会的关系问题是认识和处理人生问题的重要着眼点和出发点。个人与社会是对立统一的关系，两者相互依存、相互制约、相互促进。社会是由一个个具体的人组成的，离开了人就没有社会。同时，人是社会的人，离开了社会，人也无法生活，社会是人的存在形式。社会成员素质的不断提高是社会发展的重要基础，推动和实现人的全面发展是社会发展的根本目标。个人与社会的关系，最根本的是个人利益与社会利益的关系。在社会主义社会里，个人利益与社会利益从根本上来说是相协调一致的。社会利益离不开个人利益，个人利益也离不开社会利益。社会利益体现了作为社会成员的个人的根本利益和长远利益，是个人利益得以实现的前提和基础，同时它也保障着个人利益的实现。人的社会性决定了人只有在推动社会进步的过程中，才能实现自我的发展。

人生观的主要内容包括对人生目的、人生态度和人生价值等问题的根本看法。人生目的回答人为什么活着，人生态度回答人应当如何活着，人生价值回答什么样的人生才有价值。这三个方面相互联系、相辅相成，是一个有机整体。以下依次分析三者的内涵及重要性。

2）人生目的

人生目的是人生观的核心。人生目的是人们在社会实践中关于自身行为的根本指向和人生追求。人生目的是对人为什么活着这一人生根本问题的认识和回答，在人生实践中具有重要的作用。人生目的决定人生道路，决定人生态度以及人生价值选择。

古往今来，人们在对人生目的的探索中形成了各式各样的关于人生目的的思想。马克思主义认为，高尚的人生目的总是与奋斗奉献联系在一起。马克思在中学毕业论文《青年在选择职业时的考虑》中曾写道，“在选择职业时，我们应该遵循的主要指针是人类的幸福和我们自身的完美”[①]。大学生只有把自己的人生目的与国家前途、民族命运、人民幸福联系在一起，才能自觉自愿地把自己的一生奉献于利国利民的事业。

服务人民、奉献社会的思想以其科学而高尚的品质，代表了人类社会迄今最先进的人生追求。人民群众是社会历史的主体，是社会物质财富和精神财富的创造者，是社会变革的决定力量。毛泽东曾指出：“人民，只有人民，才是创造世界历史的动力。”[②]习近平强调：“人民是历史的创造者，是真正的英雄。”服务人民、奉献社会的人生追求，以历史唯物主义关于人民群众是历史的创造者的基本观点为理论基础，指明了人在成长和发展过程中应确立的人生目标和方向。一个人确立了服务人民、奉献社会的人生追求，才能清楚地把握人生的奋斗目标，深刻理解人为了什么而活、应走什么样的人生之路等道理。

确立高尚的人生追求，还要反对几种错误的人生观，主要是拜金主义、享乐主义和极端个人主义。反对拜金主义。拜金主义是一种认为金钱可以主宰一切，把追求金钱作为人生至高目的的思想观念。拜金主义将金钱神秘化、神圣化，视金钱为圣物，往往把追逐和获取金钱作为人生的唯一目的和生活的全部意义，金钱成为衡量人生价值的唯一标准。

反对享乐主义。享乐主义是一种把享乐作为人生目的，主张人生就在于满足感官的需求与快乐的思想观念。健康有益的、适度的物质生活和文化生活，是人的正当需要，也有利于促进经济社会的发展。把享乐尤其是感官的享乐变成人生的唯一目的，作为一种“主义”去诠释人生的根本意义，是对人的需要的一种错误理解。反对极端个人主义。个人主义是以个人利益为出发点和归宿的一种思想体系和道德原则，它主张个人需求就是目的，具有最高价值，社会和他人只是达到个人目的的手段。极端个人主义是个人主义的一种表现形式，它突出强调以个人为中心，在个人与他人、个人与社会的关系上表现为极端利己主义和狭隘功利主义。拜金主义、享乐主义和极端个人主义等错误的人生观，没有正确把握个人与社会的辩证关系，忽视或否认社会性是人的存在和活动的

---

① 马克思，恩格斯. 马克思恩格斯文集（第一卷）[M]. 中共中央马克思恩格斯列宁斯大林著作编译局，编译. 北京：人民出版社，2002：459.
② 毛泽东. 毛泽东选集 [M]. 北京：人民出版社，1991：1031.

本质属性，其出发点和落脚点都是一己之私利。

3）人生态度

人生态度是指人们通过生活实践形成的对人生问题的一种相对稳定的心理倾向和精神状态。一个人有什么样的人生观就会有什么样的人生态度。

走好人生之路，需要大学生正确认识、处理生活中各种各样的困难和问题，保持认真务实、乐观向上、积极进取的人生态度。第一，人生须认真。以认真的态度对待人生，就是要严肃思考人的生命应有的意义，明确生活目标和肩负的责任，既要清醒地看待生活，又要积极认真地面对生活，要正确认识和处理人生中遇到的各种问题。第二，人生当务实。务实，就是要遵循客观规律，一切从实际出发，不图虚名、不务虚功，以科学的态度看待人生，以务实的精神创造人生。要把远大的理想寓于具体的行动中，不能好高骛远、空谈理想、眼高手低、浅尝辄止，否则就会脱离实际、一事无成。第三，人生应乐观。只有热爱生活的人，才能真正拥有生活。乐观豁达、热爱生活、对人生充满自信，体现了对自己、对生活、对社会的积极态度，这种态度是人们承受困难和挫折的心理基础。人生旅途中，许多事情不会总是尽如人意、一切顺遂，也会有失望和暂时的困难、挫折，应当保持乐观向上的人生态度，不能消极悲观、畏难退缩，甚至颓废堕落、自暴自弃。第四，人生要进取。人生实践是一个创造的过程，适应历史发展的趋势，以开拓进取的态度迎接人生的各种挑战，才能不断领悟美好人生的真谛，体验生活的快乐和幸福。

4）人生价值

人生价值是指人的生命及其实践活动对于社会和个人所具有的作用和意义。人生价值内在地包含了人生的自我价值和社会价值两个方面。人生的自我价值，是个体的人生活动对自己的生存和发展所具有的价值，主要表现为对自身物质和精神需要的满足程度。人生的社会价值，是个体的实践活动对社会、他人所具有的价值。人生的自我价值和社会价值，既相互区别，又密切联系、相互依存。一方面，人生的自我价值是个体生存和发展的必要条件，人生的自我价值的实现是个体为社会创造更大价值的前提。另一方面，人生的社会价值是社会存在和发展的重要条件，人生社会价值的实现是个体自我完善、全面发展的保障。

正确评价人生价值。评价人生价值的根本尺度，是看一个人的实践活动是否符合社会发展的客观规律，是否促进了历史的进步。习近平强调："劳动是推动人类社会进步的根本力量。"[①]在今天，衡量人生价值的标准，最重要的就是看一个人是否用自己的劳动和聪明才智为国家和社会真诚奉献，为人民群众尽心尽力服务。客观、公正、准确地评价社会成员人生价值的大小，除了要掌握科学的标准外，还需要掌握恰当的评价方法。评价人生价值时，既要尊重物质贡献，也要尊重精神贡献，既要注重社会贡献，也要注重自身完善。

人生价值的实现条件。人生价值的实现离不开一定的主客观条件。人们的实践活动从来都不是随心所欲的，任何人都只能在一定的主客观条件下去实现自己的人生价值。因此，正确把握人生价值实现的条件至关重要。

实现人生价值要从社会客观条件出发。人生价值是在社会实践中实现的，人的创造力的形成、发展和发挥都要依赖于一定的社会客观条件。在人类历史上，因为缺乏一定的社会客观条件，一些有抱负、有才能的人未能实现自己孜孜追求的人生价值。随着社会的进步，实现人生价值的社会客观条件也在不断完善。改革开放以来，我国经济社会发展取得的巨大成就，中国特色社会主义制度的自我完善和发展，为人们实现人生价值提供了有利条件和机遇。

实现人生价值要从个体自身条件出发。人的自身条件会有一定的差异，某一个具体的价值目标，对这个人来说是恰当的、比较容易实现的，而对另一个人来说却未必如此。大学生要客观认识自己，准确把握实现人生价值的条件。

不断增强实现人生价值的能力和本领。实现人生价值，需要人们充分发挥主观能动性。个人的主观努力，在相当大的程度上决定着人生价值实现的程度。正如人们经常说的，没有条件可以创造条件。人的能力

① 习近平. 习近平谈治国理政（第一卷）[M]. 北京：外文出版社，2018：44.

具有累积效应，能够通过学习、锻炼而得以提升。

美好的人生目标要靠实践才能转化为现实。大学生要在科学高尚的人生观的指引下，正确对待人生矛盾，确立积极进取的人生态度，努力提升个人本领，实现自己的人生价值，成就出彩人生。

3.3.2 道德典范

辛弃疾（1140年—1207年），原字坦夫，后改字幼安，号稼轩，山东东路济南府历城县（今济南市历城区遥墙镇四凤闸村）人。南宋豪放派词人、将领，有“词中之龙”之称。与苏轼合称“苏辛”，与李清照并称“济南二安”。

辛弃疾是我国南宋时期杰出的爱国词人，也是一位文武兼备的政治家和军事家。辛弃疾的一生跌宕起伏，他的文学作品也是充满浓烈的个人色彩，写尽了人生起伏和民间疾苦。纵观他的一生及其作品，不管世事如何变迁，他恢复中原的崇高志向不曾改变，他心系苍生、将个人生死置之度外的价值选择不曾改变。辛酸复杂的人生经历不断深化着其对人生的思考和感悟，逐步形成了其独特的人生哲学思想。

1）收复失地、统一中原的崇高志向

（1）早年立志

辛弃疾出生前十三年，北宋遭遇了“靖康之变”，中原地区划归金国版图，辛弃疾出生地山东济南就是其中区域，他自幼目睹了汉人在金人统治下的屈辱生活。他的祖父辛赞虽在金国任职，却一直希望有机会能够拿起武器和金人决一死战。辛弃疾幼承儒家教育，深受孔孟思想影响，以修身、齐家、治国、平天下要求自身，较早确立了收复失地、统一中原的崇高志向，并且后来一生都在为之努力。

（2）高光时刻

绍兴三十一年（1161年），金国完颜亮率军大举南侵，被金国侵占的地方，百姓纷纷揭竿而起，成立了各种义军，其中就有21岁的辛弃疾组织起来的队伍。他召集了两千人，加入了耿京领导的声势浩荡的起义队伍，并担任了掌书记一职。1161年隆冬，金人内部矛盾爆发，完颜亮在兵变中被部下所杀，金军全线溃败，向北撤退。此时，辛弃疾所在的耿京义军队伍已有十万余人，辛弃疾认为这是收复失地、统一国家的有利时机，但需要与南宋朝廷联合抗金才有胜算，并最终说服了耿京。但就在他和都督提领代表义军去向朝廷献策联合抗金的过程中，耿京却被叛徒张安国杀害了，并且耿京义军也被金军瓦解。辛弃疾为联合抗金、收复失地所做的努力也毁于一旦。但是这之后辛弃疾做了一件让他声名大振的事情，他带领五十人的队伍智闯金军五万人的大营，并达成了目的：活捉叛徒张安国。这也是他一生里的高光时刻。辛弃疾马不停蹄来到临安，把张安国交于朝廷审判，张安国被斩首示众，同时辛弃疾也带领剩余义军归顺朝廷，希冀可以得到重用，名正言顺地收复失地、实现统一。

然而事与愿违，南归之后不久，和辛弃疾一起回来的义军就被解散了，南宋皇帝并没有进攻金国的打算，辛弃疾个人也被任命为一个地方小吏——江阴签判，主要是掌管诸案文移事务。后宋高宗禅位于宋孝宗，宋孝宗起初是有抗金之志的，在继位第二年就授意主战派人物张浚筹划北伐。一心想要抗金收复失地的辛弃疾不顾自己官职低下，越级求见张浚，诉说自己的抗金策略。当时基于自己在金国统治区留心观察的积累，辛弃疾的抗金策略并不是纸上谈兵，他详细地画好地图，标注了位置。哪里需要布兵，哪里需要防守，哪里的地形可以借助等，他都一一标注。然而，此次北伐是仓促的，张浚当时无法掌控全国军队，也根本不可能将辛弃疾的策略全部付诸实践。虽然起初取得了几次胜利，可是由于关键一役的失败导致宋军大败，最终选择议和，即历史上的“隆兴和议”，整个南宋又恢复到偏安一隅、不思进取的氛围中。

(3)《美芹十论》

此次北伐的失败对整个南宋的影响颇深，主和派再次占了上风，对一心想要收复失地的辛弃疾的打击也是很大的。对辛弃疾来说，如果国家统一无法实现，即使个人取得再大的功绩，也难以感到快慰，怀才不遇的愁闷笼罩于心间。但辛弃疾生性豪迈，这种愁闷心境被再次复燃的斗志取代，他踌躇满志地写下了自己的军事方略即《美芹十论》，打算呈献给宋孝宗。这十篇论文是辛弃疾的军事理论代表作，他以独到的军事政治眼光，敏锐的观察能力，高昂的信心和斗志论述了北伐的可行性和具体策略。他在《美芹十论》中提出，金国虽然地广、兵多，在对宋的前期作战中，一直处于压倒性的优势，但由于他们实行的是民族压迫政策，各阶层间矛盾重重，一旦战事不利，必然会导致金国内部剧烈动荡，甚至相互厮杀，到那时宋军再挥师北上，收复中原失地指日可待。《美芹十论》总论中提到："臣闻事未至而预图，则处之常有余；事既至而后计，则应之常不足。虏人凭陵中夏，臣子思酬国耻，普天率土，此心未尝一日忘。""此心未尝一日忘"是辛弃疾一直以来雄心壮志的鲜明体现，也是他的人生信念展现。《美芹十论》呈上三年后，宋孝宗才召见他，但总算有了消息。在延和殿上，辛弃疾以气势磅礴又逻辑严谨的论证让宋孝宗很受鼓舞，但是曾经的兵败，加上主和派的长期影响，宋孝宗并没有被说动北伐。或许宋孝宗也注意到了辛弃疾的才华，给他升了官职。此后的辛弃疾，在仕途上经历了起起伏伏，他有着卓越的才能、豪迈倔强的性格以及对北伐坚定不移的热情，却在官场中难以找到稳固的立足之地。另外，"归正人"的尴尬身份也影响了他仕途的发展，使他的官职最高为从四品龙图阁待制。

淳熙八年（1181年）冬，辛弃疾42岁时，因受到弹劾而被免职，归居上饶。此后二十多年间，他除了有两年一度出任福建提点刑狱和安抚使外，大部分时间都在乡闲居。但是，内心的崇高追求从不曾忘却，所以在生平最后一次被起用之时，他已是年逾花甲的老者，被派到抗金前线的京口（今江苏镇江）担任知府，做北伐准备工作。这是辛弃疾唯一一次参与南宋的北伐大业，故而十分努力和投入。辛弃疾在镇江知府任上才干了一年多，北伐的准备工作刚刚有点成效，又因朝廷言官诬告而被撤职。他只得满含忠愤和担忧，黯然离开了抗金前线。开禧三年（1207年），北伐完全失败，辛弃疾也一病不起。当年九月初十，壮志成空的英雄在其隐居之处与世长辞，终年68岁。

2）积极进取、勇敢刚毅的人生态度

辛弃疾一生以恢复统一为志，以功业自许，却命运多舛、备受排挤、壮志难酬。辛弃疾虽有怀才不遇的苦闷，但他为官尽职尽责，心系国家统一大业和百姓疾苦，做事果敢刚毅，不媚权势。他恢复中原的爱国信念始终没有动摇，把满腔激情和对国家兴亡、民族命运的关切、忧虑，全部寄寓于词作之中，现存词六百多首。

（1）官场起落，在其位谋其职

辛弃疾在起义军中的表现，尤其擒拿叛徒张安国时表现出的惊人勇敢和果断，使他名重一时。宋高宗任命他为江阴签判，从此开始了他在南宋的仕宦生涯，这时他才25岁。由于出生于金人统治下的山东济南，祖父辛赞做过金国的官，当时属于“归正人”，这一特殊的政治身份对他的仕途发展的负面影响一直存在。另外，辛弃疾虽然南归前参加过金政府组织的科举考试，均未考中，南归后，再未参加过类似考试，非科班出身的身份也在官场中被轻视。他的主战思想和直言做派也让他树敌不少。这些都使得辛弃疾在官场备受排挤，虽时常心境苦闷，但依然敢作敢为，谋略和胆识异于常人。

（2）滁州上任

辛弃疾在经历了献策张浚、以《美芹十论》面见宋孝宗的失意后，又以《九议》上书给自己敬重的、有意抗金的老臣虞允文，让他转告抗金策略。虞允文虽然也没有采纳他的建议，但是确实看到了辛弃疾的才华，把辛弃疾派到滁州任知州，或许更想看看辛弃疾是否是纸上谈兵。滁州紧邻淮河前线，是南北交界之处，常年兵荒马乱、民生凋敝，是人人避之不及的地方。1172年春，辛弃疾赴滁州上任。初到滁州，辛弃疾看到的是连街道两侧都生出杂草、弥漫着自暴自弃氛围的一座城。辛弃疾并没有像前几任知州那样想方设法离开，而是用心去了解和解决问题，这正是辛弃疾积极进取态度的表现。他首先微服私访，了解民情，并上书朝廷减免当地的赋税，并派人广而告之这一消息。此外，他还提出将无主田地和农用工具免费租给农民。他还切实督促农耕事务的开展，并且在空闲时将青年壮丁们组织起来，教授他们一些基本的军事本领。在他的努力和影响下，滁州状况大为改观，由于农民积极性的调动，加上当年没有旱涝，粮食丰收了，这是很多年没有的事。由于赋税的减免加上当地状况的改善，之前逃走的当地农民和商户纷纷回到这里，还吸引了不少外地商人前来经商。辛弃疾还提议在当地修建了“奠枕楼”，实则是一种纪念，让人们看到此楼，就会想到当前景象的来之不易，也更加愿意去守护这份安宁。辛弃疾当时作词《声声慢·滁州旅次登奠枕楼作和李清宇韵》以作记录，其中的“从今赏心乐事，剩安排，酒令诗筹。华胥梦，愿年年，人似旧游。”就是直抒胸臆。辛弃疾看到滁州的兴盛，却又开始担忧金兵的侵扰，滁州地处南北分界，必须加强练兵和军事保障才能真正安宁。其实他还想到一直以来没有实现的真正统一，并就此事上书，却无音信，反而不久收到了新的调令，调他去做江东安抚司参议官。

辛弃疾再次面见宋孝宗是带着会子改革方案去的，孝宗采纳了他的方案，也欣赏他的才能，但是他主战的态度让宋孝宗不能真的重用他，1175年被任命为仓部郎官。

（3）镇压茶商起义

1175年7月，辛弃疾被调任江西提刑，主要目的就是为了镇压茶商义军。茶商与朝廷的积怨由来已久。由于宋朝人有喝茶的习惯，茶叶几乎是每家必备的东西，所以茶贩很多，利润也不少。南宋时期，财政吃紧，茶税是极为重要的收入，而经营证价格却非常高昂，不少茶商选择走私贩卖。朝廷对走私贩茶者打击也极为严厉，长此以往，反抗也越来越多，矛盾越来越大。茶商爆发了多次起义，几乎让朝廷无力招架，以赖文政为首。赖文政占据险要地形，神出鬼没，诡秘莫测，但对官兵的动静却一清二楚，朝廷派兵镇压了几次都没有成功，义军队伍却不断壮大。辛弃疾就是在这样的背景下被派去任职，又是去解决让人头疼的难题。但辛弃疾的特点就是勇敢且积极，从来不是先看困难，而是去了解具体情况，想办法去解决。

辛弃疾刚一上任就到兵营走访，见官兵多有病残之相，兵车、弓箭等装备情况也不尽如人意，且不了解地形。官兵多次与茶商义军交手失败，损失较大，也失了气势。辛弃疾做出一个令人震惊的决定：淘汰现有士兵，训练一支敢死队。他分析认为，敌暗我明，常规作战部队过于笨重，义军又善于在溪谷等险要之处作战，目标很分散。想要取胜必须破坏他们的地形和位置优势，用精锐小分队分头追捕。可以说，这对于多年研究抗金战略的辛弃疾来说并非难事，军事谋略本身就是他擅长的，且非常有胆识，敢于去实践。按照辛弃疾的办法，重新选拔士兵，上山勘察，没几天真的组织起一支“敢死队”。后来，他亲自带领敢死队平定了茶商义军，但也因义军首领赖文政的赴死行为感触颇深，自己的一腔热忱竟沦落为用平戎之策来对付被逼无奈的百姓。

(4)“盗贼”与飞虎军

虽有官场不断调任的辗转，也有他人的排挤，自己上书的抗金策略一次次没有回应，但辛弃疾还是时刻关注国家存在的问题。从茶商起义联系到其他起义，一次次的起义并没有让朝廷反思自己的问题，反而让百姓更加不信任。辛弃疾决定上书反映实情，结合自己平定茶商时了解的实情，写成了《论盗贼札子》并上书皇帝。宋孝宗这次派他去做湖南安抚使，这是个有实权的职位，但也是有极大风险的，湖南境内发生过好几起武装暴动，当地官员都苦不堪言。辛弃疾到任后，先是发放钱粮、安抚百姓，后修缮大坝，解决水患问题。这一过程中发现了更大的问题，乡社私人武装欺压百姓，他随即想到要在湖南建设一支军队（飞虎军），上书宋孝宗，并得到支持。从营地建造、武器装备到兵士训练，辛弃疾都是按照严格的标准去准备的。在他心里，这不仅是一支与贼寇斗争的队伍，更应是一支收复大好河山的劲旅。他的这一做法，遭到诸多大臣的反对，甚至有人说他是中饱私囊，宋孝宗最终下了一道金字牌，命令飞虎军立即停工。辛弃疾顶着巨大压力，以自己的聪明才智完成了飞虎军的建制。飞虎军后来成为南宋最精锐的一支地方队伍，维持了三四十年，成为南宋中后期维护湖南政治局势的军事支柱。就在飞虎军建成不到三个月时，辛弃疾又被调离了，又一次面临一个烂摊子：大旱了两年的江西。但辛弃疾依然不负所托，采取了及时有效的赈济措施，解决了问题。

辛弃疾行事果断，但刚毅耿直的性格也让他得罪了不少人，官场被排挤、弹劾是常有的事，被调任、降职、罢官也都有发生过，但认为清者自清，并不理会，遇事依然积极应对，并能解决问题，除了抗金统一的夙愿一直未能达成。

3）百折不挠、精忠报国的价值追求

辛弃疾一生以恢复统一为志，以功业自许，虽命运多舛、备受排挤，依然将责任放在首位。在整个封建时代，大多数文人的人生都是围绕着考取功名、建功立业，为官者大多以升官发财、荣华富贵为价值追求。辛弃疾的人生重点始终是围绕着收复失地和实现统一。

（1）“富贵非吾事”的豁达

辛弃疾自幼受祖父辛赞影响渴望实现南北统一，摆脱金人统治。他南归前两次参加金国的科举考试，虽未考中，也乘机侦察、了解了金人的形势。可以说，他参加科考的目的并非为了做官，或者即使考中也是为了可以更好地了解金国形势。南归之后，虽做了二十多年的官，但他对个人功名利禄一向不看重，这在其他作品中也多有体现。如《鹧鸪天·欲上高楼去避愁》中“归休去，去归休。不成人总要封侯？浮云出处元无定，得似浮云也自由”，《水调歌头·壬子三山被召陈端仁给事饮饯席上作》中“富贵非吾事，归与白鸥盟”，《贺新郎·同父见和再用韵答之》中的“笑富贵千钧如发”等，字里行间流露出的均是对个人功名利禄和荣华富贵的轻视。

（2）“平戎万里、整顿乾坤”的价值追求

辛弃疾最看重的一向是“修身、齐家、治国、平天下”的抱负。面对家乡被金人占领的现实，目睹百姓的生活疾苦，一心想要改变这种状况，而且认为唯有统一大业实现才能真正改变。从这个视角去看辛弃疾的人生轨迹，不管是他自己的人生选择还是被调任某官职的作为，都是围绕这一最高目标的，这也成了他的最高价值追求或称活着的意义。当他组织起两千多人的抗金义军时，当他率五十多人勇闯五万金人大营擒拿叛徒张安国时，当他对南宋朝廷充满期待归顺时，从没有考虑过个人安危。辛弃疾清楚统一大业的最高价值追求实现不是一蹴而就的，关键在于得到最高统治者的信任和支持。他为此多次上书皇帝为北伐抗金出谋献策，较著名的奏疏有《论阻江为险须籍两淮疏》《议练兵守淮疏》《美芹十论》《九议》《论盗贼札子》等，以《美芹十论》最为典型，是他军事思想的鲜明体现，他当时也是花费了大量的时间和心力多次修缮。在了解朝廷主和派占多数的情况下，仍然直言上奏，言辞恳切。在地方任职期间，尽心尽力为百姓考虑，心中对统一大业依然念念不忘。辛弃疾多次被调任去解决一些难题和烂摊子：茶商起义、湖南盗贼、江西旱灾等。辛弃疾有勇有谋，顺利解决了这些难题，并受到当地百姓爱戴，他还在湖南建制飞虎军，发展成为南宋一支重要军事力量。辛弃疾虽有文韬武略，但因“归正人”的身份，加上他一直主战的立场，在官场常受排挤，屡遭弹劾，甚至被弹劾中饱私囊。他一生不仅从未担任中枢要职，地方职位也是频繁调动，三次罢官，落职闲居二十多年。他的经典词作《破阵子·为陈同甫赋壮词以寄之》就是在被罢官时写作的。“醉里挑灯看剑，梦回吹角连营。八百里分麾下炙，五十弦翻塞外声，沙场秋点兵。马作的卢飞快，弓如霹雳弦惊。了却君王天下事，赢得生前身后名。可怜白发生!”这一首词鲜明体现了辛弃疾想要完成统一大业的价值追求，同时写出了作者对于这一夙愿不能实现的无奈。

（3）“逍遥大小自适”的旷达

辛弃疾认为人生贵贱、贫富主要不由当事人的出身门第、才学、品性所决定，更不由超尘世的神灵或当事人的生辰八字所安排。他写道“臭腐神奇俱尽，贵贱贤愚等耳”（《水调歌头·元日》），“贵贱偶然浑似，随风帘幌，篱落飞花。空使儿曹，马上羞面频遮”（《玉蝴蝶·叔高书来戒酒，用韵》）。“鹏鷃何殊”（《汉宫春·答吴子似》）意为：人生贵贱与飞花坠落在不同的地方一样，完全是偶然的。那些醉心名利且居高位的人自觉高贵，其实和普通人也没什么两样。既然人的贵贱不能说明一个人的才学和品性，那么高贵者就没有理由趾高气扬，目空一切，卑贱者也不必自惭形秽，自觉气短。基于这种认识，辛弃疾主张以“小大自适”的旷达来对待人生，“达则青云，便玉堂金马，穷则茅庐，逍遥小大自适”（《汉宫春·答吴子似》）。他得意淡然，居官不骄，威而不横，从不虐民害物。他失意泰然，落职不落志，伤而不颓，怨而不谤，且自怡山林，自娱花鸟，自友松竹，自寻欢乐，始终保持人的尊严，不断创造生的快乐。

3.3.3 教学分析

人生千差万别，各自选择的道路和生活中的收获千姿百态，有的人先苦后甜，有的人先甜后苦，有的人平凡普通，有的人一生辉煌，如此等等。但千差万别的人生道路背后又有共性，这就是人生观的问题。大学时期，是大学生人生观形成的关键时期。大学阶段又是一个人一生非常重要的一个转折期，如何引导大学生树立科学的人生观，树立崇高的人生追求和价值选择成为非常重要的问题。理论讲授和典型人物的案例引导相结合是非常有效的方法。辛弃疾作为历史上的著名词人，词作丰富且名著较多，个人人生经历曲折荡气回肠又有遗憾，极具感染力。将辛弃疾的人生经历及词作赏析融入涉及人生观的思政课教学具有可行性和现实价值。本部分主要就辛弃疾融入“思想道德与法治”课第一章（领悟人生真谛 把握人生方向）的内容进行探讨和分析。

1）选择高尚的人生追求

人生目的是个体在社会实践活动中所确立的关于自身行为方向的根本追求与人生目标。人生目的是对人为什么活着这一根本问题的认识和回答，是人生观的核心。大学生只有确立崇高的人生追求，把自己的人生目的与国家前途、民族命运、人民幸福联系在一起，才能更好地实现自己的人生价值。服务人民、奉献社会的思想以其科学而高贵的品质，代表了人类社会迄今最先进的人生追求。这一崇高的人生追求与辛弃疾收复失地、统一中原的人生追求在根本上是一致的，是脱离了自私的个人利益满足的崇高人生目标。在辛弃疾案例融入确立高尚的人生追求这一问题时，可以细化为两个知识点：人生目的是人生观的核心，树立服务人民、奉献社会的高尚人生追求。

人生目的是人生观的核心，对人生态度和人生价值具有决定性影响。辛弃疾人生道路跌宕起落，高尚的人生追求贯穿于他的一生。无论是在血气方刚的青壮年时期，还是饱经风霜的迟暮之年，无论是在朝为官，还是落职闲居，辛弃疾都以抗金救国为人生首要目标。正是这一神圣、正义的人生目的，主宰着他一生的社会活动，影响着他一生的悲欢离合。在金国内部混乱不稳时，他组织起两千多人的抗金义军，后投靠耿京的义军，他提出联合南宋朝廷联合抗金才有胜算，主动请缨前去交涉。率领五十多人勇闯五万金人大营擒拿叛徒张安国是他胆识和谋略的早期鲜明体现。南归之后，辛弃疾为了得到最高统治者的信任和支持，多次上书皇帝为北伐抗金出谋献策，较著名的奏疏有《论阻江为险须籍两淮疏》《议练兵守淮疏》《美芹十论》《九议》《论盗贼札子》等，以《美芹十论》最为典型，是他军事思想的鲜明体现。尽管深知朝廷中主张和议者居多，他仍毅然上疏，言辞真挚恳切。在地方任职时，辛弃疾全心全意为民众福祉着想，同时心中始终不忘统一大业的宏愿。面对茶商起义、湖南盗匪横行、江西旱灾等一系列棘手问题，辛弃疾多次临危受命，凭借其智勇双全，成功化解危机，赢得了当地民众的广泛尊敬。在湖南，他还创立了飞虎军，这支部队后来成长为南宋的重要军事支柱。淳熙八年（1181年）冬日，正值辛弃疾42岁盛年，却因遭人弹劾而卸职，退隐上饶。此后的二十多年里，除短暂担任过两年福建提点刑狱兼安抚使之职外，他大部分时间都在乡间度过，过着闲居生活。但是，内心的崇高追求从不曾忘却，所以在生平最后一次被起用之时，他虽已是年逾花甲的老者，依然十分努力和投入，一年多后又因朝廷言官诬告而被撤职，他只得满含忠愤和担忧，离开了抗金前线。

辛弃疾的收复失地、实现统一的人生追求在其词作中也有鲜明体现。公元1169年，辛弃疾曾以《满江红·建康史帅致道席上赋》为题填词明志："鹏翼垂空，笑人世，苍然无物。又还向，九重深处，玉阶山立。袖里珍奇光五色，他年要补天西北。且归来，谈笑护长江，波澄碧。"作者以超凡脱俗、凌空飞翔的大鹏自喻并与时任建康帅守的史致道共勉，发誓要像神话中的女娲用五色石补天那样收复失地，统一中原。他的经典词作《破阵子·为陈同甫赋壮词以寄之》《永遇乐·京口北固亭怀古》中的表达更易引发共鸣。《破阵子·为陈同甫赋壮词以寄之》中"可怜白发生!"多年追逐的人生目标不得实现，此词还是他被罢官时所作，突出了辛弃疾理想与现实的明显冲突，"可怜白发生"更加凸显了其内心高尚追求没有实现的悲伤之情。《永遇乐·京口北固亭怀古》是辛弃疾调任镇江知府后，登北固亭时感慨报国无门的失落。"千古江山，英雄无觅孙仲谋处。舞榭歌台，风流总被雨打风吹去。斜阳草树，寻常巷陌，人道寄奴曾住。想当年，金戈铁马，气吞万里如虎。元嘉草草，封狼居胥，赢得仓皇北顾。四十三年，望中犹记，烽火扬州路。可堪回首，佛狸祠下，一片神鸦社鼓。凭谁问：廉颇老矣，尚能饭否？"还有很多词作中都有体现。在抒发报国之志时，辛弃疾的词常常显示出军人的勇毅和豪迈自信的情调，像"要挽银河仙浪，西北洗胡沙"（《水调歌头》），"马革裹尸当自誓，蛾眉伐性休重说"（《满江红》），"道男儿到死心如铁。看试手，补天裂"（《贺新郎》）等都是作者崇高志向的流露。

辛弃疾一生都以功业自许，却命运多舛，壮志难酬，正如有人形容为“文能提笔安天下，武能上马定乾坤”。这样的形象是个性鲜明的，更易和大学生产生共鸣。为什么辛弃疾可以在危难波折时刻依然可以坚持自我，还能在文学领域取得傲人成绩，根本原因都在于他自幼确立的这种崇高人生目标。

树立服务人民、奉献社会的高尚人生追求。服务人民、奉献社会的人生追求，根植于历史唯物主义关于人民群众作为历史创造者的核心理念，为人的成长与发展指明了应当追求的人生目标与方向。在这个追求个性化、尊重个性化发展的今天，强调服务人民、奉献社会是否过时？如何更好地让大学生理解这一问题是重点也是难点。理论上可以从历史唯物主义关于人民群众的观点、人的本质、个人与社会关系的角度进行分析。辛弃疾的案例可以提供直观的印象。除了前文通过辛弃疾一生的曲折经历和词作中的表达来直接展示，这里可以重点分析辛弃疾确立这一崇高人生追求的原因。他所生活的时期是南宋中后期，他出生时家乡已被金所占领，虽然祖父在金为官，但一心想的都是可以收复失地，祖父对辛弃疾的教育也是如此。他从小目睹的也是金人统治区宋人屈辱的生活，再加上当时所受儒家教育“修身、齐家、治国、平天下”理念以及理学思想的影响，辛弃疾收复失地、抗金统一的人生追求强烈就不足为奇了。另外，辛弃疾为后人所称颂的“著名词人”以及在官场的胆识、魄力无不源于他心系国家、社会苍生的忘我追求。当今时代，无论将来从事何种行业，只有树立了服务人民、奉献社会的高尚人生追求，才能最终实现自我最大程度的自由而全面的发展。

2）坚持积极进取的人生态度

人生态度是指个体在生活实践中逐渐形成的，对于人生道路上所遇各种问题的相对稳定的心理倾向与精神状态，它反映了个人如何看待和处理这些人生挑战与机遇。积极进取和消极避世是两种对立的人生态度。为了顺利走过人生的旅程，大学生需要正确地识别与应对生活中形形色色的挑战与难题，秉持着认真务实、乐观向上、勇往直前的积极人生态度。辛弃疾的一生是颇为曲折的，他一腔报国热血无真正用武之地，官场不受重视，频繁被调离，三次被罢官，落职闲居二十多年。他正直勤奋，在任时尽心尽力为百姓考虑、解决难题，每每刚做出一定成绩却遭他人猜忌、弹劾，他呕心沥血写出抗金策略《美芹十论》《九议》等却不被采纳，如此等等。这样的经历在历史上都是少有的，但他即使有短期的苦闷愁绪，只要有一点希望，依然会燃起热情。正是这种身处逆境不退缩、身处顺境不懈怠的人生态度，才有了历史上不同于常人的辛弃疾。他的这种人生经历和处事态度是积极进取人生态度的典型代表。可以时间线给学生展示辛弃疾一生的生平脉络，选取典型事件进行讲解，如镇压茶商起义、创建飞虎军、江西赈灾、年过花甲被起用抗金依然全力以赴等。他为官每到一处为什么面对困难都可以从容应对，一方面是因为他多年积累的军事谋略，另一方面就在于他积极进取的人生态度。

辛弃疾经历曲折，生性耿直，为官于上下左右多有得罪，“归正人”的身份让掌权者很难对他完全信任，所以面对被排挤和弹劾，除了展现出的积极进取的一面，在人生态度方面还有“逍遥小大自适”的旷达。这个表述出自辛弃疾《汉宫春·达则青云》：“达则青云，便玉堂金马，穷则茅庐。逍遥小大自适，鹏鷃何殊。君如星斗，灿中天、密密疏疏。荒草外，自怜萤火，清光暂有还无。千古季鹰犹在，向松江道我，问讯何如。白头爱山下去，翁定嗔予。人生谩尔，岂食鱼、必鲙之鲈。还自笑，君诗顿觉，胸中万卷藏书。”这里作者引用了庄子《逍遥游》里的一个典故。庄子在《逍遥游》里只是阐述了两种活法，并没有高低之分，大鹏和斥鷃在自己的世界里做自己想做的事，两者有何区别？因此，人生到底如何，每个人有自己的感受。辛弃疾正是这样，他所关注的并非世人所追逐的荣华富贵，而是国家大业。辛弃疾人生态度上的旷达，并非道家的避世态度，而是个人关于人生宠辱不惊的清醒认知。

面对整个世界的深刻变化，社会现象的复杂多样，人生未来发展的诸多不确定性，大学生只有坚定认真、务实、乐观、进取的人生态度，才能更好地发现自我、提升自我，走好自己的人生之路。

3）坚定无私奉献的价值追求

学习人生价值的内容，对于树立科学的人生观、价值观具有重要意义。理解人生价值与社会价值的关系、人生价值评价的根本尺度及人生价值的实现条件是人生价值的重要内容。辛弃疾的人生经历其实就是他的人生选择，选择背后就是人生价值的问题。他对于人生价值的追求，为我们理解个人自我价值与社会价值之间的内在联系、评估人生价值的基本准则以及实现这些价值的必要条件提供了宝贵的启示。

（1）人生价值的概念及评价

人生价值是衡量个人生命历程及其所参与的社会实践活动对社会及自我所产生的积极影响与重要性的标尺。人生价值内在地包含了人生的自我价值和社会价值两个方面，二者既相互区别，又密切联系、相互依存。人生的自我价值体现在个体实践活动对自身生存与发展所起到的积极作用上，这主要通过满足自身物质与精神需求来衡量。而人生的社会价值，则体现在个体实践活动对社会及他人所带来的正面影响与贡献上。

简单来说，自我价值更侧重于索取，社会价值更侧重于贡献。就辛弃疾而言，明显是对社会的贡献大于索取，很多时候是不顾个人安危的。让他声名大振的高光时刻，率领五十多人勇闯五万人金人大营，并且生擒叛徒张安国，当时的辛弃疾年仅22岁，完全是把个人生死置之度外。南归之后，辛弃疾多次上书皇帝为北伐抗金出谋献策，较著名的奏疏有《论阻江为险须籍两淮疏》《议练兵守淮疏》《美芹十论》《九议》《论盗贼札子》等。即便深知朝廷内部主和势力占据上风，他仍旧挺身而出，直言不讳地上书陈情，字里行间流露出真挚而迫切的意愿。这时他所想的就是如何抗金、实现统一这一最高价值追求，根本没有顾及个人的仕途发展。在地方履职时，辛弃疾全心全意为人民福祉着想，同时心中始终怀揣着统一国家的宏伟理想。因此，他频繁被派遣去应对各种棘手难题和复杂局面，如茶商起义、湖南的盗贼问题以及江西的旱灾等。凭借其过人的勇气和智慧，辛弃疾成功地化解了这些危机，赢得了当地民众的深深敬爱。此外，他还在湖南创建了飞虎军，这支部队后来逐渐成长为南宋一支举足轻重的军事力量。

在建制飞虎军的过程中，有人弹劾他中饱私囊，私练北伐军，并强调他“归正人”的身份以及他一直以来的抗金态度，宋孝宗下了一道金字牌，命令飞虎军立即停工。辛弃疾当时面临的选择是：停工，前期努力全部白费；继续，说不定会给自己带来杀身之祸。最终，他还是选择了继续。虽然，辛弃疾把建制飞虎军的各项花费开支事无巨细地上奏皇帝以证清白，皇帝当时并没有治他的罪，但他不久后被调离，几年之后又有人弹劾时被罢官，其中原因就有私藏了金字牌。这样的事情是让人心服口服的，既佩服他的胆识魄力，也佩服他的光明磊落，非常具有说服力和感染力。辛弃疾在需要做出选择时无疑都是选择的贡献，而没有考虑自己可以获得什么。反而是这种选择让他为官做事都是从大局出发，从解决问题出发，得到百姓的支持与肯定，他的赤诚之心落在文字上成就了他的一首又一首经典词作。囿于时局，他的人生最远大的抱负没有实现，但是无疑他的个人价值和社会价值在当时得到了实现，而且正是在贡献社会的过程中个人价值得以实现。他的人生轨迹生动诠释了个人价值与社会价值之间的紧密关联，而他在人生旅途中做出的关键选择，正是社会价值层面衡量人生价值根本标准的有力例证。

（2）人生价值的实现

实现人生价值离不开既定的主客观条件。人的实践活动总是受限于特定的环境与条件，每个人都只能在既有的主客观框架内追求并达成自身的人生价值。因此，准确理解和把握人生价值实现的条件是极为关键的。

① 实现人生价值，必须从社会客观条件出发。因为人生价值是在广泛的社会实践中得以体现的，人的创造力的发展、展现与提升，都离不开特定的社会客观环境。回顾历史，不少有志之士和才华横溢的人，由于社会客观条件的限制，未能如愿以偿地实现他们孜孜以求的人生价值。辛弃疾就是“生不逢时”“怀才不遇”的典型例证。他一生都在追寻的抗金救国的远大抱负最终没能实现，根本上是因为社会历史条件的限制。辛弃疾所生活的时代是南宋中后期，他出生时家乡已被金所占领，南宋朝廷处于偏安一隅的窘境。当时官场主和派占主流，不敢也不愿意北伐的人居多数，掌权者亦是如此。他虽有出色的才干，他的豪迈倔强的性格和执着北伐的热情，却使他难以在畏缩而又圆滑、嫉贤妒能的官场上立足，内心的北伐抗金大业更是不可能实现。他不顾官职低

微，进《九议》《美芹十论》等奏疏，具体分析南北政治军事形势，提出加强实力、适时进兵、恢复中原、统一中国的大计，也均未被采纳。“醉里挑灯看剑，梦回吹角连营”“可怜白发生”写尽了作者壮志难酬的无奈。

② 实现人生价值要从个体自身条件出发。要实现人生价值，人们必须充分发挥自身的主观能动性。个人的积极努力与奋斗，在很大程度上决定了人生价值得以实现的深度与广度。辛弃疾身上有着“生不逢时”的悲情色彩，但他是足够努力的，因此他所取得的成就也是旁人所不及的。正是因为他毕生想要抗金救国的信念，他积极进取，熟读兵书，文韬武略。他为官不在要职，且频繁被调动，但他都尽心去做，解决了难题。他的人生经历同样是他人不能复制的，成为词人不在他的计划之内，但因词出名也绝不是源于偶然和运气，正是他曲折人生经历和个人抗争的体现。

从辛弃疾身上我们可以看到，实现人生价值要从社会客观条件出发，同时要发挥主观能动性，不断增强实现人生价值的本领。大学生要客观认识自己，准确把握实现人生价值的主观条件，在实践中增强实现人生价值的本领。一代人有一代人的责任和担当，青春的底色永远离不开“奋斗”两字。正如习近平所说：“现在，青春是用来奋斗的；将来，青春是用来回忆的。”[①]我们现在享受的幸福生活，是一代又一代前辈接力奋斗创造的。人世间的一切幸福都需要靠辛勤的劳动来创造，追求幸福的过程就是不满足于现状、不断追求和创造更美好生活的过程。我们要珍惜眼前的幸福，新时代呼唤新使命，新使命需要新担当。时代的责任赋予青年，时代的光荣属于青年。新时代的大学生应当砥砺奋斗、锤炼品格，释放火热青春的奋斗激情，彰显有志青年的人生价值。

3.4 戚继光与爱国情怀

实现中华民族伟大复兴的中国梦，必须弘扬中国精神，这就是以爱

① 习近平．习近平谈治国理政（第一卷）[M]．北京：外文出版社，2018：54.

国主义为核心的民族精神和以改革创新为核心的时代精神。在新的历史条件下，继承爱国主义传统，做忠诚的爱国者和改革创新的生力军，是大学生应该具备的基本素质。当代大学生担当着民族复兴的时代使命，要努力做忠诚的爱国者和时代的奋进者，用实际行动展现出中国精神的青春风采。

3.4.1 思政理论

为了实现中华民族伟大复兴的宏伟蓝图——中国梦，我们必须高扬中国之魂，这涵盖着以爱国情感为基石的民族魂魄，以及以创新精神为驱动的时代风貌。爱国主义是中华民族最深厚的思想传统，是动员和鼓舞中国人民团结奋斗的一面旗帜。中国特色社会主义进入新时代，实现中华民族伟大复兴的中国梦是新时代爱国主义的鲜明主题。大学生既要做新时代的忠诚爱国者，又要做改革创新的生力军。

1）爱国主义是中华民族精神的核心

中华民族精神的核心体现为爱国主义。民族精神是一个民族在长期共同生活和生活实践中形成的，为本民族大多数成员所认同的价值取向、思维方式、道德规范、精神气质的总和，是一个民族赖以生存和发展的精神支柱。在五千多年的历史发展中，中华民族形成了以爱国主义为核心的团结统一、爱好和平、勤劳勇敢、自强不息的伟大民族精神。爱国主义是中华民族的民族心、民族魂，是中华民族最重要的精神财富，深深根植于中华民族儿女心中，激励着一代又一代中华儿女为祖国发展繁荣而自强不息、不懈奋斗。

爱国主义体现了人们对自己祖国的深厚感情，揭示了个人对祖国的依存关系，是人们对自己家园及民族和文化的归属感、认同感、尊严感与荣誉感的统一，是调节个人与祖国之间关系的道德要求、政治原则和法律规范。可见，爱国主义不仅是依存关系的情感体现，而且在道德生活领域、政治生活范围、法律领域都有所表现。现代意义上的祖国，至少包含了三个方面的要素：一是自然要素，即人们赖以生存的，一定区域内的土地、山河、矿产等自然风貌、自然资源所构成的国土；二是社会要素，即具有共同的经济生活、语言文化、社会心理和历史传统，通过纵横交织的社会关系紧密连成一体的人民或国民；三是政治要素，即为了维护社会共同体的安全、主权和稳定而建立起来的强有力的政治机构——国家。

爱国主义的基本内涵主要表现在四个方面：一是爱祖国的大好河山。祖国的大好河山，不只是自然风光，还包括主权、财富、民族发展和进步的基本载体。维护祖国领土的完整和统一，是每个人的神圣使命和义不容辞的责任。二是爱自己的骨肉同胞。爱自己的骨肉同胞爱人民，体现了对民族利益共同体的自觉认同。三是爱祖国的灿烂文化。文化是一个国家、一个民族的灵魂，是一个国家民族赖以延续的精神基因，是涵养民族心理、民族个性和民族精神的摇篮，也是民族凝聚力的重要基础。文化是祖国在历史发展中各族人民智慧的结晶，被称为国家和民族的“胎记”，是一个民族得以延续和发展的智力基础和精神动力。爱祖国的灿烂文化，体现为对优秀传统文化的认同、尊重、传承和发扬。四是爱自己的国家。国家是个体成长发展的基本保障和坚实依托，个体和国家之间的相互依存、密不可分，这也是最深刻的爱国理由。爱自己的国家更多地体现为对国家制度、政策等的认同和支持，为国家发展贡献力量和献计献策。祖国不是抽象的，它是由国土、人民、制度、文化等要素构成的具体的国家。国家尊严包括党和政府的尊严，领袖的尊严，民族与人民的尊严，领土、领空、领海的尊严，政策法令的尊严，法律道德的尊严等，每个公民都应自觉履行维护国家尊严的义务，并与损害国家尊严的言行进行斗争。这四个方面本身就是统一于现实的国家之中，个人发展也同国家的发展进步紧密相连。

2）做新时代的忠诚爱国者

步入中国特色社会主义的新时代，实现中华民族的伟大复兴之梦，已成为新时代爱国主义最为鲜明的主题与追求。大力弘扬新时代爱国主义，必须坚持爱国、爱党、爱社会主义相统一，维护祖国统一和民族团结、尊重和传承中华民族历史文化，坚持立足中国又面向世界。

（1）坚持爱国、爱党、爱社会主义相统一

新中国是中国共产党领导的社会主义国家，祖国的命运和党的命运、社会主义的命运密不可分。当代中国，爱国主义的本质就是坚持爱国和爱党、爱社会主义高度统一。

爱自己的国家是爱国主义的基本内涵之一。正如习近平总书记所说："爱国主义是具体的、现实的。在当代中国，弘扬爱国主义就必须深刻认识到，中国共产党领导和中国社会主义制度必须长期坚持，不可动摇；中国共产党领导中国人民开辟的中国特色社会主义必须长期坚持，不可动摇；中国共产党和中国人民扎根中国大地、借鉴人类文明优秀成果、独立自主实现国家发展的大政方针必须长期坚持，不可动摇。我们要增强中国特色社会主义道路自信、理论自信、制度自信、文化自信，坚定不移沿着中国特色社会主义道路守护好、建设好我们伟大的国家。"我们爱的"国"是中国共产党领导的社会主义中国。拥护国家的基本制度，遵守国家的宪法法律，维护国家安全和统一，捍卫国家的利益，为国家繁荣发展贡献自己的力量，是爱国主义的基本要求。爱国主义与社会主义的统一是中国历史发展的必然结果。社会主义制度的建立是中国繁荣发展的可靠保障。在中国，社会主义不是一句空洞口号，而是集中代表着、体现着、实现着国家、民族和人民的根本利益。社会主义不是从天上掉下来的，是中国共产党领导广大人民群众经过流血牺牲、长期艰苦奋斗建立起来的。没有中国共产党，就没有新中国，就没有中华民族伟大复兴，这是中国的历史和现实所昭示的真理。中国共产党是中国工人阶级的先锋队，是中国人民和中华民族的先锋队，是中国特色社会主义事业的领导核心。中国共产党的历史就是一部为实现民族独立和人民解放，为实现中华民族伟大复兴而奋斗的历史。在现阶段，爱国主义主要表现为在中国共产党领导下，献身于建设新时代中国特色社会主义伟大事业，献身于实现中华民族伟大复兴的中国梦的实践，献身于促进祖国统一大业。

爱国、爱党、爱社会主义统一于实现中华民族伟大复兴的历史进程。爱国主义的丰富性和生命力，正是通过它的历史性和具体性体现出来。在不同历史条件下所形成的爱国主义具有不同的内涵和特点。在新民主主义革命时期，爱国主义主要表现为在党的领导下，克服万难、前赴后继，推翻帝国主义、封建主义和官僚资本主义的反动统治，把黑暗的旧中国改造成光明的新中国，为实现中华民族站起来而奋斗。在社会主义革命、建设、改革年代，爱国主义主要表现为在党的领导下，建立和巩固社会主义基本制度，坚持社会主义初级阶段基本路线，赋予社会主义制度强大的生命力和活力，为实现中华民族富起来而奋斗。在中国特色社会主义新时代，爱国主义主要表现为在党的领导下开启全面建设 社会主义现代化国家新征程，为实现中华民族强起来而奋斗。不同历史时期的爱国主义虽然内涵和表现方式有所不同，但本质上是爱国、爱党、爱社会主义的高度统一，都统一于实现中华民族伟大复兴的中国梦的鲜活实践之中。

爱国，不能停留在口号上，而是要把自己的理想同祖国的前途、民族的命运紧密联系在一起。新时代大学生不仅要在认识上深刻理解爱国、爱党、爱社会主义的高度统一，更要以实际行动体现对祖国的热爱、对党的热爱、对社会主义的热爱。扎根人民，奉献国家，以一生的真情投入、一辈子的顽强奋斗来践行爱国主义。

（2）维护祖国统一和民族团结

国家统一和民族团结是中华民族的根本利益所在。弘扬新时代爱国主义，要坚持以维护祖国统一和民族团结为着力点，维护全国各族人民大团结的政治局面，巩固和发展最广泛的爱国统一战线，不断增强对伟大祖国、中华民族、中华文化、中国共产党、中国特色社会主义的认同，坚决维护国家主权、安全、发展利益，旗帜鲜明地反对分裂国家的图谋、破坏民族团结的言行，筑牢国家统一、民族团结、社会稳定的铜墙铁壁。

①维护和推进祖国统一

热爱祖国、维护祖国统一是中华民族的优良传统，也是我国公民的基本义务。保持香港、澳门长期繁荣稳定，解决台湾问题，实现祖国完全统一，是实现中华民族伟大复兴的必然要求，是不可阻挡的历史进程，是全体中华儿女的共同心愿，也是中华民族的根本利益所在。

推进祖国统一，必须保持香港、澳门长期繁荣稳定。香港、澳门与祖国内地的命运始终紧密相连，实现中华民族伟大复兴的中国梦，需要香港、澳门与祖国内地坚持优势互补、共同发展，需要港澳同胞与内地人民坚持守望相助、携手共进。“一国两制”是中国特色社会主义的伟大创举，是香港、澳门回归后保持长期繁荣稳定的最佳制度安排，必须长期坚持。坚持和完善“一国两制”制度体系，落实中央全面管治权，落实“爱国者治港”“爱国者治澳”原则，落实特别行政区维护国家安全的法律制度和执行机制。推进粤港澳大湾区建设，支持香港、澳门更好融入国家发展大局，为实现中华民族伟大复兴更好发挥作用。

实现台湾问题的解决与祖国的完全统一，是党的长期坚定目标，承载着全体中华儿女的深切期盼，也是推进中华民族伟大复兴进程中的一项根本要求。要坚持贯彻新时代党解决台湾问题的总体方略，牢牢把握两岸关系主导权和主动权，坚定不移推进祖国统一大业。首先，坚持一个中国原则和“九二共识”，这是两岸关系的政治基础。“和平统一、一国两制”方针是实现两岸统一的最佳方式，对两岸同胞和中华民族最有利。其次，推进两岸交流合作。在两岸关系大局稳定的基础上，双方应该为深化经济、科技、文化、教育等领域合作采取更多积极举措，提供更多政策支持，创造更加便利的条件，共同推动两岸关系和平发展、推进祖国和平统一进程。最后，促进两岸同胞团结奋斗。两岸同胞血脉相连，是血浓于水的一家人，有着共同的血脉、共同的文化、共同的联结、共同的愿景，这是推动两岸相互理解、携手同心、一起前进的重要力量。

实现中华民族伟大复兴，是全体中国人共同的梦想。只要包括港澳台同胞在内的全体中华儿女顺应历史大势、共担民族大义，把民族命运牢牢掌握在自己手中，就一定能够共创中华民族伟大复兴的美好未来。大学生要感悟两岸关系和平发展的潮流，担当起实现中华民族伟大复兴的历史重任，为推动两岸关系和平发展、实现祖国统一做出自己的贡献。

②促进民族团结

处理好民族问题、促进民族团结，是关系祖国统一和边疆巩固的大事，是关系民族团结和社会稳定的大事，是关系国家长治久安和中华民族繁荣昌盛的大事。新时代大学生要像爱护自己的眼睛一样维护民族团结，像爱护自己的生命一样维护社会稳定，自觉做民族团结进步事业的建设者、维护者、促进者。要深化对党的民族理论和民族政策的认识，认真学习国家关于民族事务的法律法规，深入了解中华民族“多元一体”的发展历史，坚定“汉族离不开少数民族、少数民族离不开汉族、各少数民族之间也相互离不开”的思想观念。要牢固树立正确的国家观、民族观、文化观、历史观，增强对伟大祖国的认同、对中华民族的认同、对中华文化的认同、对中国共产党的认同、对中国特色社会主义道路的认同，构建各民族共有精神家园。要铸牢中华民族共同体意识，加强各民族交往交流交融，促进各个民族像石榴籽那样紧紧抱在一起，共同团结奋斗、共同繁荣发展。在危急关头、关键时刻，要立场坚定、挺身而出，敢于同各种分裂活动作斗争，坚决捍卫民族团结进步、共同繁荣发展的大好局面，筑牢各族人民共同维护祖国统一、维护民族团结、维护社会稳定的钢铁长城。

③尊重和传承中华民族历史文化

对祖国悠久历史、深厚文化的理解和接受，是培育和发展爱国主义情感的重要条件。作为中华儿女，我们要了解中华民族历史，传承中华文化基因，提升民族自豪感和文化自信心，增强做中国人的志气、骨气、底气。

在世界文明中，中华文明源远流长、从未中断，至今仍充满蓬勃的生机和旺盛的生命力。中华优秀传统文化是中华民族的精神命脉，其中蕴含着中华民族世世代代形成和积累的思想营养和实践智慧，是中华民族得以延续的文化基因，也是我们在世界文化激荡中站稳脚跟的根基。中华文化独一无二的理念、智慧、气度、神韵，增添了中国人民和中华民族内心深处的自信和自豪。我们必须尊重和传承中华民族历史文化，以时代精神激活中华优秀传统文化的生命力，不断推进中华优秀传统文化创造性转化和创新性发展。

习近平指出，历史总是向前发展的，我们总结和吸取历史教训，目的是以史为鉴、更好前进。历史是最好的营养剂，要不断地向历史学习，汲取历史智慧，总结历史经验和历史规律，回答和解决在新的历史条件下国家发展面临的重大问题和现实问题。党和国家抛弃传统、丢掉根本，就等于割断了自己的精神命脉。历史和现实都表明，一个抛弃了或者背叛了自己历史文化的民族，不仅不可能发展起来，而且很可能上演一场历史悲剧。

新时代大学生要树立大历史观和正确党史观，准确把握党的历史发展的主题主线、主流本质，深刻领悟中国共产党为什么能、马克思主义为什么行、中国特色社会主义为什么好的历史逻辑、理论逻辑、实践逻辑，真正理解历史、把握历史，增强历史自觉和历史自信。

④坚持立足中国又面向世界

中国的命运与世界的命运紧密相连。经过中华人民共和国成立以来70多年特别是改革开放40多年的发展，中国的综合国力日益增强，国际影响力不断扩大。当今世界越来越成为你中有我、我中有你的命运共同体。弘扬新时代的爱国主义，要求我们正确处理立足中国与面向世界的辩证统一关系，既要尊重各国的历史特点、文化传统，尊重各国人民选择的发展道路，从不同文明中寻求智慧、汲取营养，增强中华文明生机活力，又要积极倡导求同存异、交流互鉴，促进不同国度、不同文明相互借鉴、共同进步，共同推动人类文明发展进步。

当前，世界百年未有之大变局加速演进，新一轮科技革命和产业变革深入发展，国际力量对比深刻调整，我国发展面临新的战略机遇。同时，世纪疫情影响深远，逆全球化思潮抬头，单边主义、保护主义明显上升，世界经济复苏乏力，局部冲突和动荡频发，全球性问题加剧，世界进入新的动荡变革期。在国家安全形势越来越复杂的今天，大学生要增强国家安全意识，对境内外敌对势力的渗透、颠覆、破坏活动保持高度警惕，切实履行维护国家安全的义务。在新形势下，首先要保持清醒的认识，坚持独立自主、自力更生，既虚心学习借鉴国外的有益经验，又坚定民族自尊心和自信心，不信邪、不怕压，坚决维护国家的主权和尊严，按照本国国情坚持、发展自己的政治制度和民族文化，把中国发展进步的命运始终牢牢掌握在自己手中。其次，要确立总体国家安全观，即坚持国家利益至上，以人民安全为宗旨，以政治安全为根本，以经济安全为基础，以军事科技文化社会安全为保障，以促进国际安全为依托，走出一条中国特色国家安全道路。最后，要增强国防意识，履行维护国家安全的义务。强大的国防是国家生存与发展的安全保障。我国的国防是全民的国防。我国宪法明确规定："保卫祖国、抵抗侵略是中华人民共和国每一个公民的神圣职责。”大学生既是社会主义现代化建设的有用人才，也是国防建设的后备人才，必须具有很强的国防观念和忧患意识，自觉接受国防和军事方面的教育训练，关心国防、了解国防、热爱国防、投身国防，积极履行国防义务，成为既能建设祖国又能保卫祖国的优秀人才。同时，大学生应自觉遵守国家安全法律，履行维护国家安全的法律义务。

当前，世界之变、时代之变、历史之变正以前所未有的方式展开。没有哪个国家能够独自应对人类面临的各种挑战，也没有哪个国家能够退回到自我封闭的孤岛。共同建设一个持久和平、普遍安全、共同繁荣、开放包容、清洁美丽的世界，是全人类的共同利益和共同价值追求，即要坚持人类命运共同体理念。把爱国主义和人类命运共同体结合起来，世界整体发展越好，中国的发展才能更好。构建人类命运共同体的理念，源于中国，属于世界，是中国与世界的交响协奏。

3）做新时代改革创新的生力军

改革创新是当代中国最突出、最鲜明的特点。大学生富有想象力和创造力，是改革创新的生力军，要在改革创新的实践中奉献祖国、服务人民、实现价值，这也是新时代爱国主义的应有之义。

（1）增强改革创新的责任感

改革创新，要求大学生自觉增强改革创新的责任感，树立敢于突破陈规、大胆探索未知、勇于创新创造的思想观念，在实践中有直面困难的勇气，有突破难关的精神，锐意进取，奋力前行。改革创新首先需要勇气，其次需要直面困难的坚持，更为关键的是具有进行改革创新的内在动力，即进行改革创新的责任感，具体而言就是是否具有为推动社会发展进步贡献力量的责任担当。改革创新之路必定充满艰辛，甚至需要奉献和牺牲，没有强烈的责任感，很难克服和战胜这一过程中的艰难曲折。

在改革创新的过程中，必须树立勇于打破传统束缚、敢于突破陈规的意识。陈规非常容易束缚人的头脑，要敢于大胆突破陈规甚至常规，敢于大胆探索尝试，善于观察发现、思考批判，不唯书、不唯上、只唯实，这是大学生在学习与实践中创新创造的重要前提。改革创新还应树立大胆探索未知领域的信心。创新就是要走前人没有走过的路，要创新，就要有强烈的创新自信。如果总是跟踪模仿，既谈不上创新，也是没有出路的。“路漫漫其修远兮”，最需要“上下而求索”的勇气。青年应当勇做改革创新的生力军，争当时代先锋人物。

（2）增强改革创新的能力本领

做改革开放的生力军，除了要增强改革创新的责任感，还要增强改革创新的能力本领。当今时代，世界处于百年未有之大变局，科技革命之变，知识更新之快，新技术、新模式、新业态层出不穷。这一大背景对整个中国发展来说是重要的战略机遇期，对个人来说也是重要的机遇期。青年时代是个人成长过程中创新能力最强的时期，也是苦练能力本领、增长才干的黄金时期。大学生应该抓住这一机遇期，努力提升个人专业水平，增强改革创新本领。

增强改革创新本领应当做到：夯实创新基础、培养创新思维和投身改革创新实践。一是夯实创新基础。任何一项创新都离不开前人积累的知识基础。缺乏深厚的专业知识积淀，盲目追求改革创新，往往容易流于不切实际的空想，或者是“无知者无畏”的蛮干。不能好高骛远，无视或轻视专业知识学习，应当从扎实系统的专业知识学习起步和入手。二是培养创新思维。思维很多时候表现为一种思考习惯，创新思维需要强化和培养才能得以提升。创新思维与守旧思维的区别在于：守旧思维往往求同、模仿，创新思维则注重求异、批判而不甘落入窠臼和俗套；守旧思维被动回答问题，创新思维善于发现问题；守旧思维往往机械、线性、封闭，创新思维则灵活而开放，发散而多维；守旧思维提出的观点人们往往因熟悉而易于接受，创新思维则常常因“异想天开”而被怀疑甚至嘲讽。三是投身改革创新实践。实践出真知，实践长才干。当代大学生既置身于世界新一轮科技革命和产业变革同我国转变发展方式的历史性交汇期，又置身于我国全面建设社会主义现代化国家的新征程，应当在全面深化改革的伟大实践中发扬改革创新精神，增强改革创新的意识，锤炼改革创新的意志，提高改革创新的能力，勇做改革创新的实践者和生力军。

新时代的大学生置身于实现中华民族伟大复兴的时代洪流之中，应当把握时代脉搏，迎接时代挑战，增强创新创造的能力和本领，勇做改革创新的实践者，将弘扬改革创新精神贯穿于实践中，体现在行动上。

3.4.2 道德典范

中国历史上涌现出众多非常有影响力的爱国人士，戚继光就是其中的典型代表。戚继光是抗击倭寇的杰出英雄，其生平事迹与军事经历深刻彰显了他的爱国情怀。

1）矢志不渝的爱国志向

戚继光19岁时写下的“封侯非我意，但愿海波平”的诗句，是其一生爱国志向的生动写照。戚继光出生于将门世家，有着“忠孝仁勇”的家风。戚继光受这样的家风影响，特别是他的父亲和祖母的言传身教，让戚继光在幼年时期就萌发了爱国意识。此外，受家族影响，戚继光从小就学习武艺和兵法，父亲还亲自教他读书写字，他的文武兼修为后来建功立业打下了坚实的基础。

戚继光17岁时，继承父亲的职位，当了登州卫指挥佥事。后来，他到京城参加会试，遇到了蒙古兵进攻，被安排去守卫京城九门，给皇帝的守城方略初步显示了他在军事上的能力和才华。因此，他职位也不断升迁，管理范围随之扩大，逐渐走向了抗倭道路。从山东到浙江再到福建，他的抗倭足迹遍布了中国沿海地区。赫赫有名的戚家军，专门对付倭寇，十几年的时间几乎将沿海的倭寇荡平干净，他被称为抗倭英雄。戚继光提出：“光明正大，以实心行实事，纯忠纯孝，思思念念在于忠君、敬友、爱军、恶敌、强兵。”“世禄之家，尽忠报国，分内事。”他将挽救国家危亡、维护边防安全作为自己的职责，认为应立足职业岗位来履行对君主和国家的责任。戚继光用抗倭实践生动诠释了其矢志不渝的爱国志向。“男儿铁石志，总是报国心”，这是戚继光亲笔写下的励志名言，也是他为国建功立业的人生信条。

2）保国安民的家国情怀

戚继光从年少时就萌生了保国安民的宏大抱负，他把“救黎民、安百姓”作为自己的使命。抗击倭寇，是为了海防稳固、救民水火。1559年，浙东台州倭乱频繁，百姓深受其害。戚继光从宁波率兵连夜驰援台州，歼灭了入侵海门的倭寇。后来，他以岳家军为榜样进行编练，建成了戚家军，并针对南方的地形和倭寇作战特点，创造了“鸳鸯阵”，屡次打败倭寇，多次救出被倭寇掳走的难民。

戚继光治军严格，但民本情怀很突出。每当大军出征时，戚继光就严令：“伐人树株、践人田产、毁人房屋、妄杀平民者，决以军法从事，抵命。”每打一仗，都把解救百姓作为首要任务，也受到了百姓的肯定和赞扬，正如百姓所唱“生我兮父母，长我兮疆土。奠我再生兮，维戚元辅。”戚继光在《愚愚稿》中写道：“尽分以为心，安民以为志，庶功名、富贵、是非、毁誉，不足以累”，由此可见他的保国安民的家国情怀。

3）精忠报国的爱国之行

戚继光自幼立下报国之志，并且将爱国之心落到实处，始终做到不忘初心，一心报国。为解国家危机、救民众于水火，戚继光奔波征战数十年，敌人在哪里，戚继光就出现在哪里。他从抗击倭寇开始，转战沿海各地，后又被朝廷调至北方边关抗击外敌，取得赫赫战功，明朝中晚期的海防边防大都是靠戚继光支撑着。

戚继光受命负责山东海防时，山东海防的颓废情况较为严重。面对凶狠的倭寇的劫掠，山东海防无力抵抗，经常一哄而散，也导致倭寇在中国沿海长期横行。面对这样的形势，戚继光迎难而上，积极训练，整顿海防，士兵战斗力大增，山东海防逐渐稳固。倭寇无法占到便宜，逐渐退出山东沿海。朝廷见戚继光在山东肃清了倭寇，调其到倭寇最严重的浙江。戚继光在浙江发现军队素质和海防等同样存在问题。他针对浙江沿海的特点，创造新的战斗队形和阵法，在对阵倭寇的斗争中大放异彩，消灭了大量倭寇。随着浙江福建的倭寇基本全部被消灭，明朝沿海地带再无大规模战事，百姓生活相对安宁。

后来，在北击鞑靼的时候，戚继光一边整顿当地军队，一边向朝廷申请把以前训练好的浙江士兵调往北边，得到批准。这些久经沙场的浙江士兵不仅成为抗击蒙古骑兵的主力，也使得当地士兵战斗力大幅提升。与此同时，戚继光重新修筑了长城，提高了长城的防御作用。戚继光镇守时，北方蒙古骑兵不敢骚扰他的防区，时常攻掠边境的辽东少数民族在几次遭遇戚继光部队后，也不敢再来骚扰。

戚继光将一生光阴都献给了祖国的边防事业，并且取得了巨大成就，为国家和民族立下了汗马功劳。他的一生是为国守卫和奉献的一生，是历史上爱国主义的典范。

3.4.3 教学分析

爱国主义是中华民族精神的核心，也是中华民族的精神基因，是全体人民同心同德、自强不息的精神纽带。中华民族的爱国主义优良传统历史悠久，源远流长。自古以来，爱国的思想和行为就受到人们的褒奖和景仰，无数为国家和民族做出杰出贡献的仁人志士为人们所称颂。戚继光就是其中的典型代表，而且是非常突出的代表。将戚继光的典型案例（后面统一称“戚继光爱国精神”）融入思政课具有必要性和可行性，对激发和培养大学生的爱国情感、思想和行为均具有重要借鉴意义。本部分主要就戚继光爱国精神融入“思想道德与法治”课第三章（继承优良传统 弘扬中国精神）涉及爱国主义精神的部分进行探讨和分析。

教材第三章主题是“继承优良传统 弘扬中国精神”，中国精神是指以爱国主义为核心的民族精神和以改革创新为核心的时代精神。如何理解中国精神、民族精神，爱国主义都是其中绕不过的话题，如何从理论上讲清楚各自的内涵以及其间关系就成为重中之重。学习精神最终要落实于实践，做忠诚的爱国者和改革创新的生力军不是口号，而是靠行动来体现。戚继光的报国志向、爱国之行等都是非常典型的例证。戚继光爱国精神可以多角度融入爱国主义精神教育，具有多重性或多重意义。

1）理解爱国主义的基本内涵

爱国主义的内涵是爱国主义精神教育的首要问题。这是老生常谈，但是对大学生而言，如何真正地从理论上理解爱国主义是首要问题，而不是将其理解为一句口号。本部分涉及三个知识点：爱国主义的概念，爱国主义的基本内涵或要求，爱国主义是民族精神的核心。

戚继光19岁时写下“封侯非我意，但愿海波平”的诗句是其一生抗倭驱虏的生动写照，他南北驱驰四十年，丹心报国，爱国情感溢于言表。历史上有众多民族英雄，戚继光无疑是非常突出的。他基本上一生都在抗击外敌，并取得赫赫战功，明朝中晚期的海防边防大都靠戚继光支撑着，这是历史上其他英雄人物难以比拟的。戚继光的事迹是爱国情感和爱国行动相统一的鲜明例证，对于理解爱国主义概念以及为什么是民族精神的核心非常有帮助。

戚继光爱国精神完整体现了爱国主义基本内涵的四个方面：爱祖国的大好河山、爱自己的骨肉同胞、爱祖国的灿烂文化、爱自己的国家。爱祖国的大好河山不仅表现为对祖国壮美河山的热爱，更表现为维护祖国统一和领土完整，为建设家园而进行的努力。“禾苗离土即死，国家无土难存”，每一个爱国者都会把“保我国土”“爱我家乡”，维护祖国领土完整和统一，作为自己的神圣使命和义不容辞的责任，戚继光所做的事情正是这样。爱自己的骨肉同胞，反映的是对整个民族利益共同体的自觉认同。爱自己的骨肉同胞就是爱人民群众。对人民群众感情的深浅程度，是检验一个人对祖国忠诚程度的试金石，戚继光保国卫民的家国情怀正是明证。多数人对戚继光的印象就是抗倭英雄或军事家，他的历史功绩都是在战争上体现的。戚继光所创建的戚家军之所以威名远扬，一方面是训练有素，富有战斗力，另一方面就是戚继光治军严格，而且很多时候会考虑到老百姓的利益。每逢军队出征之际，戚继光都会颁布严令：“凡有砍伐百姓树木、践踏农田、毁坏房屋、滥杀无辜者，一律按军法严惩，绝不姑息。”在每一次战役中，他都把拯救民众作为首要任务。1563年（嘉靖四十二年），当崇武所遭遇敌袭时，为保护正忙于春耕的百姓，戚继光未待大军完全集结，便果断下令发起攻击，英勇杀敌，将民众从危难之中解救出来。这样的事例不胜枚举。如此的戚继光形象是学生所不熟悉的，会给他们留下更为深刻的印象，自己就回答了“保家卫国”更深层次的意义所在。个体与国家密不可分，这是最深刻的爱国理由。祖国的大好河山，自己的骨肉同胞以及民族的灿烂文化都是同国家联系在一起的。国家如果不在或不完整，大好河山、骨肉同胞以及灿烂文化都无从谈起。

准确理解爱国主义的内涵及基本要求，可以更好地认识和把握爱国主义的优良传统以及在新时代爱国主义的表现，在实践中做忠诚的爱国者。一部中华民族的发展史，就是一部中华儿女的爱国奋斗史。中国人很早就有以天下兴亡、人民安康为己任的家国情怀，形成了追求进步、维护民族尊严和国家主权的光荣传统，形成了对外来侵略者无比痛恨、对卖国求荣的民族败类无比鄙视、对爱国志士无比崇敬的宝贵民族性格。无论时代如何更迭，爱国主义在我国所蕴含的核心意义始终如一，即要坚守对祖国的壮丽河山的热爱、对同胞的深情厚谊、对璀璨文化的传承以及对国家的忠诚不渝。大学生要结合自身实际，做祖国大好河山和民族团结的坚定维护者，做优秀传统文化的传承发扬者，做新时代中国特色社会主义的建设者。

2）践行理性爱国的基本要求

“如何做忠诚的爱国者?”是爱国主义的落脚点和归宿。简言之，就是如何爱国的问题，对这一问题的回答应当是爱国情感、思想和行为的统一，落脚于如何去做的“行”。对标教材对这一问题的回答，戚继光爱国精神与“维护祖国统一和领土完整”这一知识点具有最直接关联，但在其他方面也具有借鉴价值。

国家统一和领土完整是中华民族的根本利益所在，也是新时代弘扬爱国主义的着力点。现实情况是，在这一点上，学生认知不足，不少人认为和平年代维护国家统一是军人的职责，维护民族团结也更多是国家政府应当关心的事情。戚继光以自己的言行诠释了什么是真正的爱国主义以及维护祖国统一和领土完整的重要性。

（1）树立维护祖国统一的使命感

戚继光自小便怀揣着报效国家的宏伟志向，并将这份爱国情怀切实地融入实际行动中，始终坚守初心，矢志不渝地为国家奉献。为了化解国家面临的危机，拯救民众于水深火热之中，戚继光不辞辛劳地征战沙场数十年，无论敌人身处何方，戚继光总是挺身而出，勇往直前。他从抗击倭寇开始，转战沿海各地，后又被朝廷调至北方边关抗击外敌，他有勇有谋，敢于迎战，又能打胜仗，不仅立下赫赫战功，更重要的是守护明朝疆土不被侵犯和子民安居乐业。“一年三百六十日，多是横戈马上行”的护国之行，而且数十年如一日。这样的英雄形象是生动的、高大的，这样的事迹对学生极具感染力和说服力。一方面，学生能看到戚继光为了国家领土完整、百姓安宁所做的努力、贡献和牺牲；另一方面，学生也能感受到当国家受到侵犯时，个人生活也不得安宁。维护祖国统一和领土完整，人人有责，正如“国有召，召必回，战必胜”。

（2）增强维护祖国统一的本领

维护祖国统一和领土完整不是停留在使命感和信念感层面，而是要为之付出努力，不断提升个人能力。明朝中期面临倭寇侵扰，国家面临危机，周边百姓处于水火之中，戚继光挺身而出，勇于担当。初到山东海防任职的戚继光，面临明朝士兵的军事素质低和倭寇的野蛮凶狠，没有慌乱，而且从解决问题的角度出发，对明朝士兵严加训练。再到后来，成立让他名声大振的“戚家军”，独创“鸳鸯阵”，改造升级兵器等。戚继光大胆进行的这些训练及改革，而且获得较大成功，主要应当归功于戚继光自身的学识功底。一是自幼的家庭熏陶，戚继光出生于将门世家，几代人积淀下来的仗义勇为的家风对他影响颇深。二是勤奋上进的自我约束，戚继光虽知会世袭官职，依然勤奋好学，而且慕名求教于博学善教的梁玠，在恩师影响下更加勤奋上进、博览群书。因此，戚继光在年轻时已经积累了丰富的学识以及过人的胆识等优秀品质，这些都成为其后来有所作为的前期条件。

当代大学生要做坚定的爱国者，需要学习戚继光把维护祖国统一的使命感和增强维护祖国统一的本领相结合的做法。爱国是思想、情感和行为的统一体，最终要落脚于爱国的实际行动。当前，维护祖国统一最基本的就是保持香港、澳门长期繁荣稳定，解决台湾问题实现祖国完全统一。它是推动实现中华民族伟大复兴的不可或缺的条件，是一个不可逆转的历史潮流，更是全体中华儿女内心深处的共同期盼。大学生坚定信心，反对任何形式的分裂活动，要坚信我们国家和人民绝不允许任何人、任何组织、任何政党在任何时候、以任何形式、把任何一块中国领土从中国分裂出去。要贯彻《反分裂国家法》，旗帜鲜明地反对一切损害两岸关系的言行。

做坚定的爱国者要维护各民族的团结。多民族是我国的一大特色，各民族共同开拓了祖国的锦绣河山、广袤疆域，共同创造了悠久的中国历史、灿烂的中华文化，造就了我国各民族在分布上的交错杂居、文化上的兼收并蓄、经济上的相互依存、情感上的相互亲近，形成了你中有我、我中有你，谁也离不开谁的多元一体格局。各民族的关系，是一个大家庭里不同成员的关系。新时代的大学生应如珍视双眼般守护民族团结，如珍视生命般维护社会稳定，主动担当起民族团结进步事业的建设、维护与促进的重任。

做坚定的爱国者要认识到当今时代发生的变化，不同于戚继光所生活的时代。在当今时代，中国的命运与世界各国的命运紧密相连，不可分割。历经新中国成立以来70多年，特别是改革开放40多年的蓬勃发展，中国的综合国力显著增强，国际影响力持续扩大。当今世界已日益成为一个你中有我、我中有你的命运共同体。在新时代背景下弘扬爱国主义，需要我们妥善处理好立足本土与面向全球之间的辩证关系。一方面，我们应尊重各国独特的历史背景、文化传统及其人民自主选择的发展道路，从多元文明中汲取智慧与营养，为中华文明注入新的活力；另一方面，我们也应积极推动求同存异、交流互鉴，促进不同国家与文明间的相互学习与进步。最为关键的是，我们要坚守民族自尊心与自信心，不畏强权，坚决捍卫国家主权与尊严，依据本国国情坚持并发展自身的政治制度与民族文化，确保中国的发展与进步始终牢牢掌握在自己手中。

3）勇闯改革创新的时代浪潮

改革创新是当代中国最为显著和突出的特征。大学生富有想象力和创造力，是改革创新的生力军。大学生应当在改革创新的实践中奉献祖国、服务人民、实现价值。戚继光不仅是一名抗倭名将，而且是一位勇于改革、锐意创新的军事改革家，他的军事改革思想和策略对大学生树立改革创新意识和增强改革创新本领具有重要借鉴意义。

（1）改革创新要树立敢于突破陈规的意识

自明代中叶以后，朝廷政治腐败、外族入侵、倭寇侵扰，社会矛盾激化，明朝初期确立的军事制度遭到破坏，军队战斗力大大下降。面对倭寇侵扰，明卫所军队要么望风而退，要么一触即溃，甚至经常发生数百上千明军败于数十名倭寇。在这样的世风之下，将领和士兵都认为明军就是不及倭寇的。戚继光看到这种局面，想到的却是整顿军队，强化训练，增强战斗力，正是有了这样的明确意识，加上执行力，才有了真正改观的明军，尤其是“戚家军”。这正是改革创新突破陈规意识的重要性。陈规往往束缚人的头脑，包括常规也有这种影响。大学生在学习与实践中创新创造的重要前提是，要勇于大胆突破陈规乃至常规，敢于积极探索尝试，具备敏锐的观察力与深刻的思考批判能力，不盲目遵循书本或上级指示，而是坚持实事求是。敢于突破陈规不是随意的，而是要坚持从实际出发，前提是对现状或问题全面了解和分析的基础上，做出可行性判断。

（2）改革创新要不断增强进行改革创新的本领，投身改革创新实践

改革创新，不仅要有改革创新意识，还要提升能力、付诸改革实践，真正实现改革创新。前文已经分析了戚继光的成长经历，自幼积累了一定的学识功底，所以在他认识到军队亟须改革来改变面貌之后，就进行了大刀阔斧的改革。他对军队改革的突出成就：改世袭制为募兵制，编练新军，在其直接领导下训练出了一支精锐部队，后称戚家军；针对与倭寇斗争的地形等特点，创设“鸳鸯阵”；创新兵器装备，加速了我国从冷兵器时代向热兵器时代的转型进程。正是由于戚继光这种革故鼎新的改革和切实的执行，戚继光东南抗倭12年，北方御虏16年，南战北守，无一败绩。由此可见，戚继光不仅是战功赫赫的一代名将、民族英雄，而且是一位勇于改革、锐意创新的军事改革家。戚继光的军事改革是行之有效的，从他身上我们可以看到改革创新付诸实践的重要性。当今时代，以改革创新为核心的时代精神是中国精神的重要组成部分。大学生应争做改革创新的先锋力量，不断提升自身的改革创新能力。青年时期是磨炼技能、积累经验的宝贵时光。在当前这个百年未有之大变局的时代背景下，知识迭代加速，社会分工更加精细，新技术、新模式、新业态层出不穷，这既为青年施展才华、竞展风采提供了广阔舞台，也对青年能力素质提出了新的更高要求。具体来说，应采取以下行动：强化创新能力的根基，激发并培育新颖的思考方式，并亲身参与到改革与创新的实际活动中去。大学生作为改革创新的生力军，应从扎实系统的专业知识学习起步和入手，不能好高骛远，空谈改革创新；在专业学习和社会实践中自觉培养创新思维，勤于思考，勇于创新；积极投身于全面深化改革的伟大实践，做改革创新的实践者和生力军。

结合戚继光爱国精神的学习，大学生要将忧患意识深深根植于爱国情怀当中，提高社会责任感，在忧国忧民中筑牢爱国情怀。随着中国特色社会主义进入新时代，实现中华民族的伟大复兴之梦，已成为新时代爱国主义的核心主题。为了大力弘扬这一新时代的爱国主义精神，我们必须坚持爱国、爱党与爱社会主义的紧密结合，坚决维护国家的统一与民族的团结，尊重和传承我们中华民族丰富的历史文化，同时坚持既立足中国国情，又面向世界发展的开放态度。在当前阶段，爱国主义的具体体现，就是在中国共产党的坚强领导下，全身心投入新时代中国特色社会主义伟大事业的建设中，为实现中华民族伟大复兴的中国梦而不懈奋斗，以及为推进祖国统一的伟大事业贡献自己的力量。

第4章　齐鲁优秀传统文化与辩证思维

马克思主义是指导我们认识世界的理论武器，也是我们改造世界的行动指南。通过马克思主义基本原理的教学，引导大学生塑造马克思主义的科学世界观、人生观和价值观，自觉运用马克思主义立场、观点、方法，认真地总结过去，客观地分析现实，科学地思考未来，在改造客观世界的同时，努力改造自己的主观世界，不断提高理论水平和实践能力。这既是促进大学生个人成长和长远发展的客观需要，也是实现中华民族伟大复兴的中国梦的客观要求。

根据对大学生关于齐鲁优秀传统文化中“你最喜欢的名句是什么?”的调研问卷结果，排名前四位的名句分别出自孔子、孙子、墨子、管子的论述。为此，我们结合四人的相关思想及论述，将其融入“马克思主义基本原理概论”课程教学中。通过对“马克思主义基本原理概论”课程内容的解读，确定应从四个方面对大学生进行马克思主义理论思维的培养。

4.1 孔子“知之为知之，不知为不知”与认识论

实践与认识的关系，是哲学史上的一个重要问题，对这一问题的科学回应在推动人类实践和社会历史发展中起着至关重要的作用。千年以前，先贤孔子对弟子提出“知之为知之，不知为不知”的教诲，深刻体现了中华优秀传统文化中蕴含的“实事求是”的宝贵智慧。数百年前，马克思恩格斯科学揭示了实践与认识的辩证关系，形成辩证唯物主义认识论的思想内核。儒家实践观与马克思主义认识论的同构性，使得孔夫子和马克思在大学生思政课上实现“隔空对谈”成为可能。

4.1.1 思政理论

认识论又称辩证唯物主义认识论，由马克思和恩格斯在批判唯心主义认识论、反思并吸收旧唯物主义认识论的合理内核的基础上创建，并被列宁、毛泽东等马克思主义者继承和发展。它消除了非马克思主义哲学中认识论和本体论的对立，也结束了非马克思主义哲学使认识论问题同社会存在、社会实践的历史发展相脱离的状况。它从物质决定意识、意识是物质的反映这一唯物主义原理出发，把认识的发展同社会实践的历史发展结合起来，把认识过程的辩证法同客观实在过程的辩证法统一起来，形成彻底的、能动的反映论。

1）马克思主义认识论深刻论证了实践对认识的决定作用

马克思将实践的观点引入对认识形成规律的思考和探索中，实现了哲学史上的伟大变革。马克思认为实践作为人类生存和发展最基本的活动和人类社会生活的本质，实践是认识的基础，也是真理与价值统一的基础。

马克思科学阐明了人类实践的本质及其在认识世界和改造世界中的作用，创立了科学的实践观。他在《关于费尔巴哈的提纲》这个集中阐述科学实践观的重要文献中，阐明了实践是感性的、对象性的物质活动，提出全部社会生活在本质上是实践的，并掷地有声地指出哲学家们只是用不同的方式解释世界，而问题在于改变世界。在批判旧唯物主义

的基础上，马克思不仅肯定了实践的核心地位，还划分了实践的具体类型：物质生产实践、社会政治实践、科学文化实践。以上三种实践类型既各具不同的社会功能，又密切联系在一起。其中物质生产实践是最基本的实践活动，它构成全部社会生活的基础，社会政治实践和科学文化实践在物质生产实践基础上产生和发展起来，受物质生产实践的制约并对其产生能动的反作用。

辩证唯物主义认识论全面论证了实践和认识的辩证关系。实践是认识的直接来源，认识只有在实践的基础上才能发生，也只有依赖于实践的推动才能发展。实践的需要和发展既不断地向人们提出认识课题，又不断为解决这些课题提供必要的经验材料和必要的工具、手段。实践还在改造客观世界的过程中不断推动人们主观世界的改造，锻炼和提高主体的认识能力。随着主体认识能力的发展，认识客体的广度和深度也会因之扩大和加深，从而推动认识更加全面、更加深入地发展。认识的任务是要使主体的思想符合客体的实际，达到客观真理，并用以指导进一步改造世界的实践，从而达到主观和客观、主体和客体的一致。

2）马克思主义认识论科学回答了认识的本质与过程

厘清认识的本质与过程，是深刻而全面地理解和把握人的认识活动的前提。辩证唯物主义认识论科学回答了认识论本质，指出认识的本质是主体在实践基础上对客体的能动反映；深刻剖析了人的认识过程是一个在实践基础上不断深化的发展过程。

（1）认识是主体在实践基础上对客体的能动反映

辩证唯物主义认识论的彻底性在于，既看到了实践对认识的决定性作用，又阐明了认识的反映特性和创造特性的辩证统一，由此弥补了旧唯物主义认识论的缺陷。首先，观念的认识本身不能直接实现任何物质的东西。只有把观念的认识应用于指导改造世界的实践，才能转化为物质的东西。实践是主观和客观、主体和客体一致的基础，只有坚持实践的观点，才能对认识的发生、发展，认识的目的和作用以及认识的真理性的标准等一系列认识论问题做出科学的解释。人的思维是否具有客观的真理性，也要靠实践证明。其次，辩证唯物主义认识论不同于形而上学唯物主义的带有直观性质的反映论。它认为，人所特有的反映不是以单个人消极直观外部客体的形式进行的，而是在复杂的社会联系中和能动的实践活动基础上实现的。“思想、观念、意识的生产最初是直接与人们的物质活动，与人们的物质交往，与现实生活的语言交织在一起的。”[①]反映过程同物质的和观念的创造过程密切联系。辩证唯物主义认识论以能动的社会实践活动的历史发展为基础，将辩证法贯穿于作为实践主体和认识主体的人所特有的反映形式和反映过程。因而它是能动的革命的反映论，是唯物主义认识论发展的崭新阶段。

辩证唯物主义认识论的科学性在于，坚定立足于唯物论的理论基石之上，对认识本质及认识路线做出了科学回答，从而与一切唯心主义认识论划清了界限。辩证唯物主义认识论认为，人的认识是人脑这一特殊物质对外部现实世界的反映，是物质最高级的反映形式。辩证唯物主义认识论在肯定物质世界不依赖于意识而客观存在这一前提下，主张物质世界的可知性和人们认识世界的可能性；认为人们的意识或思维能够认识客观的现实世界，人们在实践基础上产生感性认识和理性认识，能够正确地反映现实。辩证唯物主义认识论坚决否定一切形式的唯心主义认识论，也坚决否定断言世界的本质不可认识的不可知论，坚持从物质到感觉、思想的认识路线。辩证唯物主义认识论主张，认识的根本属性在于它是主体在实践活动中，基于与客体的相互作用，所进行的一种积极的、能动性的反映过程。这种反映一方面具有反映性特征，体现了反映的客观性；另一方面，认识不是主观对客观对象简单、直接地描摹或照镜子式地原物映现，而是一种能动的创造性的活动。因此，在人的认识活动中，反映特性与创造特性是不可分割的。

（2）认识是在实践基础上不断深化的过程

辩证唯物主义认识论以辩证思维科学论证了从实践到认识、再从认识到实践的认识活动的整个过程。人们在实践基础上所得到的关于外部世界的初级认识是感性认识，它包括感觉、知觉、表象等形式。感性认

① 马克思，恩格斯. 马克思恩格斯选集（第一卷）[M]. 中共中央马克思恩格斯列宁斯大林著作编译局，编译. 北京：人民出版社，2012：151.

识是对外部世界的直接反映，是人们获得知识的第一步，属于认识的初级阶段。辩证唯物主义认识论强调认识主体在获得感性认识的基础上，必须用理性思维对感性材料进行逻辑加工，既遵循从感性具体到抽象，又从抽象上升到思维具体的方法以及逻辑的东西与历史的东西统一的原则，通过归纳和演绎、分析和综合，以概念（范畴）、判断、推理的形式，形成理论知识的体系，把客体作为许多规定的综合，亦即多样性的统一的整体在思维中观念的再现出来，这就是理性认识。理性认识是对事物的抽象、概括的反映，也是对事物的本质、全面的反映，是认识的高级阶段。认识的能动性不仅表现于从感性认识到理性认识的能动飞跃，而且还表现于从理性认识到实践的能动飞跃。人们在获得理性认识以后，必须通过理想的目的、计划、方案等形式，使之应用于实践，向现实转化。这是实践检验理论、实现理论的过程，是整个认识过程的继续。

3）马克思主义认识论系统论证了真理与价值及其相互关系

认识的目的和任务，就在于获得真理，并在真理的指导下去改造世界。马克思主义通过全面论证真理的客观性、绝对性和相对性，阐明真理的检验标准，揭示真理与价值的辩证统一，呈现出科学的真理观。

（1）真理是一元性与多样性、绝对性与相对性的统一

对于“真理是不是客观的”这一真理观中的首要问题，一切唯物主义都作了肯定回答，一切唯心主义都作了否定回答。无论是唯心主义真理观中对“理念”和“观念”的极端强调，还是旧唯物主义真理观中对实践基础的忽视，都暴露了旧的真理观的缺陷。马克思主义合理吸收了人类关于真理认识的积极成果，从认识与实践统一的高度上科学地揭示了真理的本质。

真理是标志主观与客观相符合的哲学范畴，是对客观事物及其规律的正确反映。真理与客观事物之间的符合关系是建立在人类能动地改造客观世界实践基础上的。真理中包含着不依赖于人和人的意识的客观内容，因此具有客观性，这是真理的本质属性。这一本质属性决定了真理的一元性，即在同一条件下对于特定的认识客体的真理性认识只有一个。但从真理的主观形式看，真理的表现是多样的，可以通过不同的语

言形式、不同的理论形式来表达。因此，真理是内容上的一元性和形式上的多样性的统一。

从真理的发展过程以及人们对它的认识和掌握程度来看，真理是绝对性和相对性的统一。一方面，任何真理都包含着不依赖于人和人的意识的客观内容，这是绝对的；人类认识每前进一步，都是对无限发展着的物质世界的接近，这也是绝对的。另一方面，人们在一定条件下对客观事物及其本质和发展规律的正确认识总是有限度的、不完善的。任何真理都只是对客观世界某一阶段、某一部分的正确认识，是对客观对象一定方面、一定层次和一定程度的正确认识。因此，真理是绝对性和相对性的辩证统一，真理的绝对性与相对性相互依存、相互包含，人类的认识永远处在由真理的相对性走向绝对性、接近绝对性的转化和发展过程中。这种绝对性与相对性是由人类认识世界能力的无限性与有限性、绝对性与相对性的矛盾所决定的。

（2）实践是检验真理的唯一标准

真理的检验标准，关系着对认识的正确与错误的判断。在哲学史上，多数哲学家认为存在真理标准，曾出现了权威标准、实用标准等一系列主观真理标准论，这些标准论以主观的东西检验认识，无法划清真理与谬误的根本界限。旧唯物主义虽然承认真理的客观性，但没有对实践做出科学的解释，因此在真理标准问题上仍存在缺陷。

辩证唯物主义认识论明确指出，实践是检验真理的唯一标准。这是因为，第一，真理的本性在于主观与客观相符合，因此只有那种能够把主观认识与客观事物联系和沟通起来，从而使人们能够把二者加以比较和对照的东西，才能充当检验真理的标准，唯有实践符合这一特性。第二，实践的客观实在性具体表现为直接现实性，实践能够把一定的认识和理论变成直接的、实实在在的现实。这一品格使得实践成为检验真理的最公正最有权威的“终极审判官”。作为检验真理的唯一标准，实践一方面具有确定性，这是由实践标准的客观性和唯一性所决定的；另一方面具有不确定性，这是因为任何实践都会受到主客观条件的制约，同时受历史条件的种种限制，实践对真理的检验具有相对性。因此，实践检验真理是一个永无止境的发展过程。

（3）真理与价值在实践中辩证统一

人们认识世界、改造世界，不仅是为了把握规律、掌握真理，而且是为了追求意义、创造价值。因此，人们的实践活动要追求合规律性和合目的性的统一。

价值是反映主体和客体之间意义关系的哲学范畴，具有主体性、客观性、多维性和社会历史性。人们的任何实践活动都要在真理尺度和价值尺度的共同制约下进行，任何成功实践都是真理尺度和价值尺度的统一，是合规律性和合目的性的统一 。辩证唯物主义认识论认为，真理与价值是辩证统一的，价值尺度必须以真理为前提，同时也推动着人们不断发现新的真理，二者的统一随着实践发展而不断发展，并通过实践来验证。

辩证唯物主义认识论是唯一科学的认识论，它既表现出唯物主义和辩证法的统一，又体现了辩证唯物主义和历史唯物主义的统一。同时，辩证唯物主义认识论是开放的、发展的理论，它客观地遵循科学认识运动的道路，不断地概括和总结各门科学知识的成果，以丰富自己的内容，又反过来不断为科学认识开辟通向真理的道路。列宁强调，按照马克思的理解，辩证法包括认识论，这种认识论应该历史地观察自己的对象，研究并概括认识的起源和发展即从“不知”到“知”的转化，马克思主义哲学的认识论反对那种建立永恒不变的绝对认识体系的企图，也反对对认识活动及其结果作超历史的抽象评价，强调认识的历史特点，强调真理的具体性。一定的具体历史条件下的社会实践的性质和发展水平，决定相应时代的认识的结构和发展水平。但是，一切在实践基础上产生并经过实践检验的认识，都具有不依赖于主体、不依赖于人的内容，即客观真理。辩证唯物主义认识论建立了关于绝对真理和相对真理的辩证关系的学说。在整个社会历史发展过程中，人们的实践不断地向前发展，人们对客观现实的认识也不断地向前发展。在实践基础上由感性认识上升到理性认识，又由理性认识向实践能动地飞跃。实践、认识、再实践、再认识，循环往复以至无穷，认识的内容由此而不断地扩展和加深，展现了整个人类认识从相对真理向绝对真理不断迈进的辩证过程。

4.1.2 讨论话题

孔子，名丘，字仲尼，出生于公元前551年，是中国古代著名的思想家、教育家、政治家，儒家学派的创始人。他一生热爱学问，周游列国，倡导“仁爱”“礼治”等重要思想，对后世影响深远。孔子在多年的教育实践中，做出诸多关于人的认识的思考，体现在他的学思观和言行观之中。

1）孔子论证认识过程

孔子在认识过程中初步找到了感性认识和理性认识的关系。首先，在论述学与思的关系时，他指出：“学而不思则罔，思而不学则殆。”①并总结自己的经验说：“吾尝终日不食，终夜不寝，以思，无益，不如学也。”②这里包含了学是思等理性认识的基础、起源，而思则是学等感性认识的提高、发展。其次，在论述闻见与择善的关系时，他又指出：“多闻，择其善者而从之；多见而识之，知之，次也。”③这里包含了耳闻目见是认识的开始，是获得知识的根据。但还必须在这个基础上“择善”“识之”，也就是对耳闻目见的大量材料进行去粗取精、去伪存真的处理过程，使感性认识条理化。可见，在孔子的思想中，初步体现了对于人的感性认识到理性认识过程的思考。

2）孔子强调实事求是

在孔子的诸多论述中，包含丰富的关于认知的内容，体现了他要求能够客观地看待现实情况，彰显了实事求是的态度原则。

孔子在教育弟子时说：“由，诲女知之乎？知之为知之，不知为不知，是知也。”④孔子要求弟子对于已经理解的部分能知晓，对于仍未理解的部分也能够承认，这样才是真的明白。人的认知，常见的误区，是以为自己知晓什么，但实际上只是片面的认知。孔子在这里，是说真正的认知，是既理解已知的，又承认未知的，这样才是准确的认知。在谈及人的外在表现时，孔子说：“善人，吾不得而见之矣；得见有恒

① 杨伯峻. 论语译注［M］. 北京：中华书局，2017：23.
② 杨伯峻. 论语译注［M］. 北京：中华书局，2017：240.
③ 杨伯峻. 论语译注［M］. 北京：中华书局，2017：106.
④ 杨伯峻. 论语译注［M］. 北京：中华书局，2017：25.

者，斯可矣。亡而为有，虚而为盈，约而为泰，难乎有恒矣。”[①]他认为，那些本来没有恒心却装作有的人，本来空虚却装作充实的人，本来穷困却装作富有的人，很难能长期保持好的操守。孔子还曾提出：“盖有不知而作之者，我无是也。多闻，择其善者而从之，多见而识之，知之次也。”[②]在这里孔子批判了不懂装懂、凭空创作的人，强调人应该多听，选择其中好的而接受它，多看并记住它。孔子反对别人弄虚作假，自己不弄虚作假，同时教育自己的学生不要弄虚作假。孔子的论述中蕴含着丰富的“说实话，做实事”的精神。在“实事求是”这个名词出现以前，孔子的理论已经内在地包含着这样的思想元素了。

3）孔子倡导言行一致

在孔子的观念中，一个人的言辞和行为是紧密相连的，一个人的言语如果不能反映其行动，那么这种言语就不可信。《论语》中的诸多论述都体现出孔子对实践的重视。孔子认为人对自我道德修养应保持高度的自觉性和紧迫感，其中蕴含着言行一致的鲜明要求。

孔子在自己的教育实践中，总结出了关于自己的言行观。有一位学生宰予，很会说话，有一次“昼寝”，即大白天睡觉，这让孔子很不高兴，就说：“始吾于人也，听其言而信其行；今吾于人也，听其言而观其行。于予与改是。”[③]弟子“昼寝”的事情使得孔子认为，看人不仅要看他说了什么，还要看他的实际行动。子曰：“其言之不怍，则为之也难。”[④]孔子认为如果一个人夸夸其谈而不惭愧，那么，实行起来就困难了。他主张君子应该行动敏捷而说话谨慎，君子应该感到羞耻的是言过其实的行为。只说不练不行，言行不一也不行。在对弟子的教导中，孔子多次强调言行一致的重要性，“子贡问君子。子曰先行其言，而后从之。”[⑤]当子贡询问如何才能成为君子时，孔子回答，一个真正的君子应该先做后说，言行一致。孔子对弟子的教育因人而异，他针对弟子的特点进行针对性教学。对于子贡这种聪明且口才好的弟子，孔子会给予特定的指导，强调君子要慎言，注重言行一致。孔子要求弟子先

① 杨伯峻. 论语译注［M］. 北京：中华书局，2017：105.
② 杨伯峻. 论语译注［M］. 北京：中华书局，2017：103.
③ 杨伯峻. 论语译注［M］. 北京：中华书局，2017：64.
④ 杨伯峻. 论语译注［M］. 北京：中华书局，2017：216.
⑤ 杨伯峻. 论语译注［M］. 北京：中华书局，2017：23.

实践自己想要说的话，做到言行一致，不要只是空谈而没有实际行动，这里也体现了孔子思想中具有的唯物主义因素。

4.1.3 教学分析

1）孔子的认识论与辩证唯物主义认识论的内在交融互通性

先秦时期，孔子作为儒家学派的创始人，对“知”与“行”的问题进行了诸多哲学思考。尽管在儒学体系中，对“知”和“行”的探讨更多停留在道德层面，但是其中蕴含的一些哲理性思考仍具有重大理论价值，并在与马克思主义观点的不谋而合中折射出科学光辉。孔子实践观与辩证唯物主义认识论之间内在的交融互通性使得优秀传统文化融入思政课教学成为可能。

一方面，孔子的诸多论述彰显了他对“认识”问题的深刻思考。孔子强调“学而知之”，提出“学而不思则罔，思而不学则殆”①。由此可见，孔子不仅对于人类认识的来源做出思考，认为学习是获得知识的重要途径，还阐述了学习与思考之间相互促进、不可分割的重要关系。辩证唯物主义认识论认为，一个人知识的获得，包括直接经验和间接经验两部分，其中间接经验就是主要依靠对书本的学习所得。辩证唯物主义认识论在对认识活动的深刻揭示中，认为实践基础上感性认识到理性认识的发展，是主体认识活动的第一次飞跃，其中理性认识是感性认识的发展和深化。孔子“学思结合”的重要观点，在一定程度上包含着对人的认识尤其是理性认识的重要性的思考。

另一方面，孔子的诸多论述展现出他对“知行统一”的思考，尤其体现了对“行”的重视。“学而时习之，不亦说乎？”②这一经典论述中的“学”侧重于理论的获得，“习”则强调了学习过程的“完成环节”，包含着“行”的意蕴，体现了理论性与实践性的统一。孔子主张看一个人要“听其言而观其行”③。在孔子那里，“行”构成其“四教”之一，所谓“子以四教：文、行、忠、信”。“行”的重要性由此可见一斑。辩证唯物主义认识论对其之前哲学的重大超越正在于对“实践”地位的鲜

① 杨伯峻. 论语译注［M］. 北京：中华书局，2017：23.
② 杨伯峻. 论语译注［M］. 北京：中华书局，2017：1.
③ 杨伯峻. 论语译注［M］. 北京：中华书局，2017：64.

明揭示，并在此基础上阐发实践与认识的辩证关系。由此可见，相隔千年的思想家在关于认识与实践关系问题的思考上存在着交汇点和共通之处。

在历史长河中，儒家思想也是不断发展着的思想，孔子的重要观点被后世的儒家学派代表人物所继承并丰赡。因此，在儒家传统文化宝库中，存在大量值得品味和思考的智慧元素，这些元素赋予了其与当今思政课相融合的理论价值和教学价值。

2）孔子的认识论在思政课教学中的具体应用

在明确孔子的认识论与辩证唯物主义认识论的教学融合“何以可能”的前提下，探寻孔子的认识论在思政课教学中的具体应用路径是使其中的智慧元素焕发时代价值的必由之路。在这一过程中，既要牢牢遵循思政课“立德树人”的大原则，又要深入探寻传统文化中思政元素与现代思政课教学的契合点，进而使得孔子传统文化融入思政课教学得以实现。

第一，借助孔子的“反思”观点，引导学生养成良好学习习惯。在孔子的认识论中，重视“吾日三省吾身”。孔子对于“反思”的重视一方面与辩证唯物主义认识论中“认识的能动性”观点不谋而合，为相关内容教学提供了素材支撑，另一方面有助于引导学生养成良好的学习习惯和学习方法，使得学生在思政课学习中提升思考能力。

第二，运用孔子的“求实”观点，引导学生树立实事求是的精神。在孔子的认识论中，以“知之为知之，不知为不知”为代表的诸多观点，鲜明体现了孔子对于求真务实的高度重视。这既能为学生在学习辩证唯物主义认识论中的“真理观”等内容的学习提供辅助作用，也有助于引导学生在实际学习和生活中自觉运用并发扬实事求是的精神。

第三，依靠孔子的“学思结合”观点，引导学生养成辩证思维。学思结合观点是孔子关于学习的论述中的经典观点，也属于孔子认识论的范畴，对于融入思政课教学、实现育人目标具有重要作用。从内容层面，这一观点中对思考的强调，能够帮助学生加深对“感性认识”与“理性认识”的理解；从方法层面，能够促进学生自觉发挥思考的主观能动性进行学习；从思维层面，这在一定程度上是孔子辩证观点的一种体现，对马克思主义认识论来说，辩证观点同样贯穿其中，这就有助于使学生更直观深刻地理解辩证思维并自觉运用辩证思维。

4.2 孙子“知己知彼”与辩证法

唯物辩证法是马克思主义世界观和方法论的核心内容，为人们认识世界和改造世界提供了根本方法。对立统一规律是唯物辩证法的实质和核心，掌握这一重要内容对于指导人们按照世界本身的客观辩证本性与辩证运动的法则认识世界、辩证思维有重要意义。唯物辩证法的教学有助于学生了解和掌握什么是辩证思维，了解和掌握对立统一思维的地位和作用，掌握和运用对立统一思维的基本内容，切实认识对立统一思维是人们认识世界和改造世界的最根本思维方法。

4.2.1 思政理论

唯物辩证法即“马克思主义辩证法”。以自然界、人类社会和思维发展的一般规律为研究对象，是辩证法思想发展的高级形态。唯物辩证法以联系和发展为总观点和总特征，揭示了事物变化发展的三大规律，其中以对立统一规律为核心，提供了矛盾分析方法这一认识世界和改造世界的根本方法，揭示了事物联系和发展的基本环节。辩证思维是唯物辩证法的具体应用。辩证思维就是按辩证法进行思维，特别是按马克思主义辩证法进行思维。对立统一思维即矛盾思维，是辩证思维的实质、核心和基础，是辩证思维的最基本的思维方式。在对立统一思维中，要特别注意用矛盾同一性和斗争性辩证关系进行思维，用矛盾普遍性和特殊性辩证关系进行思维；矛盾普遍性和特殊性辩证关系是矛盾思维的精髓。

1）对立统一规律是唯物辩证法的本质与核心

唯物辩证法有三大基本规律，即对立统一规律、质量互变规律和否定之否定规律。这三大规律，从不同的角度，不仅揭示了辩证思维的基本规律，而且体现了辩证思维的基本形式。可以说，在唯物辩证法的三大规律中，最重要的是对立统一规律。对立统一规律不仅揭示了辩证思维的实质、核心、基本规律，而且还体现了辩证思维的最基础、最具有普适性的基本形式——对立统一思维。

第一，对立统一规律揭示了客观世界普遍联系的根本内容和事物发展的根本动力。唯物辩证法认为联系的根本内容在于互相对立的矛盾双方之间的关系，发展的源泉、动力在于事物内部矛盾双方的既统一又斗争。只有抓住这一规律才能深刻说明联系和发展的实质。

第二，对立统一规律是理解质量互变规律和否定之否定规律以及唯物辩证法基本范畴的钥匙，它是贯穿于辩证法全部规律和范畴的中心线索。质量互变规律、否定之否定规律和唯物辩证法的范畴，都有自己特定的内容，并且从不同的侧面说明客观世界的联系和发展，但其中都贯穿着一个基本的内容就是对立统一关系，如质和量、量变和质变、肯定和否定、原因和结果、本质和现象、必然和偶然等，无一不是对立统一关系。因此，掌握对立统一规律就成为掌握唯物辩证法全部规律和范畴的关键和钥匙。

第三，对立统一规律是区分辩证法和形而上学的试金石，是这两种发展观斗争的焦点。既然对立统一规律是事物发展的根本规律，是辩证法的实质和核心，那么承认矛盾法则就是辩证法，否认矛盾法则就是形而上学。唯物辩证法和形而上学斗争的焦点就在于是否承认事物的内部矛盾是事物发展的源泉动力，也就是是否承认对立统一规律。所以，是否承认对立统一规律是区分辩证法和形而上学的试金石。

第四，对立统一规律是自然界、人类社会和人的思维的根本法则，因而也是认识的根本法则，矛盾分析法是认识事物最根本的方法。辩证法是世界观，同时也是方法论，矛盾规律是唯物辩证的发展观，同时也是分析矛盾和解决矛盾的根本方法。离开了矛盾分析法，就不可能认识世界的联系和发展，当然也就不可能正确有效地改造世界。

要掌握唯物辩证法，首先必须掌握对立统一规律这个核心。但是，对立统一规律不能代替或取消唯物辩证法的其他规律或范畴，它们都有自己的独特内容。只有把握对立统一规律，才能深刻地理解其他规律和范畴；同样地也只有把握其他规律和范畴，才能更具体更深刻地理解对立统一规律的内容，也才能充分发挥对立统一规律的作用。

2）矛盾分析方法是认识世界和改造世界的根本方法

唯物辩证法的矛盾是辩证矛盾。唯物辩证法认为，矛盾是反映事物内部和事物之间对立统一关系的哲学范畴。矛盾既是同一性和斗争性的辩证统一，也是普遍性和特殊性的辩证统一。

（1）矛盾的同一性和斗争性

矛盾的同一性是指矛盾双方相互依存、相互贯通的性质和趋势。它包括两方面：一是矛盾着的对立面相互依存，互为存在的前提，并共处于一个统一体中；二是矛盾着的对立面之间相互贯通，存在着由此达彼的桥梁，在一定条件下相互转化，如美与丑的转化、强和弱转化、失败是成功之母等。矛盾的斗争性是矛盾着的对立面之间相互排斥、相互分离的性质和趋势。矛盾的斗争性是一个广泛的哲学范畴。矛盾的斗争性，从性质上看，可分为对抗性和非对抗性；从形式看，是多种多样的，如差别、对立、冲突等。

矛盾的同一性和斗争性作为矛盾的两种根本属性，虽是两种相反的性质和趋势，但又相互联接、不可分割：一方面，同一性不能离开斗争性而存在。同一是以差别和对立为前提的，是包含差别和对立的同一，没有同一性也就没有斗争性，同一是对立中的同一。另一方面，斗争性也离不开同一性。斗争是以同一为前提的，是统一体内部的差异、对立和斗争。矛盾的同一性和矛盾的斗争性是相辅相成的，没有斗争性就没有同一性，斗争是同一中的斗争。

（2）矛盾的同一性和矛盾的斗争性在事物发展中的作用

矛盾是事物发展的动力和源泉。在事物的发展进程中，矛盾的同一性与斗争性扮演着至关重要的角色。它们共同推动着事物不断向前演变，是理解事物内在动力和发展规律的关键所在。矛盾的同一性作用表现在：第一，同一性是事物存在和发展的前提。矛盾一方的存在以另一方的存在为前提、条件，一方以另一方的发展为前提、条件。比如方位矛盾，我们常用的表示方位“上和下”：没有“上”，就无所谓“下”，没有“下”，也就无所谓“上”；“上”和“下”，总是相互存在的前提，互为发展的前提。第二，同一性是矛盾双方相互吸取有利于自身的因素，在相互作用中各自得到发展。比如，向竞争对手学习。第三，同一性规定着事物转化的可能和发展的趋势。事物之所以能够转化，是由于事物内部矛盾双方具有相互贯通的关系。事物的发展方向、趋势不是随意的，而是有规律地向自己的对立面转化。矛盾的斗争性的作用表现在：第一，矛盾双方的斗争促进矛盾双方力量的变化，竞长争高，此消彼长，造成双方力量发展的不平衡，为对立面的转化、事物的质变创造条件。第二，矛盾双方的斗争，是一种矛盾统一体向另一种矛盾统一体过渡的决定力量。矛盾的相互排斥、否定促成旧的矛盾统一体破裂和新的矛盾统一体产生，从而使事物由旧质发展为新质。

在事物的演进过程中，矛盾的同一性与斗争性紧密结合，相辅相成，共同推动着事物的发展。它们不仅是相互依存的两个方面，更是事物内在动力的重要体现，共同塑造着事物的演变轨迹。但在不同条件下，二者所处的地位不同，有时同一性是主要方面，有时斗争性是主要方面。矛盾的同一性是有条件的、相对的，矛盾的斗争性是无条件的、绝对的。有条件的、相对的同一性和无条件的、绝对的斗争性相结合，构成事物矛盾运动，推动事物运动变化发展。

（3）矛盾普遍性和特殊性及其辩证关系

矛盾的普遍性体现在两个方面：其一，矛盾存在于一切事物的发展过程中；其二，每一事物的发展过程中都存在着自始至终的矛盾运动，即事事有矛盾、处处有矛盾。简言之，矛盾无时不有，矛盾无处不在，矛盾特殊性是指具体事物的矛盾以及矛盾的每一个侧面各有其特点。矛盾的特殊性主要体现在三个方面：一是矛盾性质的特殊性。事物都是复杂的矛盾体系，对于复杂的矛盾体系，要注意性质上的区别。二是矛盾地位的特殊性。在多种矛盾所构成的复杂的矛盾体系中，各种矛盾力量的发展是不平衡的，构成事物的诸多矛盾以及每一矛盾的不同方面各有不同的地位、作用和特点。三是矛盾解决的方式的特殊性。不同矛盾的解决方式有所差异，大致可以分为“克服型”“同归于尽型”“融合型”“相互促进型”等四种方式。

矛盾的普遍性和特殊性是辩证统一的，矛盾的普遍性即矛盾的共性，矛盾的特殊性即矛盾的个性。矛盾的共性是无条件的、绝对的，矛盾的个性是有条件的、相对的。任何现实事物都是共性和个性的有机统一，共性寓于个性之中，没有离开个性的共性，也没有离开共性的个性。毛泽东指出，矛盾的普遍性和矛盾的特殊性的关系，就是矛盾的共性和个性的关系。这一共性个性、绝对相对的道理，是关于事物矛盾的问题的精髓，不懂得它，就等于抛弃了辩证法。因此，矛盾的普遍性和矛盾的特殊性的关系，是正确理解矛盾学说的关键，不懂得它，就不能真正掌握唯物辩证法。从现实来看，矛盾普遍性和特殊性辩证关系的原理是马克思主义的普遍真理同各国具体实践相结合的哲学基础，是建设中国特色社会主义的哲学基础。

4.2.2 讨论话题

孙武（公元前544年—公元前470年），春秋时期齐国乐安（今山东惠民）人，是中国历史上著名的军事家、政治家，尊称兵圣或孙子（孙武子），又称“兵家至圣”，被誉为“百世兵家之师”“东方兵学的鼻祖”。其著有巨作《孙子兵法》十三篇，为后世兵法家所推崇，被誉为“兵学圣典”，置于《武经七书》之首。《孙子兵法》在中国乃至世界军事史、军事学术史和哲学思想史上都占有极为重要的地位，并在政治、经济、军事、文化、哲学等领域被广泛运用。作为齐鲁优秀传统文化宝库中的重要内容，孙子的战略思想中蕴含丰富的辩证法内涵。

1）“兵形象水”的发展观念

孙子在《孙子兵法》中提出了朴素辩证的发展观，指出一切事物都处在不断变化中。他在《虚实篇》中形容说：“夫兵形象水”“水无常形，兵无常势”。可见，在孙子看来，战争像流动的水，时刻处于动势之中，水没有固定的形态，战争也没有固定的格局，都在永恒地变化着。谈及军队的士气，他提出“朝气锐，昼气惰，暮气归”，认为士气随着时间的变化而变化。此外，战争对各种物资的需要和战争赖以进行的时间也在不断变化着，“五行无常胜，四时无常位，日有短长，月有死生”。总之，战争及与战争相关联的事物，一切皆变，一切皆流，变是绝对的，不变的事物是不存在的。

孙子又指出事物发展变化的原因在于事物内部矛盾双方的斗争。战争是由敌我矛盾双方构成，离开敌我双方就谈不上战争，敌我双方的矛盾斗争是推动战争发展的根本原因。他在《势篇》中说："故善动敌者，形之，敌必从之；予之，敌必取之；以利动之，以卒待之。"双方相互"动敌"推动战争的发展。战争的过程是敌对双方矛盾斗争的辩证发展过程。有了发展变化的世界观，必然会有适应发展变化的方法论。孙子认为，既然战争在不断变化着，将帅就必须善于临事应变，根据敌变而定我之变。

《九变篇》阐述了这个问题："将通于九变之地利者，知用兵矣；将不通于九变之利者，虽知地形，不能得地之利矣；治兵不知九变之术，虽知五利，不能得人之用矣。""九变"是多变的意思。指挥员只有根据不断变化的战争形势，抓住战争这个事物的内部矛盾斗争，才能促使战争向有利于己的方向转化。

孙子还指出了事物发展变化"度"的问题。事物发展都有一定限度，度是事物发展的关节点，超过了一定程度的极限，事物就要走向反面。孙子对待士卒的态度说明了这个道理。他在讲到爱卒不能骄纵时指出："视卒如婴儿，故可与之赴深溪；视卒如爱子，故可与之俱死。厚而不能使，爱而不能令，乱而不能治，譬若骄子，不可用也。"（《地形》）他强调对士卒的关心、爱护，这样士卒就会赴汤蹈火；但如果超过了一定的"度"，变爱护为骄纵，那样便会后患无穷，以至无法用来作战。

2）战略战术的辩证思维

《孙子兵法》中提出，"知己知彼""善战者，致人而不致于人"[①] 等观点，强调在作战过程中一定要把握住主动权，而不能被对方所牵制，这就必须以极为审慎的态度控制全局，而控制全局是要讲究方式方法的，其中至关重要的一条就是"知"。"知"主要包括知己、知彼等内容。知晓彼此双方的将领特性、士兵士气、粮草物资、军事力量等会对战争的结果产生重要的影响。

---

① 骈宇骞，等. 孙子兵法・孙膑兵法［M］. 北京：中华书局，2006：135.

孙子提出“故明君贤将，所以动而胜人，成功出于众者，先知也”[①]，强调了事先观察敌情，掌握敌人的实际情况，进而更有可能把握住作战的主动权获得取胜的先机。《计篇》中有言“多算胜，少算不胜”[②]，同样强调了在战争开始以前，获取全面信息，对敌我双方具体情况的掌握程度，以及以此为基础制订的作战筹谋、计划对于战争取胜的重要性，知道得越多，筹谋便越合理详细，战争的胜算也就越大。类似的观点，孙子还强调行军打仗必须谋略先行，再进行实地作战。谋略的筹划要在把握客观条件、军士之心、敌军境况等综合情况的基础上进行。“古人先胜庙堂，然后攻战”[③]，突出作战第一步是以实际情况为依据，对一切可能发生的情况进行分析，在有高明的筹谋、胜利的把握的基础上再向敌人发动进攻。

在《孙子兵法》中，孙子以“攻守”这对矛盾作为决定战争胜负的基本矛盾、主要矛盾，论述了存在于敌我之间的各自内在的错综复杂的矛盾发展过程。如众寡、奇正、虚实、进退、强弱、刚柔、迂直、远近、劳逸、先后、动静、勇怯、死生、主动与被动、速决与持久等矛盾范畴，在战争中通过敌对双方发挥主观能动作用，展开着关于战争胜负的论述。通过量变与质变、对立与统一、肯定与否定之间的相互转化，赢得战争的胜利。

“攻守”是中国古代关于战争运动基本形式的军事术语。见于《孙子·谋攻》：“故用兵之法：十则围之，五则攻之，倍则战之，少则能守之，不则能避之。”[④]攻守虽然都是战争中必不可少的，但进攻比防守更具有主动性，更有利于歼灭敌人，达到战争目的。在具体作战中采取哪种作战方式，则应根据当时的敌情、我情来定。若敌众我寡，便要先取守势，消耗敌人力量后转入进攻。若我众敌寡，就要毫不犹豫地进攻敌人。

孙子兵学的辩证思维形式，是我国古代战略思想家孙子对战争这一有关“国之大事”的理性思维形式。但是，它不是凭空产生的，而是历史发展的产物。从分析抽象同一概念（攻守）所反映的内部矛盾开始经

---

① 骈宇骞，等. 孙子兵法·孙膑兵法［M］. 北京：中华书局，2006：99.
② 骈宇骞，等. 孙子兵法·孙膑兵法［M］. 北京：中华书局，2006：8.
③ 骈宇骞，等. 孙子兵法·孙膑兵法［M］. 北京：中华书局，2006：90.
④ 骈宇骞，等. 孙子兵法·孙膑兵法［M］. 北京：中华书局，2006：19.

过分析而达到综合，这是基本的思维方式，也是孙子兵学辩证逻辑发展的重要途径。

4.2.3 教学分析

1)《孙子兵法》朴素辩证法的多维解读

《孙子兵法》作为中国古代军事经典，重视战争的策略和战术，强调事物的矛盾、变化和相互关系。透过孙子的战略战术思想，我们可以找到许多体现朴素辩证思想的元素，并从多个视角、多个维度进行解读。

(1)《孙子兵法》中的不拘常规

《孙子兵法》是古代兵法智慧的集大成者，其思想并不排斥其他思想流派的观点，而是有选择地借鉴保留，为其所用。不拘常规、勇于标新、善于立异是《孙子兵法》这部创新巨作的一大特征。“标新立异”是对思维定势、传统习惯、常规戒律、成功经验乃至大家名言的挑战和突破，必须具备创新的魄力、胆识和智慧。这恰恰是《孙子兵法》的可贵之处和价值所在。

《孙子兵法》中的“变”，其实质就是打破条条框框的束缚，不拘泥于常法，不墨守于成规，因敌而变，视变用兵。关于“变”的思想，在十三篇中几乎比比皆是，丰富而生动。在《九变篇》中，以“变”为主题，集中阐释了其创新理念。在《虚实篇》中，提出一个著名思想：“兵无常势，水无常形，能因敌变化而取胜者，谓之神。”[①]他强调，将领要“通于九变之利”“知九变之术”[②]，为随机应变，可以“君命有所不受”。他指出善于机变的基本要求，因敌而变，因地而变，因时而变，因势而变，因形而变，等等。认为变是永恒的、无穷的，变是战争之法则、谋胜之真谛。变的最高境界，是致人而不致于人，生动体现了突破常规常法、勇于求变立异的勇气。

(2)《孙子兵法》中的系统思维

《孙子兵法》的精髓，就是善于从全局的高度去认识决定战争胜负的要素、把握克敌制胜的奥妙、驾驭治军用兵的方法。无论是政治与军

---

① 骈宇骞，等. 孙子兵法·孙膑兵法［M］. 北京：中华书局，2006：114.
② 骈宇骞，等. 孙子兵法·孙膑兵法［M］. 北京：中华书局，2006：55.

事主从关系的分析、经济与战争依赖性质的阐述，抑或敌我战略优劣态势的判断、作战指导原则各个层面的协调，它都具有鲜明的整体性、系统性、全局性、互补性的特征，如战略预测上的“五事七计”，治军手段上的“令文齐武”，作战方法上的“奇正相生”，战争观念上的“仁诡相济”等，无一不是以系统综合的视野切入，充分体现了系统观念。

《孙子兵法 · 计篇》首先提出了最高级的系统要素，即道、天、地、将、法这五大影响战争的系统要素，其次将这五大系统要素向下进行了划分和论述：“道者，令民于上同意也，可以与之死，可以与之生，而不畏危……法者，曲制、官道、主用也。”[①]孙子认为道使君主和人民同心同德，目标一致，就可以同生共死，人民不会违背君主的命令；天是指四季变化、寒暑交替、昼夜轮回的天象气候；地是指战场位置的远近、大小、宽窄、高低，以及交战位置是否利于防守和进攻；将是指为将者要具备智慧、威信、仁德、勇敢、严格这五种素质；而法指军队的架构、编制，军队人员的分工，军需和军费等方面的制度。《孙子兵法》中各系统要素分级明确，体现了孙子思维的整体系统性和结构性。《孙子兵法》中表现出了关于系统各要素的重新组合可以新生出大于原要素功能总和的新功能的观点。孙子说：“五声之变不可胜听……奇正之变不可胜穷”[②]，声音不过五种，五种声音的变化却有多种无法听尽头；颜色不过五种，但是五种颜色的变换组合看不尽；味道不过五种，五种味道的组合变化却尝不尽。虽然每个范畴中只有五种元素，却能组合出多样的结果。《孙子兵法》以“五行”“五色”“五声”为具体示例，体现了系统论的思想，只要处理五种系统内各个组成要素之间的关系，使得各要素的功能充分发挥，使得新生的要素功能大于原有要素功能的总和。

(3)《孙子兵法》中的创新意识

创新意识融入了《孙子兵法》的整个层面，是《孙子兵法》能够超越其前代兵学理论、独领风骚的根本标志。《孙子兵法》的创新包括观念的创新、战法的创新、思维的创新等多个层次、多个方面，并通过这

① 骈宇骞，等. 孙子兵法·孙膑兵法［M］. 北京：中华书局，2006：148.
② 骈宇骞，等. 孙子兵法·孙膑兵法［M］. 北京：中华书局，2006：31.

些全方位的创新，使其兵学理论成为与时俱进、满足现实战争的指导原则，实现了中国古典兵学一次具有革命性意义的飞跃。

孙子认为："上兵伐谋，其次伐交，其次伐兵，其下攻城。攻城之法为不得已。"[①] "伐谋"与"伐交"，主要是通过政治手段，即"智战"，运筹帷幄，运用多种力量进行外交角逐，使对方陷入无以致战的境地，以达到"不战而屈人之兵"，故而是上乘的战略。"伐兵"与"攻城"，主要是通过战争手段，即"力战"来达到"战胜"，以暴力之间的对抗、冲撞与消耗来"屈人之兵"，则不可避免地付出代价和损失，甚至有战败的可能，即使赢得了战争的胜利，也会扩大战争的"后遗症"。前者可以达到"兵不顿而利可全"[②]的境地，后者则可能"师老兵疲"而遭失败。为此，斗智高于斗力，"伐谋"胜于"伐交"。很明显，孙子在战略上做了一个排序："上上策"是通过谋略战胜敌人（"伐谋"），"上中策"是通过外交战略获取胜利（"伐交"），"中策"是通过野战战胜敌人（"伐兵"），"下策"是攻取敌人的城池（"攻城"）。"全胜"战略要求非战，尽量避免暴力。要达到"兵不顿而利可全"的目的，就要以压促变，以拉促降，以谈促和。在"谋攻"的宏观战略思想中，孙子充分贯彻了"不尽知用兵之害者，则不能尽知用兵之利"[③]的"慎战"和"全胜"思想，这些都是在对政治、经济以及外交环境的全面考虑之后形成的。

孙子的"伐谋""伐交"思想到战国时代被广泛运用——苏秦的合纵，使秦国不敢窥函谷关十五年；张仪的连横，加速了秦灭六国的进程。纵横家无须大动刀兵，也不必大耗国帑，仅凭谋略智慧，巧言善辩，游说诸侯，而收攻城野战之功，创造了"不战而屈人之兵"的战略奇迹，足见"伐谋""伐交"的成果，而这一思想也对后世影响深远，成为列朝列代统治者安邦定国的重要战略思想。

2）《孙子兵法》在思政课教学中的具体运用

（1）运用《孙子兵法》，引导学生认识唯物辩证法总特征

联系和发展的观点是唯物辩证法的总观点，集中体现了唯物辩证法

① 骈宇骞，等．孙子兵法·孙膑兵法［M］．北京：中华书局，2006：17.
② 骈宇骞，等．孙子兵法·孙膑兵法［M］．北京：中华书局，2006：19.
③ 骈宇骞，等．孙子兵法·孙膑兵法［M］．北京：中华书局，2006：11.

的总特征。在教学过程中，引导学生明确并理解联系和发展的观点，是学好辩证法的起点和基础。

《孙子兵法》中对战争的分析，不仅仅是就军事分析军事，而是运用世界万物普遍联系的观点对战争现象、军事问题加以考察与解读。例如，孙子看到了战争、军事与政治之间的内在联系，他提出“善用兵者，修道而保法”，这里的“道”，强调的是君心与民心，即政治基础；“法”强调的是法治严明、奖惩分明，由此可见，孙子对战争的分析不是孤立的，而是将其充分置于大的政法环境中加以看待，体现了其联系的观点。此外，他用“兵无常势，水无常形”的类比，表明战争格局的永恒变化，体现了其发展的观点。由此来看，运用《孙子兵法》，能够让学生看到古人智慧中的朴素辩证法，帮助他们更好地理解辩证思维的总特征。

（2）运用《孙子兵法》，深化学生对矛盾分析方法的理解

矛盾分析方法是我们认识事物的根本方法。通过唯物辩证法教学，引导学生在理解辩证思维的基础之上，能够充分掌握并自觉运用这一方法，是唯物辩证法教学的方法论意义所在。《孙子兵法》中大量体现“一分为二看问题”“促进矛盾双方相互转化”的观点，能够为这一部分的教学提供生动素材。

《孙子兵法》做出过“军争为利，军争为危”的论述，说明军争有其有利的一面，也有危险的一面，以此启发将帅必须坚持一分为二的观点处理战事，这是矛盾观点在《孙子兵法》中的鲜明体现。在此基础上，孙子还提出“敌逸能劳之，饱能饥之，安能动之”，表明孙子看到了矛盾双方的相互转化。在思政课教学中，运用《孙子兵法》中的朴素的哲学思想，有助于帮助学生更直观生动地理解矛盾分析方法。

4.3 墨子“工匠精神”与实践观

实践性是马克思主义理论区别于其他理论的根本特征，实践的观点是马克思主义的基本观点。学习马克思主义实践观，有利于帮助大学生

形成实践的哲学运思方式，善用实践思维分析和处理现实社会中诸多问题，更好地把握人与世界的关系，树立正确的世界观。

4.3.1 思政理论

恩格斯曾说："动物仅仅利用外部自然界，简单地通过自身的存在在自然界中引起变化；而人则通过他所做出的改变来使自然界为自己的目的服务，来支配自然界。这便是人同其他动物的最终的本质的区别。"[①]换句话说，动物只有一个"物种的尺度"，而人不仅以生命活动方式存在，更重要的是根据自己的意志和意识进行生命活动，即人具有"内在的尺度"。正因为如此，人的存在不再是纯粹地适应自然以维持自身生存方式的存在，而是一种生活的存在，一种"合目的性"与"合规律性"统一起来的存在，即一种实践的存在。

1）实践概念贯穿马克思主义理论体系的内在逻辑性

科学实践观的确立是马克思主义的哲学诞生的标志，是马克思主义理论大厦的重要基石。实践观的确立让马克思主义哲学不同于以往任何象牙塔里的纯粹理论，从旧哲学中脱颖而出——以人的视角来探讨人的存在，以实践的方式来解决人类社会的问题。

马克思主义哲学是关乎人的生存状态的哲学，它的逻辑起点在于"现实的人"，逻辑终点在于"人的自由而全面发展"，而贯穿两者始终的逻辑中介就在于"实践"。马克思立足于一百多年前的人类社会，认为当时的人类社会状况是存在异化的，其中异化最严重的就是无产阶级，因而整个社会无法实现人与人的平等及自由。因此要从异化最严重的无产阶级开始实践，给予其科学的指导，带领其通过社会革命实现解放。只有无产阶级解放，其余阶级才能实现解放，继而全人类才能实现解放。由于我们人类所历经的社会形态不完满，我们就需要通过实践的方式，以历史趋向性的角度，不断改进人的生存状态，从现实的社会不完满的对立面去找答案，以建立一个相对自由、相对平等、相对和谐的共产主义社会。在这一过程，实践贯穿其中。

---

① 马克思，恩格斯．马克思恩格斯文集（第九卷）[M]．中共中央马克思恩格斯列宁斯大林著作编译局，编译．北京：人民出版社，2009：558-559.

2）马克思主义科学实践观的形成

马克思主义科学实践观的创立形成不是一蹴而就的，他继承了亚里士多德和康德关于实践概念的思想，通过劳动的实践化和实践的生产化，实现了人类活动“三块模板”的统一，同时，在科学实践观的形成过程中，也深受黑格尔和费尔巴哈思想的影响。

（1）黑格尔哲学对马克思主义实践观的影响

马克思早年接受了黑格尔哲学，但他始终不是一个正统的黑格尔派，因为立足点是不同的。黑格尔的思辨哲学虽然包含着理性具有能动性的积极因素，但是他把实践看作是理论活动，认为通过哲学批判的实践就可以解决社会的矛盾，马克思认为这是站不住脚的。马克思在现实的社会生活中看到，单是思想的力量是不能解决社会的现实问题的，社会矛盾必须通过物质力量来解决。马克思以此为基本思想展开了对黑格尔的批判，阐发了自己的新观点。他认为，思想批判能超越旧社会的思想范围，但不能改变旧秩序，改变旧世界只有把思想批判和“实际斗争”结合起来，展开“肉搏的批判”，才能战胜敌人。他说：“批判的武器当然不能代替武器的批判，物质力量只能用物质力量来摧毁；但是理论一经掌握群众，也会变成物质力量。”这表明马克思看到了物质力量对于改造世界的伟大作用，物质力量来自何处？就是来自广大人民群众。群众需要用先进的理论把他们武装起来，才能形成摧毁旧世界的巨大力量。

（2）费尔巴哈唯物主义对马克思主义实践观的影响

对于黑格尔唯心主义的不满使马克思转向了费尔巴哈的唯物主义。但马克思在对费尔巴哈思想的研究中发现，费尔巴哈的哲学声称以人为中心却不了解现实的人，原因就是由于费尔巴哈不懂得实践活动的意义，只是直观地、抽象地了解人。马克思关心的是现实的人的命运，是解放全人类，这样的哲学当然不能解决人类解放问题。他认为，我们的出发点应当是从事实际活动的人，而人的第一个历史活动就是为了维持生存不得不进行的物质生产活动。人的生产活动不可能孤立进行，人必须组织成社会才能从事生产劳动，才能通过劳动改造自然并改造自己和自己的生活。人在生产劳动的过程中，主体和客体才区别开来了，又通过主客体之间的物质变换，使二者统一起来。这样马克思就找到了解决一切哲学难题的关键，即处在一定社会关系中的、现实的人从事的有目的的感性的实践活动。

黑格尔把实践看成理论的活动，费尔巴哈则把实践仅仅看作是自然人的吃饭、穿衣、男女之爱一类的活动，他们都没有看到人的社会性，都不知道人是社会关系的产物，他们看到的都不是现实的人。因此，他们的哲学任务都不能正确解决现实人的社会矛盾。马克思在吸取了历史上关于实践概念的合理因素之后，正确地阐明了实践的本质及其在认识世界和改造世界中的作用，创立了科学的实践观。马克思主义认为：实践是人类能动地改造世界的客观物质性活动。

3）实践是人类能动地改造世界的社会性的物质活动

实践是人类能动地改造世界的社会性的物质活动，这一本质决定了实践具备三个基本特征。

（1）实践具有客观实在性

实践的客观实在性源于实践作为人类改造世界的客观物质活动的这一本质。第一，实践的主体、实践的客体以及实践工具都是客观实在。人源于自然，依赖于自然，因此，从自然的角度，人的存在就是自然的存在，即物质的存在。实践的客体同样也是物质性的存在，它泛指自然界、人类社会、人类思维，都具有直接现实性。同时，主体在实践活动中，为了更好地认识客体和改造客体，必然会借助一定的工具，这个充当主体与客体之间的中介或者说是桥梁也是客观实在的。第二，实践的水平、广度、深度和发展过程，无时无刻不受限于客观条件和客观规律，这决定了实践无法完全依靠人的主观意识所支配。第三，从实践的影响和结果来看，实践能够把人脑中的观念的存在变为现实的存在，转变为现实的成果，引起客观世界的某种变化，这就使得实践和人的主观认识活动有了根本区别。

（2）实践具有自觉能动性

实践的自觉能动性，并不是说人在实践过程中对于外在于人的客观世界的改造，仅仅是有着某种目的、有计划的、与动物适应环境不同的主动改造。对于所有这一切，旧哲学也承认，马克思主义的实践观念是高于旧哲学的实践观念的，所以在自觉能动性的理解上也是不同的。马克思主义所理解的实践的自觉能动性是在主体和客体相统一的基础上的能动性，是在统一的实践过程中，主体能够把客体的内容映射于自身，又能根据这些内容把自己的目的贯彻到客体中去，也就是“物质变精神，精神变物质”。在这种不断发生着相互转变的过程中的实践活动中，客观的规律性也不是绝对与人无关地存在着的，而是在人的参与下，即在主客体相互作用的统一性中呈现出来的。这种实践认为，绝对的、存在于人之外的、可以与人无涉自存的规律也是不存在的。人绝不是盲目地接受外在规律的摆布，如果那样和动物无异了，人的能动性所表明的正是远离了动物，正是自觉地、有意识地参与了客观事变的过程。客观规律不是永恒不变的，它也像其他事物一样，在实践的过程中，在人的参与下，不断地发展。

（3）实践具有社会历史性

实践的社会历史性，并不是把社会性和历史性截然分开，仅仅从主体便于且能够与客体“相对抗”的角度去理解。在有些人看来，人不结合成一定的社会关系和接收前人的成果，就无力在和自然的对立中获胜，因此人才要去建立社会性和历史性。这样理解问题，就是承认有一种超人智慧在启示着人，在告诉人应当怎么办，而这正是唯心主义的观念。他们认为，社会性就是“个人只有在一定社会关系中结成统一的整体，形成超出个人以及个人力量总和的社会总体力量才能与自然力量相对抗”，历史性就是“主体实践的能力和力量、实践对象达到的深度和广度、实践活动的规模和方式都受历史条件的制约”。马克思主义认为人并不是站在世界之外，而是处在其中，并通过积极的创造活动改变着世界，也同样改变着自身。人是环境的产物，同时人也在改变着环境，改变着人自身的生活条件。现有环境与人的活动关系“只能被看作是并合理地理解为革命的实践”。这种实践是处在一定社会关系中的现实的人的活动，所以只能是社会性的实践。因此，我们可以说，实践本质是社会性的，从实践的社会性必然得出实践历史性的结论。

4）实践活动在形式上是丰富多样的

随着社会的进步与发展，人类实践活动的具体形式也越来越多样化。但不管有多少种具体的实践形式，归纳总结起来，无非都是这三种基本形式：物质生产实践、社会政治实践、科学文化实践。

物质生产实践是人类最基本的实践活动，它是以自然为对象，运用人们自身的力量，借助于物质工具和手段，改造自然界以获取人们生存和发展所需要的物质生活资料，改善人们的生活环境及条件的活动。

社会政治实践是处理各种政治关系的实践，主要指人们的政治活动。在生产劳动基础上，人们形成了多种社会关系，调整和处理这些社会关系中的矛盾的活动，是人们在改造自然的同时必须进行的实践活动。处理社会关系的实践，绝非仅仅指个人的社会关系，它小到你与我，我与他之间的人与人之间的关系，大到国家与国家、阶级与阶级、阶层与阶层之间的关系。在阶级社会中，社会政治实践不可避免地被打上阶级和阶级斗争的烙印。

科学文化实践是创造精神文化产品的实践活动，不同于纯粹的意识过程，而是会改变除实践主体的意识状态之外的其他存在物的状态。科学实验、艺术创作、教育实践等都是科学文化实践的重要形式。

5）实践是人的存在方式

人类的产生、生存和发展，都是以实践为基础和标志的。

（1）实践是人所独有的活动

人与动物生存于同一个物理自然世界之中，但是，人与动物对于世界的态度却是根本不同的。动物只是以其本能适应自然而维持自身的存在，因而它就是自然的存在，它只是生存于“自然世界”之中。人则是以实践的方式改变自然而维持和发展自身，从而使自身不仅是自然的存在，而且是超自然的存在——改造自然的存在。

（2）实践集中表现了人的本质的社会性

人的实践活动把世界分化为“自在的世界”与“自为的世界”“自然的世界”“属人的世界”。这种世界的分化或二重化，当然不是说把世界分裂为神的“彼岸的世界”与人的“此岸的世界”，而是说人的实践活动使“自然而然”的世界具有了二重性。具体说，人作为自然演化的产物，世界作为自在的世界，在“本原”的意义上永远是自然的存在；然而，人作为实践的主体，世界作为实践的客体，在人与世界“主客体关系”的意义上，人和世界又都是人自己实践活动的结果和产物，都属于人类自己创造的“属人的世界”。这就是人类的实践活动所造成的世界的“二重化”，也就是人类的实践活动“自然而然”的世界“二重化”为“自然的世界”和“属人的世界”。这本身就体现了人的本质的社会性。

（3）实践对物质世界的改造是对象性的活动

实践活动是一个双重化的过程：一方面，实践主体以“人的尺度”去要求实践客体，把自己的“目的性要求”变成现实性的存在，这就是所谓的主体客体化（客体变成主体所要求的客体）；另一方面，实践主体又以“物的尺度”去规范自己的思想与行为，按照“客观规律”去进行实践活动，这就是所谓的客体主体化（主体成为掌握客体规律的主体）。正是在这种主体客体化与客体主体化的对立统一中，人实现了改造世界与改造自身的对立统一。所以，体现了实践是对象性的活动，不仅包括物质世界还包括人类自身。

6）实践是人类社会生活的本质

（1）实践是使物质世界分化为自然界与人类社会的历史前提，又是使自然界与人类社会统一起来的现实基础

人类自从跳脱出自然的那一刻起，便以主体的态度面对这个世界，有了自我意识和对象性意识，这是非动物性的存在，是超越自然的存在，即实践的存在。在这个时刻，简单的生存实践活动已经将世界划分为两个层面：一个是自然的世界，另一个是人为塑造的世界，即属人的世界，实现了世界的二重化。在人类社会很长的一段历史时期，人类只注重自身的发展，而忽视了自然“这个无机身体”的存在，也没有更好地认识到，我们人终究要回归自然，属于自然，我们是自然的一部分。基于此，人类的一切实践活动都在谋求属人世界的飞速发展，导致我们的“无机身体”千疮百孔，遍体鳞伤。当生态、环境、人口、资源等问题一一展现在我们人类面前时，我们突然意识到，人与自然的和谐是一切实践的前提和基础。因为我们人类终究要归复于自然。至此，人类的实践已经开始注重“和谐”二字——人与人的和谐，人与自然的和谐。

（2）实践是人类社会的基础，一切社会现象只有在社会实践中才能找到最后的根源，才能得到最终的科学说明

全部社会生活在本质上是实践的，构成社会的人是从事实践活动的人，推动社会运动的力量是千百万人的社会实践活动。社会生活的全部内容就是不断进行的社会实践，实践既是人的自觉能动性的表现，也是人的自觉能动性的根源，是人的生命表现和本质特征。所以，我们大学生要了解社会，了解你周边一切的社会现象，就去实践中了解，就去实践中找答案，因为实践是社会关系形成的基础，实践形成了社会生活的基本领域，实践构成了社会发展的动力。

科学实践观的确立，是马克思立足于全人类对以往旧哲学进行清理的结果。实践作为人的存在方式，它蕴含着实践主体的自然性与超自然性，实践活动的合目的性与合规律性，实践过程的人的尺度和物种的尺度，实践结果的主体客体化与客体主体化等诸多矛盾，了解这些矛盾，了解实践本身，了解人的存在，了解社会的本质对于正确理解马克思主义哲学具有重大意义。

4.3.2 讨论话题

墨子（公元前476年或480年—公元前390年或420年），名翟，是中国古代思想家、教育家、科学家、军事家，墨家学派创始人和主要代表人物。他提出了“兼爱”“非攻”等观点，以兼爱为核心，以节用、尚贤为支点，创立了以几何学、物理学、光学为突出成就的一整套科学理论。墨家在先秦时期影响很大，与儒家并称“显学”。墨子思想中蕴含着丰富的“法仪”思想、务实精神、义利观念、创新思维，展现出可贵的工匠精神特质。在齐鲁优秀传统文化中，墨子的思想具有不可或缺的重要地位。

1）“百工皆有法”——墨子的“法仪”思想

墨子认为，天底下办事，不能没有法仪，不遵守法却能把事情办好是不可能的，强调遵守法则是做任何事的前提条件。墨子指出，生产和劳动中也有“法”，即特指各行业人员在从事技术活动中必须遵守规范的技术标准、严格的操作程序。墨子认为“虽至百工从事者，亦皆有

法，百工为方以矩，为圆以规，直以绳，正以县。无巧工不巧工，皆以五者为法。”[①]这里的“矩”“规”“弦”“县”“水”，不仅仅指矩尺、圆规、墨绳、悬垂和水平仪五种工具，而且还是工匠应当遵守的具体标准。墨子认为工匠都要依照这五种法则，强调各行各业都应当以法为准则要求自己、规范自己的行为。墨子认为“法”不仅是工匠们所要遵行的职业标准和行为路线，而且还是约束君主大臣们的行为准则。墨子把工匠技艺中的“法”与政治主张的“法度”巧妙结合起来，提出“法乎天下”，也为国家有法可依提供实证根据和逻辑依据。墨子从规矩操作工具推广到工匠技艺的行为规范，还扩大到人类的行为方式“法”，不仅成为人类的行为规范，而且还是一种判别社会治乱、道德善恶的标准。

2）“摹略万物之然”——墨子的求真务实精神

墨家贵道，亦不贱器，走的是一条道器兼采的隆道重器之路。墨道法自然，重科学。在先秦诸子百家之中，“好学而博”的墨子是唯一的科学家，科圣墨子所创立的墨家学派是最富于科学精神的一家。

作为科学技术史上的科学圣人，墨子的求真精神令人叹为观止。世间万有存在，“其然也，有所以然也；其然也同，其所以然不必同”（《小取》）。墨家欲“摹略万物之然”和所以然，必探求世界上万事万物的本真规律性。在墨家的科学逻辑学体系中，“以名举实”“以辞抒意”“以说出故”层层递进，表现出完美的逻辑层级。由《经上》《经下》《经说上》《经说下》《大取》《小取》6篇构成的《墨经》，作为《墨子》的重要组成部分，是一部内容丰富、探赜索隐、结构严谨的科学著作，堪称中国科技史上的瑰宝。更为难能可贵的是，墨家将科学精神一以贯之于整个墨学体系中。墨子彻底摆脱了各种仁义道德说教的纠缠，致力于探求真知，在物理学、力学、光学、几何学、数学、机械学、逻辑学等领域艰难拓荒，代表了先秦时期我国科学研究的最高水平。

《墨子·小取》说“摹略万物之然”，即要探求事物原来的样子。墨

① 李小龙. 墨子［M］. 北京：中华书局，2007：22.

子在生产和生活实践中从不同事物之中主动探究事物之间的联系，倡导主动探索的科学精神，要求工匠们掌握代代相传的手工业技巧，勇于探求其原因，善于把握其中的内在规律，从而能娴熟地掌握技术和技巧。“巧者能中之，不巧者虽不能中，放依以从事，犹逾已。故百工从事，皆有法所度”。[①]墨子认为，“巧者”就是指巧匠，巧匠之所以能成为巧匠，是他善于把握技术的规律，技术规范与技术真谛融为一体，做到了“知其然知其所然”，这充分体现了墨子求真务实、主动探索的科学精神。

3）“尚利贵义”——墨子的义利观

在义利观上，墨子提出义利合一，认为义即利人利国，贵义即贵利，没有脱离利害关系的纯粹的道义，主张把贵义与重利结合起来。墨家学派的义利观与传统儒学“重义轻利”以及法家诸子的“重利轻义”的观点皆有相左之处。墨子在《墨子·经上》中提到“义，利也”，即道义与利益在地位上是趋同的；但是，墨子提倡的“利”是“利民”的“利”。墨子认为，政治清明，万民有利可图，国家富裕，物质资料充足，百姓皆得暖衣饱食，便可无忧。墨子工匠精神所包含的专注实效，都是为以“利民”为特征的“义”来服务的，墨子思想中体现出的工匠精神就是一切的生产发明要求实际效用，以人的要求为基础，重效益、讲实用是墨子思想中重要的价值取向。他的造物思想不是针对某个具体器物或者事件，而是关注人与整个社会的和谐发展，造物的目的是器物都要恰当地配合当时的社会生产实践。这些都充分体现了墨子重利贵用、尚实的精神。

4）“尚巧”——墨子的创新思维

科学不只求真，还必须至善、臻美。“尚巧”是墨子工匠精神中又一独特的品质，是墨子工匠精神中匠技和匠心相结合的重要体现。它包含两个层面的含义：一是在制造过程中追求技艺之巧，达到精益求精的至善境界；二是包含着锐意进取的创新精神。墨子主张生产任何产品都应当遵守规矩，同时也应当强调“巧转”。“巧转”并不等于简单的手工

---

① 李小龙. 墨子［M］. 北京：中华书局，2007：22.

模仿，而是要求人们不拘泥于传统，勇于打破常规，敢于变通与创新，培养一种创造性思维。

墨子是能工更是巧匠，墨家机关术和守城术闻名古今。守城的机弩抛投和遮挡器械是一般工匠可望而不可即的，城防设施建造更体现了墨子工匠精神的卓越。墨子更是历史上第一位人道主义军事家，他从“兼爱”天下、热爱和平的思想出发，反对大国以强凌弱、以大攻小的侵略战争，主张积极防御，防止大国侵略。他制作完善的防守工程和科学的防御武器，成为古代军事宝库中的瑰宝。墨家守城战法，在军事思想战前准备、城防工程等方面都有系统论述。有文献记载，墨子发明的连弩车转射机、藉车（类似坦克）、云梯等使用于军事守御，发挥了意想不到的作用。在武器的发明应用上，更能体现出墨子的创新思想。

墨子及其弟子之所以被称为“能工巧匠”，除了自身具有高超的技艺，更重要在于他们身上具有锐意创新的品质。可见，勇于创新的精神成为墨家工匠精神的内在品质，丰富和滋养了中华优秀传统文化的内涵和底蕴。

4.3.3 教学分析

1）墨子思想融入思政课教学的多维解读

实践观是马克思主义的重要组成，在培养新时代大学生求真精神、创新意识、实践思维等方面具有重要意义。中华民族求真务实的传统美德源远流长，深刻体现在优秀传统文化之中。墨家思想便蕴含了丰富的求实基因，这使其融入思政课具有高度可行性。本部分主要从墨子思想本身出发，对其与思政课教学的可融性进行多维解读。

（1）墨子思想融入“实践是认识的基础”

墨子是古代最具有科学精神的工匠。墨子工匠精神是与中国古代科技密切相关的，其根植于中国科学技术成长和不断发展的土壤之中。墨子及其弟子亲自参加劳动实践，谙熟生产技艺，精通机械制作，对生产、生活及军事等实践中的各种手工业技术，从现象到规律进行了分析、研究、总结和概括，整理成《墨经》。同时，《墨经》也是当时手工业技术需要规范化、标准化的必然结果。《墨经》的形成本身便体现了生产实践是科学认识的基础和来源，同时，墨子的科学知识又为生产实践服务。《墨经》中说“义，利也”“利，所得而喜也”“功，利民也”，这些观点表明了墨子所提倡把“义”从空洞的思想转变为满足群众现实利益的思维，然后将这种实用思维运用到技艺、道德、政治各个方面。墨家的工匠文化使得墨家崇尚将实用价值摆在首要的位置，提倡用实用的思想和工具解决现实社会的种种问题，最后在实证领域建立起墨家学派独立完整的理论体系。

新时代的到来，对人们提出更新的要求，墨子工匠精神中“法与求”“巧与作”“道与技”的价值意蕴，彰显出劳动者所具有的独特科学精神、创新意识、卓越品质，不仅是人们在生活和工作中应当具备的精神和品质，而且与党的二十大报告提出的为人民谋幸福，把人民对美好生活的向往作为奋斗目标，加快建设创新型国家，建设科技强国等战略是相融相通的。

（2）墨子思想融入“理论创新和实践创新的良性互动”

墨子工匠精神中尤为突出的是创新精神，墨子作为工匠式的科学家，其以利于民的价值取向为出发点，善于利用创新的思维，研究利用自然法则，不断研制出有利于人们生活、生产的发明与创造，实现国家百姓人民之利。墨子工匠精神作为传统文化中独特的一部分，其在新时代再度展现其魅力，挖掘墨子工匠精神中蕴含的现代元素，从墨子工匠精神中汲取营养和智慧，让传统工匠精神成为塑造新时代劳动者的丰厚滋养，在新时代下加快建设一支有理想、懂技术、会创新的优秀劳动大军具有现实的指导意义。

马克思主义实践观要求人类在认识世界和改造世界中要努力实现理论创新和实践创新的良性互动。树立创新意识，要做到不唯上，不唯书，只唯实。密切关注变化发展着的实际，敢于突破与实际不相符合的成规陈说，敢于破除落后的思想观念；注重研究新情况，善于提出新问题，敢于寻找新思路，确立新观念，开拓新境界。创新是一个民族进步的灵魂，是一个国家兴旺发达的不竭动力，也是一个政党永葆生机的源泉。改革创新是赢得未来的必然要求。抓创新就是抓发展，谋创新就是谋未来。思政课教学承担着引导学生自觉树立创新思维、提升创新能力的重要使命，因此，将优秀传统文化融入这一部分的教学，有助于使学生更加深刻感受到深植于中华民族血脉中的创新基因，并在实际学习和生活中自觉运用创新思维。

2）墨子“工匠精神”在马克思主义实践观教学中的具体应用

（1）借助墨子“工匠精神”，引导学生感悟“一切从实际出发”的辩证唯物主义基本观点

一切从实际出发，是辩证唯物主义的基本观点，是马克思主义实践观的方法论要求。从实际出发，就是要从变化发展着的客观实际出发，从特定的社会历史条件出发，按照客观世界的本来面目认识世界而不附加任何外来的主观成分。从根本上说，就是要从客观事物存在和发展的规律出发，在实践中按照客观规律办事。

马克思、恩格斯认为：“共产党人的理论原理，决不是以这个或那个世界改革家所发明或发现的思想、原则为根据的。这些原理不过是现存的阶级斗争、我们眼前的历史运动的真实关系的一般表述。”①这些原理的实际运用，在任何时候都要以当时的历史条件为根据，而不能生搬硬套。马克思主义，“是任何坚定不移和始终一贯的革命策略的基本条件；为了找到这种策略，需要的只是把这一理论应用于本国的经济条件和政治条件”。②

从实际出发，关键是要注重事实，从事实出发。恩格斯曾经把从事实出发看作唯物主义思想路线的根本点，并以此与从观念出发的唯心主义思想路线相对立。他还指出：“我们对未来非资本主义社会区别于现代社会的特征的看法，是从历史事实和发展过程中得出的确切结论；不结合这些事实和过程去加以阐明，就没有任何理论价值和实际价值。”③列宁指出：“马克思主义是以事实，而不是以可能性为依据的。”④马克思主义者只能以经过严格和确凿证明的事实作为自己的政

① 马克思，恩格斯. 马克思恩格斯选集（第一卷）[M]. 中共中央马克思恩格斯列宁斯大林著作编译局，编译. 北京：人民出版社，2012：413-414.
② 马克思，恩格斯. 马克思恩格斯选集（第四卷）[M]. 中共中央马克思恩格斯列宁斯大林著作编译局，编译. 北京：人民出版社，2012：574.
③ 马克思，恩格斯. 马克思恩格斯选集（第四卷）[M]. 中共中央马克思恩格斯列宁斯大林著作编译局，编译. 北京：人民出版社，2012：582.
④ 列宁. 列宁全集（第四十七卷）[M]. 中共中央马克思恩格斯列宁斯大林著作编译局，编译. 北京：人民出版社，2017：457.

策的前提。列宁还进一步阐明了应当从揭示规律的高度去把握事实，他认为：“在社会现象领域，没有哪种方法比胡乱抽出一些个别事实和玩弄实例更普遍、更站不住脚的了。挑选任何例子是毫不费劲的，但这没有任何意义，或者有纯粹消极的意义，因为问题完全在于，每一项个别情况都有其具体的历史环境。如果从事实的整体上、从它们的联系中去掌握事实，那么，事实不仅是‘顽强的东西’，而且是绝对确凿的证据。如果不是从整体上、不是从联系中去掌握事实，如果事实是零碎的和随意挑出来的，那么它们就只能是一种儿戏，或者连儿戏也不如。”

由此看来，“从实际出发”的方法论意蕴贯穿于马克思主义的一切论述之中。在思政课教学中，启发学生充分理解并自觉践行这一方法论，不仅是理解马克思主义世界观和方法论的关键，还对学生个人素质的提升大有裨益。墨子思想肯定了创造和实践的重要价值，体现了他对实践的高度重视，让一切否认实践谈认识的思想黯然失色。通过这一教学案例的引导，有利于帮助学生深刻认识到，认识只能从实践中获得，且只能依靠实践检验，从而摆脱崇尚空谈的误区，在实践中发扬脚踏实地、求真务实的优良精神，并自觉在实践中不断进行自我反思、自我修正，实现知行合一。

（2）借助墨子“工匠精神”，引导学生树立正确的劳动观念

劳动没有高低贵贱之分，任何一份职业都很光荣。正确的劳动观念是维系人们职业活动和职业生活的思想观念保障。无论从事什么劳动，都要弘扬工匠精神，干一行、爱一行、钻一行。

马克思高度重视劳动，认为劳动创造了人类生存所必需的全部物质条件和精神条件，而实践是劳动的基础和前提，二者统一于人的社会活动中。在劳动中做到爱岗敬业，是社会主义核心价值观的重要要求，也是职业道德的基础。爱岗就是人们应该热爱自己的本职工作，安心于本职岗位，稳定、持久地在天地中耕耘，恪尽职守地做好本职工作。敬业就是人们应该充分认识本职工作在社会经济活动中的地位和作用，认识本职工作的社会意义和道德价值，具有职业的荣誉感和自豪感，在职业活动中具有高度的劳动热情和创造性，以强烈的事业心、责任感从事工作。墨子重视劳动发明创造，秉持着艰苦朴素的劳动精神。墨子认识到

劳动创造维持人类衣食住行等基本需求，鼓励劳动者积极从事生产劳动。墨子的勤劳思想和爱岗敬业观念倡导人们热爱劳动，勤奋做好本职工作。

树立正确的劳动观，就要善待自己劳动的岗位。劳动的一个重要特性就是平等性，劳动虽然有分工、专业、条件和环境等诸多方面的差别，但就劳动本身而言，是没有高低贵贱之分的。不管是从事体力劳动，还是从事脑力劳动，不管是从事简单工作，还是从事复杂工作，也不管是从事重要工作，还是从事一般性工作，其性质都是一样的，其地位都是平等的。树立正确的劳动观，还要充分认清劳动与财富之间的关系。劳动创造着财富，财富也体现着劳动的价值。从劳动的定义就可以看出，劳动不但创造着有形的物质财富，也在创造着无形的精神财富，劳动在丰富物质生活的同时，也在塑造着劳动者的精神世界。正确的劳动观，是既重视物质财富的产出，又重视精神财富的产出，既重视物质上的回报，又重视精神上的满足。树立正确的劳动观，就应该把国家利益和人民利益放在首位，以集体利益为重，自觉强化奉献意识。

只有树立正确的劳动观念，才能深入参与劳动实践，将理论与实践相结合，做到墨子强调的“知行合一”。劳动观念和劳动实践相辅相成，相互促进。劳动实践活动在锻炼学生的体力，增强学生的身体素质，使学生在劳动中掌握技能，提高劳动效率，增强学生的社会责任感，提高学生的职业水平的同时，还能增强学生的团队精神，并可以培养学生的组织、指挥能力，培养学生的领导能力。更重要的是，劳动实践活动以其独特的品格使人们更加深刻地认识到劳动的重要性，使学生更加热爱劳动，珍惜劳动成果，把劳动的道德观念融入日常的生活中。

（3）借助墨子“义利观”，在思政课堂上培育青年学生职业道德

积极向上的职业道德对个人的发展有着不可替代的作用。职业道德是个人综合素质中一个重要的组成部分，也是每个从业者自我实现的重要保证。随着社会的不断发展，整个社会对各类从业人员观念、职业态度、职业技能、职业纪律和职业作风的要求越来越高。从业者提高自己的职业道德素养，既是社会的需要，也是个人的内在需要。职业道德既是从业人员在进行职业活动时应遵循的行为规范，又是从业人员对社会

所应承担的道德责任和义务。它在很大的程度上保障着社会的稳定和发展，对社会的精神文明建设、物质文明建设都起到了积极的推动作用。因此，在大学期间，引导学生树立德艺兼修的职业道德理念是十分必要的。

提升学生道德修养，本就是思想政治教育的一个重要维度，职业道德又是其中的一项重要内容。马克思主义强调，人们的实践活动受到真理尺度和价值尺度的双重制约，其中，真理尺度关系着能否取得成功，价值尺度关系着能否对价值主体起到积极作用。这意味着，若想取得实践的成功，必须坚定遵循合规律性和合目的性的统一。引导学生正确认识这一点，有助于帮助他们在实际工作中既尊重事实、又自觉遵守职业准则，从而保证工作在正确轨道上推进，助力社会公序良俗的良性运转。对照墨子的义利观，可以看到，“厚乎德行、辩乎言谈、博乎道术”[①]彰显墨家教育立德树人、知识育人和能力育人的教育原则，实现“兴天下之利，除天下之害”[②]的目标。同时，墨家学派把“义”作为人生的价值取向，强调“义”与“利”的统一，或者说是“利国”与“利民”的统一，将这一元素融入思政课教学，有助于培育具有“兼爱交利”品质的“兼士”，这一人才培养指向有利于学生的个性发展和全面发展，契合社会主义核心价值观，满足人才兴国的现实需要。由此可见，将墨家思想中的优秀元素融入思政课教学具有理论和现实的双重价值。

（4）借助墨家优秀传统文化，引导学生在实践中做到厉行节俭

在马克思主义视域下，人的物质生活需要和精神生活需要是辩证统一、相辅相成的，二者缺一不可。在实现价值的过程中，应该清醒认识二者的关系，将合理的物质需要和高尚的精神需要有机结合，这是人全面发展的内在要求，也是文明社会的重要标志。由此看来，在思政课教学中，引导学生树立正确观念是重要的教学任务。中华文明一贯将人的精神追求融入人生追求与社会理想之中。墨子尚俭，他认为提倡节用俭约能够促进善，杜绝奢侈浪费能够除去恶。墨子将是否节俭作为评判一

① 李小龙．墨子［M］．北京：中华书局，2007：50.
② 李小龙．墨子［M］．北京：中华书局，2007：63.

个人道德品质的标准。墨子还主张用理智、道德规范来约束和控制人们的欲望，反对过分追求感官享受和物质消费。墨子生活的时代战争频繁、生产力落后、物质财富匮乏，迫使墨子提出勤俭的思想，要求人们通过厉行节俭来维持基本的生活。今天我们所生活的时代与墨子生活的时代情况发生了根本的改变，社会生产力与人们的生活水平大大提高，节俭在当今社会更多地体现为个人的一种品行、素养和美德。墨子认为人们的消费应该有节制和限度，不可过度消费或奢侈浪费，这是一种理性的、合理适度的、有利于个人身心健康发展和经济社会可持续发展的消费理念。合理的消费要求消费水准与社会生产力水平相适应，个人的消费支出不仅要与其自身的收入水平相适应，还应符合社会的平均消费水平，要防止因消费方式不当或消费的过度增长而造成浪费。弘扬墨子的勤俭思想，有助于现代人养成崇尚简朴、反对奢侈浪费的消费习惯，坚持量入为出的适度消费原则。墨子虽然提倡勤俭，但并不是要让人们一直过“自苦为极”的生活，如果人们的生活水平提高了，则对于物质、精神的享受也可以适当提高。消费是为了满足人们的需要，生存需要并不是人们需要的全部，在“常饱”“常暖”“常安”的基本生存需要得到满足的基础上，用于发展需要和享受需要的消费也符合人的发展要求，适当的精神文化消费也是个人得以全面发展的重要保证和条件。因此，在保证了衣食住行等基本物质消费的基础上，应适当增加文化艺术、休闲娱乐等精神生活的消费，以提高人们的科学文化素质和道德修养水平。

在现代生产力迅速发展的今天，物质财富的丰裕在一定程度上催生了人们的物欲，纵欲主义与享乐主义对人们节俭的作风造成了冲击，社会上兴起的奢靡之风使一些人物质欲望更加强烈，个人享乐主义和奢靡之风的传播不利于公民个体道德的发展。节俭观念有助于将人们的欲望控制在合理的范围之内，将墨子倡俭节用的思想融入思政课有利于培养青年学生节俭意识和节俭作风，使得学生清醒认识到，奢侈浪费是人们放纵欲望、不加节制的表现，容易使人养成挥霍无度、贪慕虚荣、骄横任性的恶习，从而树立健康的生活观念，自觉抵制享乐主义和纵欲主义，完善个人道德品行，以朴素积极的态度投身于对美好生活的奋斗实践中。

（5）借助墨家优秀传统文化，引导学生正确认识人才的重要性

马克思主义认为，人才具有社会属性，人才的全面发展是社会全面发展的基础，人才的社会属性意味着人才的培养和选拔应该符合社会发展的需要，服务于社会的发展目标。人才的社会属性还意味着人才应该具备为人民服务的观念，关心社会民生，为实现社会公平和正义而努力。推动国家和社会的发展，离不开人才这一重要力量。大学生是现代社会建设发展的生力军，基于此，大学生思想政治教育要做好引导学生树立正确人才观的这一前提性、基础性工作。

墨子丰富的管理智慧，集中体现在重视人才的思想上，墨子指出：如果让高贵而有智慧的人去管理愚蠢而低贱的人，国家便能治理好；相反，让愚蠢低贱的人去管理高贵而有智慧的人，国家就要混乱。因此墨子主张任人唯贤、后天习得的智者标准，反对任人唯亲、先天决定的宗法制标准，把人民看作治理国家、选贤举能的人才来源。墨子的十大论题，第一是“尚贤”。贤人是博学多才的智者。墨子论贤人的标准是“厚乎德行，辩乎言谈，博乎道术”①，即品德高尚、能说会道、学识渊博。墨子提出的贤人标准，都是“可学而能”，通过学习能够达到。墨子主张打破旧的用人标准，“不党父兄不偏富贵，不嬖颜色，贤者举”“不辩贫富、贵贱、远迩、亲疏，贤者举”“农与工肆之人，有能则举”“民无终贱，有能则举”②。

墨子认为，从农工商下层人民中成长起来的“智慧者”，是“可学而能者”。墨子质问：“今王公大人骨肉之亲、无故富贵、面目美好者，焉故必知哉？若不知，使其治国家，则其国家之乱，可得而知也。”“夫无故富贵、面目佼好则使之，岂必智且有慧哉？若使之治国家，则此使不智慧者治国家也。国家之乱，既可得而知已。”③王公大人骨肉之亲一类人，凭借什么一定有智慧呢？如果让这些“不智慧者”治国家，就像“暗者而使为行人，聋者而使为乐师”④，哑巴当外交官，聋子当乐队指挥，国家势必混乱。为此，墨子提出“尚贤使能”的明确主张，主

① 徐翠兰，王涛．墨子［M］．太原：山西古籍出版社，2003：31.
② 徐翠兰，王涛．墨子［M］．太原：山西古籍出版社，2003：33.
③ 徐翠兰，王涛．墨子［M］．太原：山西古籍出版社，2003：42.
④ 徐翠兰，王涛．墨子［M］．太原：山西古籍出版社，2003：51.

张凡派去治理国家、官府、城镇、乡里的人，都应该是国家的贤良之士。贤良之士是“国家之珍而社稷之佐”，因此墨子认为选拔贤能攸关国家的生死存亡。“入国而不存其士，则亡国矣。见贤而不急，则缓其君矣。非贤无急非士无以与虑国。缓贤忘士，而能以其国存者，未曾有也。”[①]一个国家的管理者，不积累有贤能的人并尊重他们，国家就会面临存亡的危机。发现贤才而不任用，就是对国君的怠慢。没有贤能，就无法在危急关头排忧解难。没有贤能的人才，就无人共商国是。忽视贤良之士重要性却使国家长治久安，是闻所未闻的。由此得出，国家之珍而社稷之佐的重要性。

将墨子重视人才的思想融入思政课教学，有利于使大学生树立正确人才观，明确人才的重要作用，尊重人才、崇尚人才，并在此基础上自觉实现自我提升，在成为高质量人才的道路上稳步前进。

4.4 管子“富民思想”与唯物史观

人类社会的基本矛盾，是人类社会发展的基本源泉和动力。马克思运用辩证唯物主义和历史唯物主义的世界观、方法论，揭示了人类社会基本矛盾及其在人类社会发展中的地位和作用，创立了人类社会基本矛盾理论。这一理论的创立，不仅为无产阶级革命提供了理论依据、实践依据和历史依据，而且也为已经取得革命胜利的国家和人民进行社会主义建设，指明了奋斗的方向和正确的道路。

4.4.1 思政理论

历史唯物主义教学能够帮助大学生切实掌握历史唯物主义的基本观点、立场和方法；培养大学生立足于社会物质生活，着眼于现实的人，尤其是广大人民群众的物质利益；着眼于人的自由全面发展，以科学发展为指导，在尊重社会发展基本规律的基础上，学会运用经济分析、历史分析等方法，从整体上分析、把握和解决社会发展过程中出现的新情

① 李小龙. 墨子［M］. 北京：中华书局，2007：2.

况、新问题。

1）社会存在和社会意识是辩证统一的

社会存在和社会意识是人类社会生活的两个基本方面，对社会存在与社会意识关系问题的不同看法和观点，反映了人们观察社会历史的出发点和立足点的不同，被称为社会历史观基本问题。对社会存在、社会意识各自的构成要素以及各构成要素之间的关系进行考察和梳理，是理解社会存在和社会意识的辩证关系，进而理解社会基本矛盾及其规律的基本路径。社会存在是社会生活的物质方面，主要是指物质生活资料的生产及生产方式，也包括地理环境和人口因素。其中物质资料的生产方式是社会历史发展的决定性力量。社会意识是社会生活的精神方面，是社会存在的反映。社会意识具有复杂的结构，从不同角度可以将社会意识划分为个人意识与群体意识形式、社会心理与社会意识形式、上层建筑的社会意识与非上层建筑的社会意识形式。

首先，社会存在决定社会意识，社会意识是社会存在的反映。这是社会存在与社会意识关系的基本关系，是历史唯物主义的基本原理。社会存在是社会意识内容的客观来源，社会意识是社会物质生活过程及其条件的主观反映。有什么样的社会存在就有什么样的社会意识与之相适应；社会存在的发展决定着社会意识的变化与发展。其次，社会意识是以观念体系形式反映出来的社会存在，反映者必须依赖于被反映者，这是社会意识对社会存在的依赖性。

同时，社会意识具有相对独立性，一方面体现在社会意识与社会存在发展的不完全同步性，另一方面体现在社会意识对社会存在具有能动的反作用。社会意识可能具有超前性或滞后性，先进的社会意识可以超越社会存在，对社会存在起着引导作用；落后的社会意识则滞后于社会存在，成为社会存在发展的阻力。此外，社会意识的发展具有历史继承性。社会意识一方面根源于社会存在，要从社会存在中获得内容；另一方面则有自己直接的思想来源，要从以往的社会意识中继承合理的思想观点。

社会存在和社会意识辩证关系在人类思想史上第一次正确解决了社会历史观的基本问题，是社会历史观革命性变革的基础。唯物史观对历史观基本问题的科学回答，宣告了唯心史观的彻底破产。

2）人类社会的基本矛盾

马克思主义经典作家从社会存在决定社会意识这一观察社会历史的基本观点出发，从社会生活的各种领域中划分出经济领域，从一切社会关系中划分出生产关系，并把它当作决定其余一切社会关系的基本的原始的关系。进而将一切社会关系归结于生产关系，将生产关系归结于生产力发展的高度，揭示出社会这一有机体各构成部分之间联系的内在机制，即生产力与生产关系、经济基础与上层建筑之间相互作用、相互制约，构成社会基本矛盾运动，支配着整个社会的发展进程。人类社会的发展是一个自然历史过程，破天荒地破解了“历史之谜”，揭示了人类社会发展的规律，为人们提供了一种以自然科学的眼光正确观察社会历史的科学方法。

（1）生产力和生产关系的有机统一

生产力是人类在生产实践中形成的改造和影响自然使其适合社会需要的物质力量，它是人类社会生活和全部历史的基础，它具有客观现实性、社会历史性。

生产关系是人们在物质生产过程中形成的不以人的意志为转移的经济关系。从狭义上看，生产关系包括生产资料所有制关系、生产中人与人之间的关系、产品分配关系。其中生产资料所有制关系是生产关系中最基础的、起决定作用的关系，决定着生产关系的性质，进而决定生产关系中其他两方面的关系，而生产中人与人之间的关系以及产品分配关系则制约着生产资料所有制关系。

生产力与生产关系的矛盾运动规律。在物质资料生产方式内部，伴随着现实的人的物质需要的发展，生产力与生产关系作为满足人的需要的两种不同的形式，两者的矛盾运动形成一种内在的、本质的、必然的联系，即生产关系一定要适合生产力状况的规律。一方面，生产力决定生产关系。首先，生产力状况决定生产关系的性质，生产力状况是生产关系形成的客观前提和物质基础。其次，生产力的发展决定生产关系的变革（方向和形式）。另一方面，生产关系反作用于生产力，当生产关系适应生产力的状况时，对生产力发展起促进作用；反之，起阻碍作用。从过程上看，这一规律表现为生产关系对于生产力总是从基本相适合到基本不相适合，再到基本相适合的过程。与此相适应，生产关系也总是从相对稳定到新旧交替，再到相对稳定。生产力与生产关系的这种矛盾运动循环往复，不断推动社会生产发展，进而推动社会逐步向前发展。

生产力与生产关系矛盾运动规律在人类思想史上第一次科学地确立了生产力发展是社会进步的最高标准，正是基于此，马克思主义正确阐释了社会形态的演进过程及其历史正当性问题，为正确认识社会和历史提供了基本的观点和方法，为马克思主义政党制定正确的路线、方针和政策提供了重要依据。

（2）经济基础和上层建筑的有机统一

经济基础是指由社会一定发展阶段的生产力所决定的生产关系的总和。对经济基础的内涵应该把握两点：一是经济基础的实质是社会一定发展阶段上的基本经济制度，是制度化的物质社会关系。在一定社会内部存在着多种经济关系：前一社会残存的或其他社会的经济基础成分、未来社会的经济基础的萌芽。决定一个社会性质的是其占支配地位的经济基础。二是经济基础与经济体制具有内在联系。经济体制是社会基本经济制度所采取的组织形式和管理形式，是生产关系的具体实现形式。经济体制在实践中总是与社会的基本经济制度结合在一起，它与生产力发展的关系更为直接、更为具体。因此，经济体制选择是否得当，对于基本经济制度即生产关系的自我完善和生产力的发展起着极为重大的作用。

上层建筑是建立在一定经济基础之上的意识形态以及相应的制度、组织和设施。上层建筑包括政治上层建筑和思想上层建筑两部分。

经济基础与上层建筑是辩证统一的。经济基础决定上层建筑。经济基础是上层建筑赖以产生、存在和发展的物质基础，上层建筑是经济基础得以确立其统治地位并巩固和发展的不可缺少的政治、思想条件。经济基础的性质决定上层建筑的性质，有什么样的经济基础就有什么样的上层建筑；经济基础的变更必然引起上层建筑的变革，并决定着其变革的方向。上层建筑对经济基础具有反作用。其集中表现在：为自己的经济基础的形成和巩固服务，确立或维护其在社会中的统治地位。上层建筑的反作用有两种：当它为适应生产力发展要求的经济基础服务时，就成为推动社会发展的进步力量；反之，就成为阻碍社会发展的消极力量。

经济基础与上层建筑相互作用构成二者的矛盾运动，这种矛盾运动在实际运行中极为复杂：其一，在同一性质的经济基础与上层建筑的关系中，上层建筑的不完善部分、没有反映经济基础要求的部分都会同经济基础产生矛盾。其二，在不同性质的经济基础与上层建筑的关系中，矛盾更为复杂，主要表现在：占统治地位的经济基础同旧上层建筑的残余、未来上层建筑的萌芽之间的矛盾；新旧上层建筑之间、新旧经济基础之间的矛盾等。其三，当一种社会形态处于上升发展阶段时，上层建筑对于经济基础一般是适应的；当一种社会形态处于没落时期，上层建筑同经济基础变革的客观要求则是不适应的，其矛盾则变为对抗性的、全局性的矛盾。

社会形态是关于社会运动的具体形式、发展阶段和不同质态的范畴，是同生产力发展阶段相适应的经济基础与上层建筑的统一体。社会形态更替的客观必然性，主要是指社会形态依次更替的过程和规律是客观的，其发展的基本趋势是确定不移的。社会形态的更替归根结底是社会基本矛盾运动的结果。但是社会形态更替的规律也是人们自己的社会行动规律，它并不否定人们历史活动的能动性。

理解社会历史的发展，要建立在生产活动是人类社会存在和发展的基础的逻辑起点上。生产方式是在人们的生产活动中形成的，生产方式内部的生产力与生产关系的矛盾是人类最基本的矛盾，这一矛盾是推动人类社会发展的最终动力。人民群众是历史的创造者，人民群众在生活活动及其他社会实践活动中，通过创造物质和精神财富、通过变革社会关系，推动了社会历史的发展。

3）社会基本矛盾是历史发展的根本动力

社会发展的基础性和根本性的动力是社会基本矛盾运动。只有把握了社会基本矛盾在历史发展中的作用，才能理解和把握其他各种动力的作用。

社会基本矛盾是指贯穿社会发展过程始终，并对社会历史发展起根本推动作用的矛盾。生产力和生产关系、经济基础和上层建筑的矛盾是社会基本矛盾。这两对矛盾制约着社会其他矛盾的存在和发展，决定社会历史的一般进程，推动社会向前发展。

生产力和生产关系、经济基础和上层建筑的矛盾，规定并反映了社会基本结构的性质和基本面貌，涉及社会的基本领域，囊括社会结构的主要方面。社会基本结构主要包括经济结构、政治结构和观念结构。狭义的经济结构指经济关系或经济制度。这里指的是广义的经济结构。政治结构是指建立在经济结构之上的政治上层建筑，即政治法律制度及设施和政治组织。观念结构中的主要部分是以经济结构为基础，并反映一定社会经济和政治状况的社会意识形态，即观念上层建筑。社会基本矛盾实际上也就是社会基本结构要素之间的矛盾，社会基本矛盾在历史发展中的作用主要表现在：

首先，生产力是社会基本矛盾运动中最基本的动力因素，是人类社会发展进步的最终决定力量。生产力决定生产关系的性质，进而决定其他社会关系的基本面貌，决定世界发展的历史进程。

其次，社会基本矛盾特别是生产力和生产关系的矛盾，决定着社会中其他矛盾的存在和发展。在生产力和生产关系、经济基础和上层建筑这一社会基本矛盾的运动中，生产力和生产关系的矛盾是更为基本的矛盾，它决定经济基础和上层建筑的矛盾的产生和发展。当然，经济基础和上层建筑的矛盾也会影响和制约生产力和生产关系的矛盾。因为，生产力和生产关系的矛盾的最终解决还有赖于经济基础和上层建筑的矛盾的解决。

最后，社会基本矛盾具有不同的表现形式和解决方法，并从根本上影响和促进社会形态的变化和发展。我国在改革开放的历史进程中，坚持把推动经济基础的变革同推动上层建筑改革结合起来，把发展生产力和提高全民族文明素质结合起来，从生产力到生产关系、从经济基础到上层建筑都发生了重大变化，因而取得了举世瞩目的发展成就。

掌握社会基本矛盾分析方法意义重大，这一方法要求我们全面认识和分析生产力和生产关系、经济基础和上层建筑的矛盾运动。只有把生产力和生产关系的矛盾运动同经济基础和上层建筑的矛盾运动结合起来观察，把社会基本矛盾作为一个整体来观察，才能全面把握整个社会的基本面貌和发展方向。

社会基本矛盾是一切社会矛盾的根源，同时，社会基本矛盾往往也要通过具体的社会矛盾体现出来，而各种具体矛盾的变化发展会导致社会发展呈现出一定的阶段性特征。我们不仅要认识社会基本矛盾，同时也要认识社会中的各种具体矛盾，特别是社会主要矛盾。社会主要矛盾在社会发展的矛盾系统中，处于支配地位，在社会发展过程一定阶段上起主导作用。当然，社会主要矛盾不是一成不变的，在一定条件下会发生变化。一是社会主要矛盾双方的内容发生一定变化；二是矛盾地位发生变化，原来的主要矛盾转化为从属地位的矛盾，其他原来某个非主要矛盾上升为主要矛盾。

社会主要矛盾及其转化的原理，对于指导中国特色社会主义实践具有重要意义。当我们正确把握了社会主要矛盾时，社会主义建设事业就会朝着正确的方向发展，否则会走弯路。我国社会主要矛盾已经转化为人民日益增长的美好生活需要和不平衡不充分的发展之间的矛盾。这个主要矛盾集中体现了我们所面临的诸多矛盾和问题，我们必须抓住这个主要矛盾，着力解决好发展不平衡不充分的问题，大力提升发展质量和效益，才能更好满足人民对美好生活的需要，推动人的全面发展和社会进步。

此外，也需要明确，阶级斗争是阶级社会发展的直接动力，离开了阶级斗争，就无法理解阶级社会的发展。科学技术是推动社会文明进步的重要力量，科技革命是推动经济和社会发展的强大杠杆。文化是推动社会发展的重要力量，是一个国家、一个民族的灵魂。

4.4.2 讨论话题

管仲（？—公元前645年），姬姓，管氏，名夷吾，字仲，中国古代经济学家、哲学家、政治家、军事家、散文家。春秋时期法家代表人物。管仲的思想集中体现在《管子》一书中，突出强调了民众的生存与发展关乎国本，蕴含着丰富的爱民、富民、教民思想，其中，富民思想是各国统治者成就霸业的根基，民心所向是影响战争能否取胜的关键因素。

1）管子的爱民思想

齐桓公拜管仲为相时，曾问政管仲安国之策，《管子》言："修旧法，择其善者，举而严用之。慈于民，予无财，宽政役，敬百姓。"[①]可见，《管子》将民众置于首要位置，认为对待百姓既要敬重又要爱护，哪怕是古时候的君主，也都会谨小慎微地对待每一件与祸福相关的事情，都会把爱护百姓作为施政根本。第一，管子强调君主应顺应民心。《管子·牧民》言："政之所兴，在顺民心；政之所废，在逆民心。"[②]《管子》认为，君主治世应顺应民心和百姓的私欲，只有这样才能得到百姓的拥护和支持。对于百姓厌恶的四种事务："忧劳""贫贱""危坠""灭绝"，统治者必须远离。第二，管子强调君主爱民。《管子》认为，君主把百姓当作儿女亲之爱之，百姓才会像亲近父母般亲近君主。《管子·小匡》中记载，桓公问政于管仲如何做到修明政治在天下有所作为时，管子对曰："始于爱民。"[③]因此，《管子》提出君主民本之道"始于爱民"。

2）管子的富民思想

《管子》一书虽然内容较杂，但是有主导的思想，这主导的思想是法家思想。爱民富民是《管子·牧民》中民本思想的重要体现。管子的富民思想是基于百姓趋利避害本质提出的。《管子·形势解》中提出："民，利之则来，害之则去。民之从利也，如水之走下，与四方无择也。故欲来民者，先起其利。"[④]在爱民思想的基础上，《管子》一书中不仅强调了富民对于国家统治的重要性，把满足百姓的物质利益需求作为君主的施政重点，指出"政之所兴，在顺民心；政之所废，在逆民心"，还在此基础上提出了富民的具体举措。第一，《管子》重视农业生产，强调农业是国家根本，财富源于土地之上的农业生产被反复强调。"彼民非谷不食，谷非地不生，地非民不动，民非作力毋以致财"[⑤]，有土

① 黎翔凤，梁运华. 管子校注［M］. 北京：中华书局，2004：412.
② 黎翔凤，梁运华. 管子校注［M］. 北京：中华书局，2004：13.
③ 黎翔凤，梁运华. 管子校注［M］. 北京：中华书局，2004：411.
④ 黎翔凤，梁运华. 管子校注［M］. 北京：中华书局，2004：1175.
⑤ 黎翔凤，梁运华. 管子校注［M］. 北京：中华书局，2004：261.

地而不开辟，等于不是自己的土地；有人民而不治理，等于不是自己的人民。土地的治理与开垦是农业生产的重要条件，因此统治者要重视且督促农业生产。第二，《管子》认识到了工商业对于改善百姓的生活和国家富强的重要性，提出了“兴工商”的经济政策，看到了市场的重要性，指出“地者，政之本也。朝者，义之理也。市者，货之准也”[①]。第三，《管子》中还突出强调了刑罚与赋税在百姓生活中的重要作用，提出“省刑罚，薄赋敛，则民富矣”[②]。这一思想极大减轻了百姓赋税负担，顺应了民心，使君主取得了刑罚不施而百姓畏服的理想效果，从而为实现教民奠定了基础。总之，《管子》认为一个国家若想实现路不拾遗、夜不闭户、国泰民安的统治盛景，必须先让百姓富起来。百姓有了安身立命的根基，自然就会安居乐业爱惜家园，毕恭毕敬地听从君主的统治，不会铤而走险以身犯法，更加畏惧刑罚。只有推行民本管理，才能真正保证爱民，只有爱民举措落到实处，才能争取民心。依靠人民推动国家强盛，方为人间正道，管子的民本思想在一定程度上是来自人民、为了人民、造福人民的理论。

3）管子的教民思想

《管子》主张以法来规范百姓的行为，同样是《管子》民本思想的重要体现，但《管子》书中的教民，并非如法家思想中的严刑峻法，而是通过“道”与“德”的共同作用，教民以礼，实现综合治理。法作为统治阶级治理国家的工具，其实施离不开百姓的遵守，“夫法者，上之所以一民使下也”“法于法者，民也”。正因为百姓是遵循法度行事的主体，所以，法的制定也必须考虑民众的意愿和本性，做到“循人情”“量可能”，提倡依法治国，礼法结合。第一，管子强调以法教民。法令制度作为君主统治国家的工具，尤其为君主所重视。但制定法律也必须考虑民众的本性和意愿、适合百姓。《管子·形势解》言：“民之情，莫不欲生而恶死，莫不欲利而恶害。”[③]法令设立且百姓乐于服从，政令颁布而百姓乐于接受，法令的颁布与民心所向相一致，君主的地位就会变得尊显，君主与百姓的关系就会更加亲近。君主发布的命令，于理通

① 黎翔凤，梁运华．管子校注［M］．北京：中华书局，2004：84.
② 黎翔凤，梁运华．管子校注［M］．北京：中华书局，2004：411.
③ 黎翔凤，梁运华．管子校注［M］．北京：中华书局，2004：1169.

顺，合乎民心，合乎民情，合乎民意，那么百姓就会听从君主的召唤。第二，管子倡导“礼法结合”教化百姓。《管子》中强调，法律与道德均是构建社会秩序和规范的重要手段，且两者的出发点都在于民众。物质生活的充裕并不等同于精神层面的充实，仅仅满足民众的物质需求只是基础性的要求。缺乏一个健全的秩序体系，社会就无法实现有序发展，国家也难以维持长期稳定。正因如此，管仲的法治思想显著特征在于其刚柔并济，既注重通过惠民政策来关怀民众，也不忽视运用刑法来维护社会秩序。

4.4.3 教学分析

唯物史观是马克思主义的重要组成部分，是马克思在历来繁芜丛杂的意识形态下所发现的人类历史的发展规律，它科学探寻了人类生生不息、绵延发展的基础，回答了社会发展的根本动力、历史的创造者等一系列“历史之谜”。管子思想中蕴含着大量关于百姓与人才、经济发展与农业的思想，使其融入唯物史观教学具备充分的必要性和可行性。

1）管子思想融入思政课教学可行性的多维解读

（1）管子重视人才思想融入“人民群众是历史的创造者”

人才是第一资源，是衡量一个国家综合国力的重要指标，是兴邦大计，更关乎国家的长治久安。党的二十大报告指出：“教育、科技、人才是全面建设社会主义现代化国家的基础性、战略性支撑。培养造就大批德才兼备的高素质人才，是国家和民族长远发展大计。功以才成，业由才广。”历史的经验表明，“德不配位，必有灾殃”。我们在重用人才的基础上，更要正确对待人才合理使用人才，人才的使用一旦“德不配位”，必然会使国家遭受重大损失。只有崇尚任人唯贤，杜绝任人唯亲，才能够使人在适合的岗位上发挥其最大的价值，实现人尽其才，人尽其用，为中华民族伟大复兴提供源源不断的人才保障。

《管子》同样重视人才的重要作用，在对人才的态度上指出：想要争夺天下的君主必先从争取人才做起，争取人心是天下最重要的事情，人才的选用事关社会的发展。能取得丰功伟绩，名声显赫于天下，功绩不朽于后世的君主，一定是因为他们有人才相助，得人心，得到了民众的支持。因此在育人方面，《管子》提出培养人才应具有长远的目标，一年树谷，十年树木，百年树人。在如何使用人才上，《管子》指出："明主之官物也，任其所长，不任其所短。"这与我党历来高度重视人才工作不谋而合。在新时代，我党始终以培养担当民族复兴大任的时代新人为着眼点，强化教育引导、实践养成、制度保障，发挥社会主义核心价值观对国民教育、精神文明创建的引领作用。始终深入挖掘中华优秀传统文化所蕴含的精神观念、道德规范，结合时代要求继承创新，始终把做好人才工作作为保证党和人民事业发展的根本之举。各省市地区为招揽人才，纷纷抛出人才引进的橄榄枝，通过各种利好政策，招才引智，不断激发人才市场的活力。现代社会是一个竞争激烈的社会，在竞争的过程中，要充分发挥人才的长处，使其发挥出自身的特长和独特的闪光点，为新时代中国特色社会主义事业的发展增添新动力。

（2）管子重视农业思想融入"社会基本矛盾"教学

自古以来粮食是人们生存的主要物品，又是保卫国家的战略物资，关系国计民生，而我国又是传统的农业大国，历来重视农业，因此粮食生产和管理就显得尤为重要。《管子》一书中说道，"五谷者，民之司命也"，体现了对农业生产地位的高度肯定。《管子·牧民》提出"仓廪实而知礼节，衣食足而知荣辱"，即粮食满仓人们才懂得遵守礼节，吃饱穿暖，人们才知道荣辱。正如"经济基础决定上层建筑"一般，只有满足了人们基本生活需求才能够有机会去追求道德精神方面的需要。因此，《管子》劝谏统治者需要重视粮食生产，使人们吃饱穿暖之后才能够推行教义礼仪。为此，《管子》提出了以下方法：其一就是用提高粮食价格的方法来促进粮食生产。《管子·轻重》提出"善者重粟之价"，也就是说只有提高粮食价格，才能够促进农业发展，农民才能努力生产粮食。其二是注重农时。《管子·臣乘马》指出："不夺民时，故五谷兴丰"，"天不变其常，地不易其则，春夏秋冬，不更其节"。《管子·小匡》指出："无夺农时则百姓富"。《管子·四时》甚至强调"不知四时，乃失国之基"。因此，搞好农时管理，适时播种耕作，才能够做到粮食满仓，保证人们的粮食需要。其三要因地制宜。《管子》认为田地有优劣之分，农民有贫富差别，根据不同地区的不同条件进行资金扶持以促进粮食生产。

由此可见，《管子》对于粮食生产管理是非常重视的。“故谷众多而不理，固不得有”，也就是说粮食虽多，但是如果不善于管理，就无法保持粮食的充足，无法满足国民的基本生活需求了。《管子·轻重》中以纪氏国为例阐述了不善于管理粮食而最终导致国破家亡的悲剧。可以看出，粮食管理的好坏与国家存亡是息息相关的。

（3）管子人本思想融入“无产阶级政党的群众路线”

《管子》以人为本的治国理政观，内涵极其丰富，概括起来大体包括人本思想和民本思想两部分，两者相互统一，这也是管仲学派对中国古代以人为本思想的一大贡献。

首先，统治者自身要兴德政。《五辅》中认为统治者施行德政要从六个方面进行。开垦荒野，营建房屋，栽植树木，鼓励人民种植庄稼，这些措施被称为“厚其生”；发掘潜在的资源，疏通积压的货物，修通道路，建立市场，迎送来往客商，这些措施被称为“输之以财”；疏通水洼，修建沟渠，清除河道中的淤泥，建设渡口和桥梁，这些措施被称为“遗之以利”；轻征薄敛，宽松刑罚的尺度，赦免罪犯，宽宥小的过错，这些措施被称作“宽其政”；赡养老人，慈爱幼儿，抚恤鳏寡，慰问病患，这些措施被称为“匡其急”；给受冻的人送去衣物，给饥渴的人送去饮食，给贫困的人送去资助，这些措施被称作“振其穷”。以上六个方面的德政建设既保障了弱势人群最基本的生存需求，又为改善大众百姓的生活提供了条件，这些举措为“教民”的实施奠定了物质基础。其次要晓民以义。君主在实行德政之后，就要向百姓宣传“义”来引导他们的行为。所谓“义有七体”，就是要从七个方面着手对百姓进行“义”的教育。“孝悌慈惠以养亲戚，恭敬忠信以事君上，中正比宜以行礼节，整齐撙诎以辟刑僇，纤啬省用以备饥馑，敦懞纯固以备祸乱，和协辑睦以备冠戎”，即孝敬父兄来奉养亲属，用恭敬忠诚的态度为君主办事，用合理的方式来实行礼节，以节制谦虚的态度避免犯罪，以勤俭节约来防备饥荒，以忠诚来防止祸患，以团结和睦来抵御外敌入侵。百姓做好以上七点并了解“义”之后就会行为得当，行为得当自然就会社会和谐，百姓安定，国富民强，在战争中就能够占据优势。《管子》书中“义”的教化是对“德”化的深入，对百姓施以德政主要体现在物质层面，施行的主体是统治者。在转入“义”的教化之后，实践的主体则变成了百姓，并且由物质层面的设施建设提升到意识层面的道德教化。第三，要教民以礼。人民在知晓“义”之后，要用“八经”来引导人们遵守礼制。八经包括：“上下有义，贵贱有分，长幼有等，贫富有度。凡此八者，礼之经也。”“礼”的八个方面被分为“上下”“长幼”“贵贱”“贫富”四组，每一组都代表了相对的两类人，强调人们在社会中不论处于何种位置，都要遵守最基本的规定，构成了“礼”的最基本的要求。“礼”为齐国制定了一套新的规则，目的是规范所有人的行为，让各个等级之间保持稳定和谐的秩序。反之，人们不遵守“礼”之八经，就会出现“乱”“争”“倍”“失”的社会乱象。

人民性是马克思主义最鲜明的理论品格。始终同人民在一起，为人民利益而奋斗，是马克思主义政党同其他政党的根本区别。无产阶级政党的群众路线，既是马克思主义基本原理教学中的重要内容，也是唯物史观在中国共产党治国理政实践中的现实体现。《管子》中关于以人为本的治国理政思想对于我们学习这一内容具有重要的借鉴意义和参考价值。

2）管子思想在思政课教学中的具体应用

（1）引导学生从管子重农思想看生产力的重要作用

生产力与生产关系、经济基础与上层建筑是马克思主义唯物史观中的重要关系范畴。其中，生产力和经济基础居于基础性地位，起决定作用。在思政课教学中，引导学生科学理解这两对辩证关系，是从唯物主义角度掌握社会历史发展规律的基础。

在管子的思想中，存在鲜明的“重农”基因。《管子》一书包含丰富的重农思想，从各个方面强调农业的重要作用。《管子·治国》更是直接把农业提升到国家兴衰存亡的战略高度加以强调，明确提出“粟者，王之本事也”，详尽剖析农业为国家根本的道理，指出如果一个国家不注重发展农业就会面临灭亡的危险。《管子·五辅》则从治理国家的角度提出农业是国君治国理政的第一要务，是人民富裕的基础，即“明王之务，在于强本事，去无用，然后民可使富”。《管子·治国》还通过分析农业生产、粮食安全、国富兵强之间的关系——“民事农则田垦，田垦则粟多，粟多则国富；国富者兵强，兵强者战胜，战胜者地广”——指出农业是百姓衣食之源、富民强兵之本，把农业提升至富民、安邦、强兵之基的战略高度加以强调。总的来说，管子重视农业思想，首要的任务就是发展农业，满足人民的基本需求，只有人们吃饱穿暖，物质生活基本得到了满足，才有机会加强精神道德建设，也才能不断巩固国力，提升国家综合素质。同时，《管子》还指出粮食生产是提高人们文明程度的物质基础，即“仓廪实则知礼节，衣食足则知荣辱”。这些思想体现了我国古代思想家对生产力和经济发展水平的重视。在马克思主义的指导下，中国共产党注重立足现实的社会存在来进行社会改革和发展的顶层设计。总之，将管子重农思想融入思政课教学，有利于从历史与现实相贯通的角度，充分论证社会基本矛盾运动及其规律，从而深刻感悟马克思主义唯物史观的科学性。

(2) 引导学生从管子民生思想深化对马克思主义群众观的认识

马克思主义人民群众观作为一个系统、完整的理论体系，是唯物史观的重要构成。这一理论体系不仅明确了人民群众在人类历史上的重要作用，还阐述了人民群众进行自我解放的路径，从而指出无产阶级政党必须善于发动领导群众完成历史使命，其中最根本的就是坚持人民群众的主体地位。管子与马克思的生活背景和阶级立场相差甚大，但是管子思想中所蕴含的关乎民生的重要内容，在一定程度上体现了优秀传统文化对人民重要地位的认知。

《管子》认为，君主应当顺民之性，而非逆民之心，因为人的本性需要开导，只有加以开导才能明辨是非，而越对百姓进行堵塞就越会引起逆反。君主在对百姓进行开导时要做到：对敦厚之人嘉奖以赏赐，提高有功之人的俸禄，对于有名望的人要提高他们的爵位来获得人们的赞美。君主要做到兼爱大众，不可有偏私有遗弃，经常给予利益，百姓就会顺利完成已任。《管子》此种施政理念在社会上引起极大反响。在当时，管子民本思想的措施为齐国民众创造历史的活动提供了极为有利的经济、政治和文化等方面的条件，在一定程度上加强了君主对百姓的统治，进而调动和发挥民众的积极性和创造性，反映和顺应了民众的根本利益诉求，在富国强兵、称霸中原的进程中取得了良好效果。

管子的“富民论”认为，只有富民，才能争取民心，在此基础上提出了“务五谷”“养桑麻”“育六畜”等三大举措。他认为国君给民众提供了安居乐业的环境，管理好社会治安，民众把粮食生产作为首要任务，粮食充足，君主的“不涸之仓”则指日可待。同时，民众六畜兴旺，“仓廪实”“衣食足”，为“九合诸侯，一匡天下”奠定基础。这些思想对当今执政党通过着力解决社会主要矛盾来维护社会安定、稳定人心有着重要启示作用。同时，管子还认为，治国重在“教民”，在他的思想体系中，教化民众、富国强兵与社会稳定是相辅相成的。对于百姓来说，接受教育所收获的，不论是职业技能水平的提升，还是家族职业的传承，都体现出他们对幸福生活的一种追求。职业生活是人们参与社会分工，用专业的技能和知识创造物质财富或精神财富，获取合理报酬，丰富社会物质生活或精神生活的生活方式。通过教育，满足人民的精神文化需求，同样能够体现对马克思主义群众观的理解落实。

通过思政课教学，引导学生深刻认识唯物史观，有助于帮助学生更好地理解人类社会历史发展规律，在看到人民群众主体地位的基础上，回归对自身存在意义的正确认知，从而更好地投身实践。管子的教民思想使得社会道德风气得到极大改善，国家经济结构得以保持稳定。公民个人品德是通过社会道德教育和个人自觉的道德修养所形成的稳定的心理状态和行为习惯。它是个人对道德准则深刻认同并积极履行的产物，全面展现了道德认知的清晰、道德情感的深厚、道德意志的坚定、道德信念的稳固以及道德行为的自律之间的内在融合。无论是构建社会的和谐与秩序，还是塑造个人健全的人格，都依赖于个人品德的不断锤炼与升华。

第5章　齐鲁优秀传统文化与强国复兴

文化强则民族强，文化兴则国运兴。中华优秀传统文化地位至关重要，不仅为民族复兴培根铸魂，赓续民族精神命脉，而且蕴含了全面建设社会主义现代化国家的文化宝藏。新时代新征程上，实现中华民族伟大复兴的中国梦，需要从中华优秀传统文化中汲取不竭的精神力量。习近平总书记在文化传承发展座谈会上强调："中国式现代化赋予中华文明以现代力量，中华文明赋予中国式现代化以深厚底蕴。"[①] 这一论断为深刻理解中华优秀传统文化的价值意蕴，把握其与强国建设、民族复兴的内在联系提供了思想指引。齐鲁优秀传统文化在辉煌灿烂的中华优秀传统文化谱系中占有重要地位。在推进中国式现代化征程上，齐鲁优秀传统文化大有可为。

---

① 习近平. 习近平在文化传承发展座谈会上强调担负起新的文化使命努力建设中华民族现代文明［N］. 人民日报，2023-06-03.

5.1 孟子纪念馆与生态文明

5.1.1 思政理论

1）走人与自然和谐共生的现代化道路

大自然是人类赖以生存发展的基本条件，尊重自然、顺应自然、保护自然是全面建设社会主义现代化国家的内在要求。习近平指出：“我国建设社会主义现代化具有许多重要特征，其中之一就是我国现代化是人与自然和谐共生的现代化，注重同步推进物质文明建设和生态文明建设”①。中国式现代化是致力于推动人与自然和谐共生的现代化，推进社会主义生态文明建设和生态环境保护。要清醒地认识到保护生态环境、治理环境污染的迫切性和艰巨性，以长远的态度和视角积极应对风险，切实地治理好环境污染、搞好生态环境，坚定不移地走生产发展、生活富裕、生态良好的文明发展道路。

绿水青山就是金山银山，是解决生态环境问题的重要理念，也是推进现代化建设的重大原则。习近平指出：“我们既要绿水青山，也要金山银山。宁要绿水青山，不要金山银山，而且绿水青山就是金山银山。”②绿水青山可以带来金山银山，但金山银山却买不到绿水青山。二者从根本上讲是辩证统一、相辅相成的关系，不能把二者割裂开来，对立起来。必须坚持在发展中保护，在保护中发展。绿水青山是人民幸福生活的重要内容，是人民群众健康的重要保证和人民群众的共有财富。要处理好绿水青山和金山银山的关系，关键在人，关键在思路。正确处理好经济发展与环境保护的关系，特别是新时代以来经济高质量发展和环境高水平保护的关系。着力提升发展新动能、新优势，构建绿色发展体系。“人不负青山，青山定不负人。”坚持绿水青山就是金山银山的发展理念，让青山绿水变得更美，金山银山变得更大，实现经济效益、社会效益、生态效益同步、稳步提升。

---

① 习近平．习近平谈治国理政（第四卷）［M］．北京：外文出版社，2022：362；465.
② 习近平．习近平关于社会主义生态文明建设论述摘编［M］．北京：中央文献出版社，2017：21.

生态文明建设是关系人民福祉、关乎民族未来的长远大计。必须树立尊重自然、顺应自然、保护自然的生态文明理念，把生态文明建设放在突出地位，融入经济建设、政治建设、文化建设、社会建设各方面和全过程。凸显生态文明战略建设地位，健全生态文明制度体系，大力开展污染防治和环境保护工作。努力建设美丽中国，实现中华民族永续发展。新形势下加强生态文明建设是推动高质量发展的必然要求。习近平总书记指出，生态环境保护和经济发展是辩证统一、相辅相成的，建设生态文明、推动绿色低碳循环发展，不仅可以满足人民日益增长的优美生态环境需要，而且可以推动实现更高质量、更有效率、更加公平、更可持续、更为安全的发展。新形势下加强生态文明建设是满足人民群众对美好生活向往的必然要求。习近平总书记指出，当前，我国生态文明建设仍然面临诸多矛盾和挑战，生态环境稳中向好的基础还不稳固，从量变到质变的拐点还没有到来，生态环境质量同人民群众对美好生活的期盼相比，同建设美丽中国的目标相比，同构建新发展格局、推动高质量发展、全面建设社会主义现代化国家的要求相比，都还有较大差距。必须践行以人民为中心的发展思想，集中攻克老百姓身边的突出生态环境问题，持续改善生态环境质量，不断增强人民群众生态环境获得感、幸福感、安全感。

2）建设美丽中国的重要目标

建设美丽中国，关乎人民福祉，关乎民族未来，是全面建设社会主义现代化国家的重要目标，也是满足人民日益增长的优美生态环境需要的必然要求。

建设美丽中国要加快形成绿色生活方式和生产方式，加快绿色转型，加快绿色低碳循环发展。推动产业结构、能源结构、交通运输结构等调整优化，加快传统产业改造升级，增加新的增长动能；推进各类资源节约集约利用，转变资源利用方式，提高资源利用效率；积极稳妥推进碳达峰碳中和；健全绿色发展的保障体系，统筹完善各领域资源和政策法律制度，加快推进绿色低碳科技支撑；把建设美丽中国转化为全体人民自觉行动，增强全民环保意识，树立生态文明理念，动员全社会加入绿色行动。

坚持山水林田湖草沙一体化保护和系统治理，必须全面贯彻落实习近平生态文明思想，坚持人与自然和谐共生基本方略，坚持节约优先、保护优先、自然恢复为主的方针。遵循自然生态系统的整体性、系统性、动态性及其内在规律，综合运用科学、法律、政策、经济和公众参与等手段，维护生态平衡，促进生态系统良性循环和永续利用。

用最严格的制度、最严密的法治保护生态环境，把生态文明建设纳入制度化、法治化轨道。健全相关法律法规和环境监管制度，加快制度创新，增加制度供给，完善制度配套，强化制度执行，并且牢固树立制度的刚性和权威，认真执行已出台的法律法规和制度政策，真抓严管，确保党中央关于生态文明建设决策部署落地生根见效。

3）全球环境治理的中国方案

党的二十大报告提出，推动绿色发展，促进人与自然和谐共生；积极参与应对气候变化全球治理等要求。进入新时代以来，中国已经成为全球环境治理的重要参与者、贡献者和引领者。

以具有中国自主的中国智慧、特色和气派为主的中国方案正在深刻影响全球环境治理，推动构建更加公正合理、合作共赢的全球环境治理秩序。

一是积极推进全球生态文明建设。2018年3月，十三届全国人大一次会议第三次全体会议表决通过了《中华人民共和国宪法修正案》，将生态文明历史性地写入宪法。2018年5月，在全国生态环境保护大会上，习近平总书记发表重要讲话，首次全面阐述了生态文明思想。生态文明建设是中国共产党为人民谋幸福、为民族谋复兴、为世界谋大同的新方向与新作为。坚持人与自然和谐共生的全球生态文明建设，积极应对气候变化，正逐步找到符合发展中国家国情与需要的绿色增长路径，大力推动绿色发展和绿色转型，为全球环境治理做出了示范。生态文明还是中国式现代化道路的主要组成部分，是推动绿色现代化进程的重要指引。

二是大力加强绿色“一带一路”建设。中国作为共建“一带一路”倡议发起方，长期致力于推动绿色低碳可持续发展，并在共建“一带一路”过程中加强绿色文明互鉴、拓展绿色合作维度，夯实共建绿色“一带一路”基础，与参与国家和地区一道为世界注入绿色发展动力。绝大多数共建“一带一路”国家都是发展中国家，中国是最大的发展中国家，发展中国家在发展中面临的机遇与挑战，中国都曾经面临或正面临着。作为全球最大的可再生能源市场，中国拥有完备的产业链和生产制造能力。中国将结合自身发展经验与优势，助力各国探索符合本国国情的清洁能源发展道路；为能源贫穷或清洁能源缺乏国家提供与其发展阶段相适应的绿色经济复苏参考模式；为国际社会提供更多关于能源可及和清洁能源发展的解决方案和公共产品。

三是聚焦推动全球发展倡议。全球发展倡议坚持人与自然和谐共生；完善全球环境治理，积极应对气候变化，构建人与自然生命共同体；加快绿色低碳转型，实现绿色复苏发展。发展和治理能力是应对诸多发展问题的关键。当前发展中国家对自身的发展能力的投入总体上还不足，未能适应形势变化和时代要求。全球发展倡议为国际环境合作点明了方向，为促进区域共同发展奠定了思想基础，将通过高质量和可持续发展合作推动全球环境治理走深走实。

5.1.2 场景体验

1）孟庙

孟庙，又称亚圣庙，位于山东省济宁市邹城市亚圣府街44号，为历代祭祀战国思想家孟子之所。据《三迁志》记载：孟庙始建于北宋景祐四年（1037年），坐落在城区东北四基山西麓的孟子墓旁。北宋元丰年间，因距城较远，瞻仰祭祀等诸多不便，又别建孟庙于邹县城东郭。后因濒受水损，北宋宣和三年（1121年）由邑士徐绂及乡人出资将孟庙迁于现址。历经金、元、明、清各朝多次重修，现存建筑为清康熙年间地震倾圮后重建。

孟庙呈长方形，五进院落，南北长458.5米，东西宽95米，占地4.36万平方米，折66亩。建筑群分东、中、西三路，其以亚圣殿为主体建筑，南北为一中轴线，左右作对称式排列。布局严谨，错落有致，建筑雄伟，格局迥异，充分体现了我国劳动人民的创造才能和古建筑的特点，是国内宋元至明清时期的古建筑代表作品。院内有亚圣殿、启圣殿、孟母殿、致严堂等殿宇64间。殿7间，高17米，横宽27米，进深20米，双层飞檐，歇山式，绿琉璃瓦覆顶。檐下八角石柱26根，中轴线两侧对称排列寝殿等。

庙内共有碑碣石刻350余块，是研究我国历史和孟庙沿革的珍贵资料。庙内古树苍郁，堪称奇观。孟庙的古树景观在明代就受到人们的喜爱，明代书画家董其昌特曾作诗一首："爱此孟家树，森然见典型。沃根洙水润，含气峄山灵。阅世消秦篆，参天郁鲁青。方知樗散寿，只入列仙经。"

2）孟府

孟府，是孟子嫡系后裔居住的宅第。位于山东省济宁市邹城市孟庙西侧，庙、府仅一街之隔。因元文宗至顺二年（1331年），孟轲被封为"邹国亚圣公"，孟府因此被称为亚圣府。孟府始建年代不详，据孟府大堂前现存几棵相当古老的桧树，紧同孟庙毗邻的建筑布局，以及孟庙内现存明代洪武六年（1373年）"孟氏宗传祖图碑"记载，说明北宋景祐年间就已经修建了孟府。在宋宣和三年（1121年）第三次迁建孟庙于城南的同时，迁建孟府于孟庙之西侧。

孟府平面呈长方形，南北长226米，东西宽99米，总面积2.24万平方米。初建时规模较小，后经历代重修扩建，至清初已形成前后七进院落，前部分为三个大院，后部分为左中右三路。主要建筑分布在南北中轴线上，以主体建筑"大堂"为界，前为官衙，中为内宅，后为花园。建筑格式为前堂后寝式，拥有楼、堂、阁、室共计148间。

孟府是国内规模宏大、保存较为完整且典型的官衙与内宅合一的古建筑群和封建地主庄园之一。1988年孟府与孟庙被国务院公布为第三批全国重点文物保护单位。

3）孟林

孟林又称"亚圣林"，位于山东省济宁市邹城市东北四基山西麓，是孟子及其后裔的墓地。四基山是连绵不断的四座山，因山顶都是齐头的，很平坦，古人说"如基"，所以叫作四基山。四基山的地理环境十分幽美，它"南面凫峰，北拱岱岳，层峦叠嶂，环拱交错。远接洙泗之水，近连岗峰之脉"。

《新建孟子庙记》碑载，北宋景祐四年（1037年），于四基山西麓发现孟子墓，并建庙祭祀。元丰七年（1084年），朝廷赐库钱修墓庙，购置祭田。经宋、元、明、清历代重修扩建，至清康熙年间形成目前规模。林内现存柏、桧、柞、榆、楸、槐、枫、楷等古树近万株，是国内少有的一处大面积侧柏山林。

4）先师庙

“先师庙”也称“孟轲庙”，位于孟轲东村。据传，孟子在游说各国期间，从齐国到魏国，途经干城（今河南省濮阳市华龙区孟轲乡孟轲村）被大雨所阻。当时孟子声望颇高，一时间奔走相告，轰动全村。孟子住处门庭若市，登门求教者络绎不绝。孟子见此人如此好施乐道，决定留下讲学数日。干城人也以此为荣，于是就在孟子讲学的地方建“先师庙”，把村名改为孟轲以示纪念。

清代，尊孔孟之风盛行。清嘉庆六年（1801年），开州（今濮阳）知州张极重修先师庙，并因“大贤名不可名村”，将孟轲村改为“大贤店”。先师庙殿堂雄伟，巍峨壮观，碑碣林立，古木参天。1958年“大跃进”运动中，先师庙被彻底拆除。

5.1.3 教学分析

1）孟子思想融入思政课教学可行性的多维解读

（1）孟子的“性善论”

孟子的思想产生于战国中叶的农业社会，而对它的当代诠释，就必须把它放在一个持续“生长”的社会发展过程中，才能达到古代与现代的互动、反馈和适应。孟子所面临的生态环境更为恶劣，但孟子却一直持乐观态度，他相信，生态是可以修复的，人类也一定会保护它。究其原因，与孟子的“性善论”思想有直接关系，而孟子的“性善论”思想则是其生态思想的基石。人性本善，也使人们能够在日常生活和行为规范中遵守和保持良好的道德，恪守良知与良能，心善、行善。通过人们内心的善激发人们的主观能动性，化为自觉行动，以此来保护自然生态与环境。

孟子认为，人的良知、良能，是人所具有的异于动物的道德意识。

人的良知、良能，是人与生俱来的一种道德意识和道德潜能，更进一步，甚至可以说是一种道德本能和道德情操。在良知与良能的驱使下，人们能够善待自然，保护自然生态。

性善的生态哲学思维是从人的本性出发，从差别之爱发展到一般的仁民之爱，然后从人到物，从仁民到物，从人到自然，从伦理到生态，从价值理性到经验事实，从现实到理想，层层递进。其中蕴藏着无穷无尽的生生之意与源源不断的伸展绵延可能。这是一条由内在心性一层又一层地向外推出的人与自然的关系。只有这样，才能真正建立起一个人与自然的生命共同体。

（2）孟子的“天人合一”

首先，孟子的“天人合一”是其思想体系中最重要的一环。他认为，人与天地是一种内在的关系，人应该与自然和谐共处。孟子强调人的内心与天地万物的共通性，认为人应该追求道德的完善，以达到与天地万物的和谐统一。

孟子以“仁义”为核心，阐述了人与自然之间的和谐关系。他把“仁”作为人与自然相处的一种伦理规范，主张以仁义等观念对待自然环境。孟子认为，人要遵循自然界的平衡，不能对自然资源进行过分的开采与破坏，而应对其进行保护与维持。他提出“爱惜生命”的主张，要求人要尊重所有生命的生存，不管是植物、动物还是整个大自然。

孟子的天人合一观与自然环境保护的理念在当今社会仍然具有重要的意义。在经济发展的过程中，环境问题越来越突出，对生态环境造成了极大的损害。孟子的思想提醒我们，人类应该重新审视与自然环境的关系，认识自我与自然，转变对待自然的态度和方法。

和谐是儒家追求的最高境界，也是中国传统哲学与文化所追求的最终目的。孟子对“天、地、人”的协调也有特殊的要求。孟子主张因人成事，因地制宜，顺应自然，与自然相通相依，协调一致，和谐共处，使万物在我们共同的世界里和谐共生。

（3）孟子的“不违农时”

孟子认为，百姓有了土地后，可以根据自己的需求决定种植的作物，君主需要做的就是保障农民的生产不受影响。战国时期，各国君主都热衷于兼并战争，扩大疆土，但对国内百姓的生活状况并没有给予足够的重视。君主往往过度征用劳役，占用了大量劳动时间，阻碍了农民生产。

孟子劝说君主要减轻百姓的劳役，遵循农业生产规律。对农耕经济要“不违农时”，对渔林经济，要“数罟不入洿池”“斧斤以时入山林”，只有这样才能“谷不可胜食”“鱼鳖不可胜食”“材木不可胜用”。孟子认为做到以上几点，就能不断满足民众的生活需求。这些都是生态文明理念的具体体现，即保持生态平衡，合理开发，永续利用。杀鸡取卵、竭泽而渔的发展模式是不可取的，必须走符合自然和保护生态的绿色发展道路。我们要坚持人与自然的和谐共存，推动生产生活方式的绿色转型，发展节能、环保的工业，提倡绿色的生产方式，建立生产、生活和生态的良性循环。

他还绘制了一幅美好的景象：“五亩之宅，树之以桑，五十者可以衣帛矣；鸡豚狗彘之畜，无失其时，七十者可以食肉矣。百亩之田，勿夺其时，数口之家可以无饥矣。”[①]虽然孟子只是用几句话简单描述，但他的主张无不体现着他对民众生活的重视，真心希望民众过上丰衣足食的生活。这些观点都充分反映了生态文明的理念，即遵循自然规律，保护生态环境。大自然是万物之源，是人类生存发展的根本条件，我们要对人与自然的关系有一个正确的理解和把握，牢固树立生态优先、绿色发展的指导思想，在遵循自然规律的基础上，推动经济社会各个方面的协调发展。

（4）孟子敬畏自然

敬畏自然要求人们不能违背自然发展规律，在尊重自然的前提下，要科学合理安排人类生产生活，只有这样才能达到自然与人类可持续发展。孟子提倡尊重自然规律，对自然持一种敬畏态度。孟子说：“七八月之间旱，则苗枯矣。天油然作云，沛然下雨，则苗浡然兴之矣。其如是，孰能御之？”[②]这句话体现了孟子对自然规律的尊重。在一定程度上，也表明自然的力量是不可抗拒的，我们千万不能违背自然法则，要

① 方勇. 孟子［M］. 北京：中华书局，2010：14.
② 方勇. 孟子［M］. 北京：中华书局，2010：10.

做到顺其自然，顺势而为，乘势而上。

敬畏自然的观念在人类具体实践中已经屡次验证其伟大与正确性。人类认知范围越是扩大，认知深度越是加深，人类对自然的敬畏意识就会越加浓厚。简单的背后逻辑是，人并非自然的主宰，而自然恰恰决定着人类的未来。

孟子还提出："天之高也，星辰之远也，苟求其故，千岁之日至可坐而致也。"[①]在孟子看来，天虽然高深莫测，但是只要人们观察自然现象，认识了自然界，就认识了天的自然规律。孟子告诉人们，万物都有自然规律可循，人类对自然的改造必须以遵循自然规律为前提。孟子曾盛赞禹之用智："所恶于智者，为其凿也。如智者若禹之行水也，则无恶于智矣。禹之行水也，行其所无事也。"[②]孟子对大禹根据西高东低的"地势"和水向低处走的"水性"疏导江河之水的成功经验大加赞赏，同时也对违反自然规律，盲目改造自然规律的行为进行抨击。

2）孟子思想在思政课教学中的具体应用

（1）坚持和谐理念

和谐是世界万物存在的一种方式。唯物辩证法认为，万事万物都是矛盾的统一体，和谐是矛盾的一种表现形式，是在承认事物多样性、差异性存在的前提下，矛盾双方呈现相互依存、互为条件、协调发展的状态。

实现社会和谐，建设美好社会，始终是人类孜孜以求的一个社会理想。中国人早就提出了"和为贵"的思想，追求天人和谐、人际和谐、身心和谐，向往"人人相亲，人人平等，天下为公"的理想社会。马克思主义经典作家对未来理想社会进行了科学描述，认为未来理想社会既是社会生产力高度发达和人的精神生活高度发展的社会，也是人与人和谐相处、人与自然和谐共生的社会。在革命、建设、改革的长期实践中，我们党不断探索和发展了具有中国特色的社会主义社会建设理论。我们要构建的社会主义和谐社会，既不同于我国历史上一些思想家所憧憬的"大同世界"，也不同于空想社会主义者所描绘的"乌托邦"，而是在中国特色社会主义道路上，中国共产党领导全体人民共同建设、共同

① 方勇. 孟子［M］. 北京：中华书局，2010：162.
② 方勇. 孟子［M］. 北京：中华书局，2010：162.

享有的和谐社会，是经济建设、政治建设、文化建设、社会建设、生态文明建设协调发展的社会，是人与人、人与社会、人与自然整体和谐的社会。

孟子对人与自然和谐的追求在他的思想体系中尤为明显。他认为人与自然相互依存，和谐共生，人们应该尊重自然规律，保护自然生态环境，爱护自然。这对于我们在理解传统文化中的和谐理念，以及构建新时代中国特色社会主义和谐社会，实现人与自然和谐共生起到了重要的借鉴和启示意义。

作为新时代国家的建设者，我们既要从“大社会”着眼，把和谐社会建设落实到包括经济建设、政治建设、文化建设、社会建设和党的建设等在内的党和国家全部工作之中；又要从“小社会”着手，以解决人民群众最关心最直接最现实的利益问题为重点，着力发展社会事业、促进社会公平正义、建设和谐文化、完善社会管理、增强社会创造活力，走共同富裕道路，推动社会建设与经济建设、政治建设、文化建设协调发展。

今天，我国社会主义现代化国家的社会建设取得了积极进展，但也存在价值诉求多元、利益纷争突出、矛盾冲突多发等影响社会和谐的问题。培育、践行和弘扬社会主义核心价值观，任重而道远。一方面，我们要善于继承发扬中华民族优秀文化传统中蕴含的和谐价值理念；另一方面，我们要遵循培育核心价值观的一般规律，做到内化于心、外化于行。此外，还要将培育和弘扬社会主义核心价值观和构建和谐社会的实践结合起来。

（2）敬畏自然，建设生态文明

构建生态文明，是一项关乎民众福祉与民族长远未来的重大战略决策。自然界是包括人类在内的一切生物的摇篮，是人类赖以生存和发展的基本条件。保护自然就是保护人类，建设自然就是造福人类。我们党提出建设生态文明的重大战略部署，这是对自然规律及人与自然关系再认识的重要成果，是破解我国经济社会发展面临的资源环境瓶颈制约的必然选择，是深入贯彻落实科学发展观、实现可持续发展的内在要求。我国人口众多、资源短缺、环境容量有限、生态脆弱。如果生态环境受到严重破坏、人们的生产生活环境恶化，如果资源能源供应高度紧张、经济发展同资源能源矛盾尖锐，人与人的和谐、人与社会的和谐就难以实现，我们不仅无法向人民交代，也无法向历史、向子孙后代交代。我们必须秉持尊重自然、顺应自然、保护自然的生态文明理念，将生态文明建设置于至关重要的位置，并将其全面融入经济、政治、文化和社会建设的各个领域与全过程。通过不懈努力，致力于构建一个美丽的中国，以确保中华民族的可持续发展。

在新时代背景下，大力推进生态文明建设，增强生态意识，从思想层面来说，处理好人与自然的关系是根本。生态意识是生态知识的内化和升华，了解和掌握生态知识是培育生态意识的前提和基础。要形成家庭、社会普遍参与的生态知识教育大格局，大力营造生态知识教育的良好社会氛围。

生态意识培育，追根究底是生态道德的涵养。为推动人与自然关系的和谐，生态道德的概念被提出，它将人际道德推广到人与自然之间，倡导人与自然和谐共生。引导人们树立人与自然、社会和谐统一的新的生态道德观。在日常生活中要主动践行生态道德观念，保护环境，提倡节俭，反对浪费，使自己的生活观念和消费行为趋于生态化、科学化、健康化。

为保证生态意识培育的常态化、长效化，需要建立健全生态意识培育的体制机制，从制度层面为生态意识培育提供保障。要深化生态文明体制改革，健全党委领导、政府主导、企业主体、社会组织和公众共同参与的现代环境治理体系。继续深入推进中央环保督察工作，推动各级党委和政府加强生态文明建设。加强对生态环境保护的法律、制度及相关规定的完善，依法从严从重处罚。以排污许可制为主要内容，加快建立固定污染源执法监督机制，促进企业主体责任的履行。要完善生态环保的经济政策，积极引导、鼓励各类社会资本进入生态环境建设领域。倡导简约适度、绿色低碳的生活与消费模式。要坚决贯彻新时代党的组织路线，推进全面从严治党向纵深发展，加快建设一支生态环保铁军。

通过培养提高人们的生态意识，促使人们坚守道德底线，内心能够敬畏自然，正确处理人与自然的关系，从而能够在自然中自由全面发展，真正实现人与自然和谐共生。

（3）建设生态文明共同体

新形势下加强生态文明建设是构建人类命运共同体的必然要求。习近平总书记强调，要积极推动全球可持续发展，秉持人类命运共同体理念，积极参与全球环境治理，为全球提供更多公共产品，展现我国负责任大国形象。近年来，气候变化、生物多样性减少、荒漠化加剧和极端气候等事件频繁发生，对人类的生存与发展造成了巨大的威胁。在面临生态环境的挑战时，人类是命运的共同体，休戚与共。全球环境治理以经济全球化为现实背景。经济全球化给人类的生态环境带来了两方面的冲击，一是加剧了全球性的生态危机，二是使全球环境治理成为可能。中国作为世界上最大的发展中国家，越来越多地参与到世界生态文明建设的进程中，这将是中国与全世界人民共同的梦想，为人类命运共同体的构建和实现人与自然和谐共生贡献中国智慧、中国方案。

我国是一个负责任的国家，在构建生态文明的过程中，坚决摒弃对生态环境造成伤害和破坏的发展方式，以推进绿色发展来应对生态环境问题，是中国式现代化道路的一个重要内容。这不仅是在办好我们自己的事情，而且也为发展中国家转变传统发展道路、为全球环境保护和治理贡献了中国智慧和中国方案。我们要在全球生态文明建设中扮演一个重要的参与者、贡献者和引领者的角色，使我们在全球环境治理系统中的发言权和影响力持续提高，实现更加强劲、绿色、健康的全球发展。

孟子对自己的要求是在任何社会环境下，保持内心的坚守，不因情势变化而变化。道德生命超越物质生命凸显生态价值理想。纯粹从自然而然之世界来说，人是自然界的一分子，这也是为什么孟子说人与禽兽的差别“几希焉”。这是因为君子追求的是对世界的担当，是为了整体世界的发展而自觉践行的人文价值理想，是为了国家乃至世界这个生态共同体的发展而非个人生命之得失。

建设生态文明共同体，建设清洁美丽的世界，就要倡导绿色、低碳、循环、可持续的生产生活方式，采取行动应对气候变化，构筑尊崇自然、绿色发展的生态体系，促进人与自然和谐共生，共建地球生命共同体。共谋全球生态文明建设是构建人类命运共同体的应有之义。自然物构成人类生存的自然条件，人类在同自然的互动中实现自身的发展。

（4）践行可持续发展道路

坚持可持续发展必须走生产发展、生活富裕、生态良好的文明发展道路。坚持生产发展、生活富裕、生态良好的文明发展道路，关系广大人民群众的切身利益，关系实现又好又快的发展要求，关系中华民族的生存发展，是坚持全面协调可持续基本要求的重要体现，是贯彻落实科学发展观的必然选择。要正确认识生产发展、生活富裕、生态良好是紧密联系、辩证统一的关系。生产发展，是走文明发展道路的基础环节。脱离了生产力的发展，就丧失了社会前进的先决条件，人民的生活富裕也就无从谈起。生活富裕，是走文明发展道路的重要体现。不断提高整个社会的物质和精神生活水平，使社会财富得到合理分配，使全体社会成员共享发展成果，人类文明才能不断进步。生态良好，是走文明发展道路的应有之义。遵循经济规律和自然规律，合理利用自然资源，保护和优化生态环境，坚持可持续发展，实现人与自然和谐相处，人类文明才能得到持久永续发展。

一直以来，中国与共建“一带一路”国家、国际组织积极建立绿色低碳发展合作机制。携手推动绿色发展，共同应对气候变化，让绿色切实成为共建“一带一路”的底色。展望未来，中国将以更具创造性、更具国际性的姿态，在“一带一路”上进一步加强环保合作。在这样的合作下，绿色发展的道路变得更加清晰，为可持续发展铺平了道路。

孟子的“取物有节”等传统智慧正是体现了可持续发展道路的深刻内涵，可持续发展应当考虑长远利益，并追求平衡与和谐。中国传统文化中蕴含着丰富的智慧，为我们提供了一条可持续发展之路。要实现可持续发展，就必须重视伦理道德，注重长远利益，尊重自然，追求平衡与和谐。唯有如此，我们才能实现可持续发展，使人类的未来更加美好。

（5）践行新发展理念推动高质量发展

发展是人类社会的永恒主题。党的十八大以来，以习近平同志为核心的党中央面对经济社会发展新趋势新机遇和新矛盾新挑战，鲜明地提出了创新、协调、绿色、开放、共享的新发展理念。新发展理念明确了我国现代化建设的指导原则。中国式现代化是人口规模巨大的现代化，是全体人民共同富裕的现代化，是物质文明和精神文明相协调的现代化，是人与自然和谐共生的现代化，是走和平发展道路的现代化。新发展理念的提出，回答了处在新的历史方位的中国“实现什么样的发展、怎样实现发展”的重大理论和实践问题，为以中国式现代化全面推进中华民族伟大复兴提供了科学指引。新发展理念是新时期中国发展的一种高度集成的、创新性、开放性的增长理念，它以深化经济体制改革、推动创新驱动、加强人力资本建设、促进区域协调发展、推行绿色发展五大方面为内在支撑。同时，引导与推动新发展理念的逐步实践和不断升华，助推实现中国特色社会主义现代化进程。其中贯穿着一条条绿色发展线，要求我们践行生态文明理念，推进生态文明建设。

绿色是中国迈向现代化强国的必然要求，也是实现可持续发展的亮丽底色。人与自然是一种共生关系，人类发展活动必须尊重自然、顺应自然、保护自然，否则就会遭到大自然的报复，这个规律谁也无法抗拒。环境就是民生，青山就是美丽，蓝天就是幸福，绿水青山就是金山银山。保护环境就是保护生产力，改善环境就是发展生产力。随着经济社会的发展，人们从“盼温饱”到“盼环保”，从“求生存”到“求生态”，对清新空气、干净饮水、安全食品、优美环境的要求越来越高，实现绿色发展越来越成为人民对美好生活的向往，成为对可持续发展的追求，成为中国式现代化发展的内在要求。我们要坚持节约资源和保护环境的基本国策，像保护眼睛一样保护生态环境，像对待生命一样对待生态环境，推动形成绿色发展方式和生活方式，促进人与自然和谐共生，建设美丽中国，为人民创造良好生产生活环境，为全球生态安全做出新贡献。

因此，新发展理念必须总结生态文明建设的经验，及时将生态文明建设纳入经济社会发展全局中，形成相应的政治措施和实施方案。孟子的生态文明观念作为中国传统文化中的精华，为我们新时代新发展理念的践行提供了重要的思想指引和借鉴意义。

我们要以新发展理念为指导原则，持续增强发展的协调性、可持续性，实现经济社会发展和生态环境保护协调统一，推动经济实现高质量发展，促进全体人民共同富裕，以新发展理念引领我国现代化建设。

5.2 孙子纪念馆与和谐社会

党的十八大报告强调：“建设中国特色社会主义，总依据是社会主义初级阶段，总布局是五位一体，总任务是实现社会主义现代化和中华民族伟大复兴。”这个新概括高屋建瓴、提纲挈领，是我们坚持和发展中国特色社会主义最重要的顶层设计。其中，确立经济建设、政治建设、文化建设、社会建设、生态文明建设五位一体的总布局，是我们党对社会主义建设规律在实践和认识上不断深化的重要成果。

5.2.1 思政理论

1）构建社会主义和谐社会的重要性和紧迫性

（1）构建社会主义和谐社会的提出

和谐在事物发展过程中起重要作用，和谐指矛盾双方处于平衡、协调、合作的情况下，事物呈现出的相互依存、相互促进、共同发展的特殊状态。追求社会和谐，是人类社会发展的重要主题。中华文明具有源远流长的历史延续性，历史的长河中留下了古人历久弥新的和谐思想，如以和为贵、天下大同、各美其美、美美与共等都体现出了人类对和谐社会的不懈追求。

恩格斯指出：只有在这样的社会状态下，人类才第一次谈到那种同已被认识的自然规律和谐一致的生活。恩格斯这里指的社会状态就是在共产主义设想下，人与社会达到和谐状态、人类文明与自然环境之间达到动态平衡与和谐，到那时人的自觉意识和类本质力量将达到新的高度。

社会和谐是中国共产党不懈奋斗的目标。毛泽东在《论十大关系》和《关于正确处理人民内部矛盾的问题》等著作中，提到过一些社会和谐的思想。邓小平、江泽民也提到过一些社会和谐的思想，党的十六大明确把“社会更加和谐”列为全面建设小康社会的一个重要目标。

党的十六大以来，我们党从中国特色社会主义总体布局和实现社会主义现代化战略全局出发，提出构建社会主义和谐社会的重大战略任务。社会和谐是中国特色社会主义的本质属性，是国家富强、民族振兴、人民幸福的重要保证。社会和谐成为建设中国特色社会主义的重大时代要求和战略任务。

（2）构建社会主义和谐社会的现实依据

这是我们抓住和用好重要战略机遇期、实现全面建设小康社会宏伟目标的必然要求。这是我们把握复杂多变的国际形势、有力应对来自国际环境的各种挑战和风险的必然要求。这是巩固党执政地位的社会基础、实现党执政历史任务的必然要求。

2）社会主义和谐社会的科学内涵

社会主义和谐社会是民主法治、公平正义、诚信友爱、充满活力、安定有序、人与自然和谐相处的社会。这六个方面体现了民主与法治的统一、公平与效率的统一、活力与秩序的统一、科学与人文以及人与自然的统一。

准确把握社会主义和谐社会的含义：社会主义和谐社会是社会主义性质的。建设社会主义物质文明、政治文明和精神文明，这三者相辅相成，共同为构建社会主义和谐社会提供了坚实的基础。物质文明的发展满足了人民的基本生活需求，为社会的稳定与进步提供了物质基础；政治文明的建设确保了社会的公平正义与民主法治，为和谐社会的构建提供了政治保障；而精神文明的提升则促进了社会的文化繁荣与道德进步，为和谐社会的形成提供了精神动力。同时，构建社会主义和谐社会也为进一步推进物质文明、政治文明和精神文明的建设提供了重要的条件。一个和谐的社会环境有利于各项事业的发展，能够促进经济的持续增长、政治的民主化进程以及文化的繁荣创新。因此，这两者之间存在着相互促进、相互依存的紧密关系，共同推动着社会主义事业的全面发展。构建社会主义和谐社会既是全面建成小康社会的重要内容，也是全面建成小康社会的重要条件；在实现全面建成小康社会的宏伟目标后，还要继续为构建更高水平的和谐社会长期奋斗。

3）构建社会主义和谐社会的重要意义

（1）理论意义

构建社会主义和谐社会，是对人类社会发展规律认识的深化，是对马克思主义关于社会主义社会建设理论的丰富和发展；是对社会主义建设规律认识的深化，丰富和发展了中国特色社会主义理论；是对共产党执政规律认识的深化，是党执政理念的升华。

（2）实践意义

构建社会主义和谐社会，有利于全面推进中国特色社会主义事业；有利于进一步解决好人民群众最关心、最直接、最现实的利益问题，实现好、维护好、发展好最广大人民的根本利益；有利于增强民族凝聚力和抵抗风险能力，更好地维护国家主权、安全和发展利益。

和谐社会就是人与自然、人与社会和谐统一与协调发展的社会。人类社会是在生产力和生产关系、经济基础与上层建筑的矛盾统一中发展的，也是在和谐与矛盾统一中发展的。一方面，它不同于封建式的“田园牧歌”，也不是空想社会主义的“乌托邦”，更不是现代资本主义式的“福利社会”。另一方面，它不同于未来的共产主义社会，而是马克思主义关于社会和谐的思想同当代中国实际相结合的产物，是迈向未来共产主义社会的一个阶梯。社会主义和谐社会同建设社会主义物质文明、政治文明、精神文明的关系是有机统一的，它们既有不可分割的紧密联系，又有各自的特殊领域和规律。

4）构建和谐社会的现实路径

立足于“五位一体”总体布局，我们需要将和谐社会建设的理念贯穿于党和国家的全部工作中，这包括经济建设、政治建设、文化建设、社会建设、生态建设以及党的建设等多个方面。同时，我们也应当从社会层面入手，重点关注并解决人民群众最为关心、最直接、最现实的利益问题。为了实现这一目标，我们需要着力发展社会事业，促进社会公平正义，推动和谐文化的建设，并不断完善社会管理，从而增强社会主义的活力。我们要坚持走共同富裕的道路，确保社会建设与经济建设、政治建设、文化建设以及生态建设之间能够协调发展。这样的综合发展策略，旨在构建一个全面、协调、可持续的和谐社会，让人民群众在各个方面都能享受到发展的成果，从而不断提升他们的幸福感和满意度。我们要时刻铭记，让人民生活幸福是“国之大者”。

构建社会主义和谐社会，要以马克思列宁主义、毛泽东思想、邓小平理论、“三个代表”重要思想、科学发展观和习近平新时代中国特色社会主义思想为指导，坚持以人为本、科学发展、改革开放、民主法治、正确处理改革发展稳定的关系、在党的领导下全社会共同建设。通过建设，实现民主法治更完善，城乡、区域更和谐，就业充分、社会保障完善，政府职能根本转变，公民素质明显提高，创新型国家基本建成和社会稳定等。

构建社会主义和谐社会，要把握好发展经济与改善民生的关系，紧紧抓住经济建设这个中心，推动经济高质量发展，为改善民生、构建社会主义和谐社会增强动力支持。同时，要加快推进以改善民生为重点的社会建设，优先发展教育，建设人力资源强国；实施扩大就业的发展战略，促进以创业带动就业；深化收入分配制度改革，增加城乡居民收入；加快建立覆盖城乡居民的社会保障体系，保障人民基本生活；建立基本医疗卫生制度，提高全民健康水平；完善社会管理，维护社会安定团结。

5.2.2 场景体验

1）孙武祠

孙武祠位于广饶县城西北隅，占地面积8万平方米，与广饶关帝庙大殿毗连，由4个相互通连的仿宋式建筑组成，是全国乐安孙氏公认的祭奠先祖孙武的宗祠。孙武祠系典型的古典式北方院落，城府套作森严整饬。正门坐北朝南，为庑殿式建筑，大门内为孙武祠的南院，院山门洞内有一壁刻，系我国著名历史地理学家周维衍撰写的《孙武故里考简记》，上文根据《史记》《资治通鉴》《太平广记》等诸多典籍的记载及专家学者的勘察考证，确定孙武故里即在齐国古乐安城，乃今日之广饶县，“兵法千载，荣光乡里”。院落正中矗立着一尊汉白玉孙武雕像，高3米，身佩宝剑，手持兵书，昂首挺胸，睿目远眺。两边厢房为卷棚式仿古建筑。南院与北院由一歇山式仿宋门庭相通。圣迹堂位于兵圣殿后面，里面有孙武的行迹沙盘及三十六计图录等。兵圣殿北是藏书阁，阁内陈列着各种兵书、史籍等图书2 000余册。西边是35米长的碑廊，立有党和国家领导人及学术界知名专家学者的题词石碑27方。此外孙武祠内还设有《孙武生平展》《孙武书画展》《兵法战例展》《广饶历代将军展》《孙子研究成果展》《古代兵器展》等10个展览。这些展览以翔实的资料、生动的画面、新颖的展示手段反映了兵圣孙武辉煌的一生及其故里广饶县的悠久历史。

2）孙子文化园

孙子文化园位于广饶县城东新区，孙武湖畔，是以孙子文化为依托，以弘扬兵圣文化为目的国家5A级景区，被列入黄河三角洲高效生态经济区及山东半岛蓝色经济区“四个一批”重点调度推进项目，规划总面积1 300亩。孙子文化园是以孙子文化为依托，以弘扬兵圣文化为目的，坚持“以人为本、生态和谐、突出特色、文化融合”的规划设计理念，按照国家5A级旅游景区、全国生态旅游示范区与国家级旅游度假区标准建设的集休闲度假、旅游观光、商贸服务、宗教朝圣、科普教育等功能为一体的综合性旅游度假区。孙子文化园是集中展示孙子文化的精品板块，也是传承和弘扬孙子文化的基地，按照“一轴、两带、六分区”规划布局，依据国家5A级标准进行开发建设。一轴，即以兵圣山为中轴形成的集中展示孙子文化的景观轴线；两带，即高品质生态景观带和游览主环道；六分区，即兵圣宫、兵器展示区、水上交战区、攻城演绎区、速度体验区、儿童游乐区。孙子文化园内设施完备，景色宜人，是传扬孙子文化的重要场所。

3）孙武湖

孙武湖位于广饶县城东区中心位置，呈西南-东北走向，全长7.5千米，经过新一轮扩建改造，库容达到2 200万立方米，景观水面500公顷，湖滨浴场11.5公顷。依托孙武湖天然水上优势，以生态观光、孙武兵家文化为主题脉络，按照国家5A级旅游景区和国家级旅游度假区标准进行规划的景区。整个湖区映衬于翠绿环绕之中，碧波荡漾，景色优美，被誉为旅游度假、休闲娱乐的黄金两岸。孙武湖通过开挖原有淄河河道，配套引水渠，以黄河水为主水源，兼可拦蓄利用淄河上游来水，为孙武湖提供了可靠的水源保障。湖区依河拓展而建，蜿蜒曲折，两侧湖岸全部用砌石衬砌，配以别致的汉白玉景观栏杆。景区内的绿化面积达到80余万平方米，林带向两侧纵深延伸近3公里，形成一道宽阔的自然生态景观带，使整个湖区映衬在翠绿环绕之中，景色十分优美。

4）武圣园

武圣园位于武圣孙子故里山东惠民县千年宋城墙、护城河以西，孙子文化旅游区内，北邻武圣大道，西靠庆淄路，与国家3A级旅游景区、超大型仿古建筑群中国孙子兵法城遥相呼应。武圣园以孙子兵法城为依托，古城墙为背景，水体为血脉，果园、草坪、花木为基础，集游乐、观光、餐饮为一体。总占地面积27公顷（405亩），其中建筑面积10 800平方米，绿化面积20万平方米，水域面积3万平方米。武圣园共设置“银河飞瀑、武圣湖游乐园、得水园、城隍庙、玉皇庙、兵器展”六处主要景点，并辟有“山水园林、绿地果林、亭台楼阁、绿荫长廊”等游乐场所。整个园内功能分布明显，各具特色，线路有序，曲径通幽，山水林榭，庙宇殿堂，神灵古刹，林荫绿地，花果飘香。武圣园借助园林式风格和古代庙宇特色，寓历史性、知识性、趣味性、娱乐性于其中，是又一处大型生态游览观光景区和理想的园林绿地生态胜地。

5）孙子故园

孙子故园，又名孙子兵法城，为一园林式建筑群，位于山东省惠民县城文化区内，占地4.3万平方米，它是为纪念中国古代伟大军事家、“兵学鼻祖”孙武而在原孙氏宗祠旧址上扩建而成的一处园林式仿古建筑群。它以具有千年历史的宋代古城墙遗址为依托，以“和平、战争、智慧”为主题全面展示博大精深、享誉中外的《孙子兵法》兵家智慧。景区由15座大殿和224间厢房组成。整组建筑古色古香，汉韵十足，楼台亭轩，古井涌泉，交相辉映，曲径翠竹，古柏垂柳，摇曳生姿。它是继北京故宫、曲阜孔庙之后我国第三大庭院式人文景观，是山东省“一山一水两圣人”旅游体系的重要组成部分。孙子故园前身始建于北宋崇宁元年，孙子故园以原有古建筑为基础，利用现有地貌，采用传统孙子故园布局手法设计。园内以孙子塑像为中心，两侧为孙子书院和孙子博物馆，塑像背面是《孙子兵法》残简影壁，把塑像与后面的水隔开，有放有收，空间适度。园内还设计了起伏的地形，以丰富空间的变化，增加景色层次。并利用1万余平方米的天然水面，疏浚砌控后建为乐安湖，于心建乐安亭，以三座曲桥与岸相接，将水面分割成三区，东区以孙子塑像为背景，南区划船与孙子阁相呼应，西区植荷，以增加湖面景色。体现了有动有静，有花有影的不同景色，为游人提供了多景色的活动空间。

6）孙子故里森林公园

孙子故里森林公园位于惠民县城西部的石庙镇，距离惠民县城18公里。占地1万余亩，是鲁北地区最大的平原林场。公园始建于1950年，1984年国家林业局批准并公布为自然保护区，总经营面积11 500亩，是综合性良种苗木繁育基地，有生态林、经济林、防护林等林地9 000多亩，林木蓄积量4万立方米，林木覆盖率达85%以上，有各种鸟类50余种，空气清新，气候宜人，享有“天然氧吧”之称，是现代都市休闲、度假的理想胜地，连续多年被省市主管部门评为“先进场圃”“保护森林资源”先进单位，堪称环渤海经济区一个独具特色、美丽富饶的现代化生态园林。

7）孙子兵法博物馆

苏州是孙武的第二故乡，是孙武建功立业之地，是孙武归隐终老之地，也是《孙子兵法》的面世之地。2022年建成的孙子兵法博物馆坐落于《孙子兵法》诞生地、苏州“吴中第一山”——穹窿山，现占地3万平方米，总建筑面积1.2万平方米，系全国首家《孙子兵法》主题博物馆。主要分为“兵学泰斗、横空出世”“拜将统兵、战功卓著”“兵学圣典、博大精深”“兵学哲理、魅力永存”等四大展区，以孙武的光辉一生为脉络，结合现代科学技术，生动展示《孙子兵法》的思想精髓和经典战役，彰显其贯通古今、连接中外的传播力与影响力。馆内还收藏有青铜器、器皿、陶钵等古代、现当代艺术品300余件，《孙子兵法》相关古籍文献150余册，专题书籍3 400余种。

5.2.3 教学分析

1）孙子思想融入思政课教学可行性的多维解读

（1）孙子主张“五事”与“七计”

“五事七计”是孙子战略预测思想和运筹理论的中心内容，是《孙子兵法》全书的核心思想之一。“五事七计”全面地揭示了军事斗争的内在规律，是孙武用兵规律的高度概括与总结。

孙子曰：“故经之以五，校之以计而索其情：一曰道，二曰天，三曰地，四曰将，五曰法。”“道”，孙子自解为“令民与上同意也”。“上”指国家的统治者，可延伸为一个组织的管理者，“民”为民众或组织成员，“同意”就是统治者或管理者的意志和民众或组织成员的意愿一致。孙子主张只有政治方面上下统一意志，协调一致，才能取得战争的胜利和事业的成功。在此基础上孙子依据官民之间的和谐，提出人与人之间的和谐思想，“同意”与“和谐”是吻合的。战争要取得胜利，官民之间就要建立一种融洽人际关系。“天”指天候、气象、四季寒暑；“地”指地形。天、地均属自然环境范畴，是决定战争胜负和事业成败的重要因素。因此，要赢得战争胜利必须掌握天象变化，熟悉地形即得天时地利，顺应自然环境变化规律与其保持一种和谐关系。新时代倡导的人与自然和谐共生正是植根于这种尊重自然的优秀传统思想的文化沃土中。《孙子兵法》十三篇中《九变篇》《行军篇》《地形篇》《九地篇》都专门讲了地理与军事的关系，其他篇章也或多或少有所涉及，反复论及如何掌握、利用自然环境从而实现人与自然的和谐发展。“将”指作战指挥者或管理者。在此孙子提出将领应具备的品质即智、信、仁、勇、严，强调的是五种品质兼备协调发展，既要有勇有谋，还要善于管理、严明法纪、赏罚有信，同时还要善于协调关系、爱抚部卒，与之建立融洽和谐的关系。“法”指组织、制度、法则，这是决定战争胜负的重要因素，也是维持将帅与士兵制衡关系的保障措施。孙子重视法的保障与约束作用，同样我们现在建设和谐社会，也必须制定法律法规来支撑。必须坚持依法治国和以德治国相结合，这是中国特色社会主义法治道路的鲜明特点，发挥法治对道德的保障作用，运用法律手段解决道德领域突出问题，强化道德对法治的支撑作用，把道德要求贯彻到法治建设中，实现法律和道德相辅相成，法治和德治相得益彰。“七计”即国君贤明、将帅有才能、得天时地利、法令施行、军队有实力、士卒训练有素、赏罚分明。孙子主张的“七计”其实就是“五事”的具体表现，两者都统一于人与人、人与自然之间的动态和谐思想中。

（2）孙子主张杂于利害

孙子的杂于利害表现的是一种辩证思维观。辩证思维观从某种意义上说也是一种和谐思维观。

从杂于利害的内涵看，这种思维观既承认矛盾的对立性，同时也强调统一性，在一定条件下可向各自的相反的方面转化，利可以转化为害，害可以转化为利。观察处理问题，既看到局部，又要着眼全局；既看到眼前，又要放眼长远；既看到己方，也要照顾到对方。辩证思维在我国春秋时期即已形成并成熟，孙子辩证思维已经达到相当高的水平。

孙子曰：“是故智者之虑，必杂于利害。杂于利而务可信也；杂于害而患可解也。”意谓明智的将帅考虑问题要兼顾利与害两方面，在不利情况下要看到有利方面，事物就能顺利发展；在有利情况下要看到有害的方面，祸患就可以解除。孙子“杂于利害”的思维观不仅适合于指挥战争，也适用于经济建设和其他事业，某些行为和做法从局部看是有利的，从全局看则弊大于利；从眼前看是有益的，从长远着眼则是有害的。某些事往往是利害参半，无全利，也无全害，关键是全面权衡一下利大还是害大。这就要求人们统观全局，用联系的、发展的观点来看待问题，善于取舍。于是孙子指出：“途有所不由，军有所不击，城有所不攻，地有所不争。”

（3）孙子主张“唯人是保”

“唯人是保”是指在军事战争中，最重要的是保护士兵的生命。孙子兵法强调了士兵的重要性，认为士兵是军队的核心，保护士兵的生命是最高的责任。这一理念强调了对士兵的关怀和尊重，以及在战争中保障士兵的安全和生存。在实际应用中，这一理念也包括了对士兵的培训、装备和精神鼓舞，以确保他们在战场上能够有效执行任务并保持生存能力。孙子之所以将矛盾冲突最小化，其中一个最重要的原因就是孙子有“唯人是保”的思想。

从唯人是保形成的时代背景看，春秋战国时期，群雄并起，诸侯争霸，孙子深知战争对于国家安危、百姓祸福的重要，所以在《计篇》开篇就说“兵者，国之大事，死生之地，存亡之道，不可不察也”。战争是生死的决斗，生命只有一次，死者不可以复生，他亲眼看见了战争给人民造成的灾难，所以他要在“利合于主”的情况下，“唯人是保”。因而他主张“先谋”，不打无把握之战，尽量减少损失，主张“伐谋”“伐交”，不出动一兵一卒即可取得胜利；追求“全胜”，“不战而屈人之兵”是他的理想；而当不得不战时，他采用依形任势、避实就虚、奇正相助等方式，减少战争的正面冲突，保存军队的力量，这其实就是保民。一方面因为古代的战争必须有人的参与，在战争未开始之前，两军首先就在比拼人数，可以说兵力的悬殊往往对战争的胜负有重要的影响，所以，“唯人是保”是出于对战争的考虑；另一方面，人民对于国家来说不仅是用来战争，更重要的是国家的发展就是在民众的力量的推动下前进的，所以孙武是一位有着长远眼光的军事家。

（4）孙子重战慎战

克劳塞维茨曾言：“战争是流血的政治，政治是不流血的战争。”孙子兵法在开篇之首的《计篇》中，就开宗明义地指出：“兵者，国之大事，死生之地，存亡之道，不可不察也”。这句话是孙子重战思想与慎战思想的体现。战争是关系到国家存亡与民族生死的大事，必须缜密计划，认真考虑。这既是孙子对古代战争目的所做出的高度概括，同时也指出了“兵学”流传于世的意义所在。孙子在战争的决策上提出了一个高层次的战略思想，即：不战而屈人之兵的全胜战略。这一战略思想是高于具体作战思想的大战略，是对具体军事战略的制定和实施起决定作用的方针，这是孙子慎战思想的最高理想追求，这种追求是以维护国家根本利益为出发点的，体现了他的慎战思想的立足点的高度，慎战的最佳方式是“不战”而不是“百战百胜”。所以在《谋功篇》中说“是故百战百胜，非善之善也；不战而屈人之兵，善之善也……故善用兵者，屈人之兵而非战也，拔人之城而非功也，毁人之国而非久也”。为了实现“不战而屈人之兵”的全胜理想境界，孙子从战略层面上提出了能使敌人屈服的两种方法：伐谋、伐交。至于伐兵、攻城则是次等的策略甚至是下策。伐谋是指以我方的谋略挫败敌方的谋略，使敌方不得不放弃与我方对抗的企图。外交则是打击敌国的盟友，以外交策略破坏敌国的联盟，同时扩大自己的盟友，使敌方屈服于我方。

慎战的核心是遏制战争，遏制战争是当今和平时期的军事战略基本着眼点，不战而胜是遏制战争的最理想战略目的。要达到这个目的，就要以强大的经济实力和军事实力为基础，通过各种方式为这个目的制造氛围，积极显示能够打赢战争的强大实力和坚强意志，使任何敌人都认识到与我作战必将付出巨大代价，或者是得不偿失，或者是惨遭失败，从而迫使其放弃战争的图谋，这也是孙子慎战思想和“不战而屈人之兵”等智慧的现代启示与诠释。

孙子对于战争的认识在我国历史上产生过重要的影响，举凡注重武备的朝代，大多能在较长时间段内维持相对稳定的建设与发展，创造高度开放性的文明形态，国家兴旺，人民富足。就现实而言，随着科技文化的不断发展，人类文明安全与战争形态也呈现出新的要求和变化，但战争的意义和目的与2 000多年前的孙子时代相比，并没有发生根本性的改变。国家的安全利益仍然是高于一切的，而失去国家安全的保证，就谈不上国家的建设和发展，更谈不上人民福祉的提高和满足。虽然战争对人类文明造成了巨大伤害，和平发展也一直是人类全体孜孜以求的目标，但在人类依然并将长期面临战争威胁的现实基础上，在国防教育中强调孙子对于战争“死生之地，存亡之道”的认识，仍然有着积极的意义。只有深刻认识到国防建设关系到国计民生，国防安全是国家的根本利益，才能将国防建设当作“国之大事”，才能将国防教育提高到其应有的位置之上。

2）孙子思想在思政课教学中的具体应用

（1）树立理性平和的社会心态

个体的品德修养是衡量一个社会精神文明水平的重要标准。

从个人层面看，保持自身心态的平和也是社会和谐的基本因素，偏激和浮躁的心态不仅影响个人事业的成功，也不利于社会的稳定、和谐。孙子提出五事之中的将应具备五种品质：智、信、仁、勇、严。

智，即讲求谋略，能够抓住瞬息万变的战机。信即诚信，优秀的将领要取信于士兵。仁即同情心、宽容心，要拥有崇高的情怀，严即严于律己、宽以待人。勇即作战勇往直前、所向披靡。同样，在新时代，培育担当民族复兴大任的时代新人也需要以上五个方面，只不过在新时代它的内涵更加丰富。作为时代新人要加强思想修养、情操锻炼和性格陶冶，学会“制怒”，保持头脑冷静，切忌感情冲动。同时切忌急功近利，在处理各种人际关系时保持一颗平和的心，这样才能促进和谐社会的形成。诚信是一种社会的道德原则和规范。诚信要求人们以求真务实的原则指导自己的行动，以知行合一的态度对待各项工作。诚信是个人与社会、心理和行为的辩证统一，本质上是德性伦理与规范伦理或者说信念伦理与责任伦理的合一，是道义论与功利论、目的论与手段论的合一。人们如果不讲诚信就无法实现自身的发展和完善，也很难取得长久而真正的利益。我们应当把诚信的讲求视为一种谋利和促进发展的手段，又把诚信的讲求视为一种神圣的使命和内在的义务责任，使诚信的讲求既崇高又实用，既伟大又平凡。仁，即相互尊重、大度宽容。社会是一个矛盾统一体，需要个体之间的包容。我们党提出的和谐文化，是一种崇尚和谐理念、弘扬和谐精神、缔造和谐社会的文化，其最核心的内容就是要把和谐确定为社会发展目标，树立以非对抗的、对话协商的方式解决社会矛盾的思维方式，营造相互尊重、相互关爱、相互体谅、相互帮助的社会风气，培育坦诚、大度、宽容、开放的社会心理。在新时代，孙子提倡的勇是一种担当精神的生动体现。从人类社会发展来看，担当是由社会物质生活条件及人们在社会关系中所处的地位决定和要求的。在马克思、恩格斯看来，人总是处在一定社会关系和社会条件下的现实的人，这种社会关系和社会条件本质上是对人的一种规定、一种责任、一种使命，也就是要履行的一种担当。人民当家作主是我们国家的本质规定，人民是国家的主人，青年一代是国家的希望，这赋予了青年一代对国家富强、民族振兴和人民幸福要更有责任，更有担当意识。青年一代不仅要有担当，而且要能够担当。新时代的中国青年要成为民族复兴的生力军，要成为走在时代前列的奋进者、开拓者、奉献者。最后孙子主张的是一种处世哲学。它的核心思想是在自身利益受到威胁时，要严格要求自己；而在对待他人时，要宽容待人、富有同情心和理解力。“君子为政之道，以修身为本。”在中华民族的历史上，修身律己是优良传统；在我们党的百年征程中，修身律己一直是共产党人的鲜明品格和为人准则。在这个前所未有的变革时代，唯有以修身律己这个共产党人始终坚守的“不变”才能有效应对日新月异的“万变”。

（2）统筹全局，一分为二

孙子“杂于利害”的辩证思维观为构建和谐社会提供了正确的思维方式。许多事情往往利弊并存，没有绝对的纯利或纯害。在面对这样的选择时，关键在于全面、深入地权衡利弊，判断利益与危害之间的比重。这就要求我们具备全局观念，能够运用联系和发展的眼光去审视问题，理解事物之间的相互关系以及它们随时间变化的趋势。在做出决策时，我们需要综合考虑各种因素，包括直接和间接的影响、短期和长期的后果等。同时，我们还需要具备取舍的智慧，根据权衡的结果，果断地选择那些能够带来更大整体利益的选项，即使这意味着在某些方面需要做出牺牲。这种权衡与取舍的能力，是我们在复杂多变的世界中做出明智决策的关键。

如果不讲生态效益，违背经济规律，片面抓经济建设也不可能使社会和谐发展。习近平总书记指出：“经济发展不能以破坏生态为代价，生态本身就是经济，保护生态就是发展生产力。”这一重要论述，深刻揭示了生态环境保护与经济发展的辩证关系。统筹推进生态环境保护和经济发展，重在树牢绿水青山就是金山银山的理念，在发展中保护、在保护中发展，推动形成绿色发展方式和生活方式，把生态效益更好转化为经济效益、社会效益。要增强全民节约意识、环保意识、生态意识，大力培养生态道德和行为习惯，在全社会牢固树立生态文明理念，让天蓝地绿水清深入人心。开展全民绿色行动，倡导简约适度、绿色低碳的生活方式，反对奢侈浪费和不合理消费，形成文明健康的生活风尚。

其次，掌握孙子杂于利害的思想，有助于把握和处理好现阶段社会上不同层次、不同群体之间的利益关系。和谐社会倡导的人际关系是求同存异、公平正义、团结友爱、和睦相处。由于生产要素的分化和向不同市场主体的集中，不同社会阶层的收入和利益分配上的差距不断扩大，社会矛盾、摩擦和冲突也随之产生。因此，要构建和谐社会，必须综合平衡各群体、各阶层之间的利益关系，制定相应的法规、政策来保证利益的均衡。要坚持和发展新时代“枫桥经验”，畅通和规范群众诉求表达，利益协调，权益保障通道，完善社会矛盾纠纷多元预防调处化解机制，努力将矛盾化解在基层。同时要健全社会心理服务体系建设，塑造自尊自信、理性平和、亲善友爱的社会心理，强化社会责任意识、规则意识、奉献意识，培育良好的家教家风，树立良好的社会风气，为和谐社会的形成奠定政治基础。

(3) 以人为本，人民至上

孙子“唯人是保”思想出于他对生命的珍视。这是我们现在以人为本、构建和谐社会要重视的。“唯人是保”的思想显示了对生命的关注，对人民的重视，为今天倡导以人为本的社会主义核心价值观提供了理论支持，对于今天处理人民内部矛盾、贯彻以人为本的理念、构建和谐社会都有积极的借鉴意义。

孙子提出了“唯人是保”的思想，一方面在于他对战争的估量，他珍视士兵的生命，尊重每一个个体的生命。在新时代我们党始终坚持人民至上、生命至上，这是中国精神、中国力量、中国担当的深刻彰显。“爱人利物之谓仁。”人的生命是最宝贵的，对生命权的重视，这是人命关天的道德观念、敬仰生命的人文精神的赓续传承，也是中国共产党领导下的社会主义国家始终秉持的价值伦理。虽然他由于阶级立场的原因没能认识到人民的主体作用，但是他意识到了普通民众对于封建国家建设的重要作用，他相信普通民众蕴藏的巨大建设力量。这启示我们要尊重人民群众的主体地位，说到底就是要相信人民群众。相信广大人民群众最了解实际情况，最有意愿和能力推动改革发展，最有动力表达意愿、创造经验、贡献才智；相信广大人民群众蕴藏着巨大的聪明智慧，自觉拜人民为师；相信无论遇到什么困难和挑战，只要与人民群众在一起就会凝聚磅礴伟力，就一定能战胜各种艰难险阻。

在近百年的奋斗历程中，我们党始终把人民立场作为根本立场，把为人民谋幸福作为根本使命，把全心全意为人民服务作为根本宗旨，把尊重人民主体地位和首创精神作为方法原则。习近平新时代中国特色社会主义思想更是丰富发展了其历久弥新的人民情怀，始终坚持人民生命至上、地位至上、利益至上、权力至上的价值立场。习近平总书记赓续党的优良传统，永远保持对人民的赤子之心，治国有常，而利民为本。人心是最大的政治，恪守人民情怀、坚持以人民为中心是我们党的基本政治品格。在当今中国，每当我们遭遇自然灾害，或者遇到突发人为险情时，党中央都在第一时间强调全力搜救生命，保障人民群众的生命安全，这就是以人为本思想的体现，它根植于中华民族几千年以来的悠久传统，是我们构建和谐社会的重中之重，也是我党为民执政、一切从人民出发、全心全意为人民服务的体现。社会主义和谐社会倡导以人为本，执政为民，就是以实现人的全面发展为目标，从人民群众的根本利益出发谋发展、促发展，不断满足人民群众日益增长的物质文化需要，切实保障人民群众的经济、政治和文化权益，让发展的成果惠及全体人民。

（4）秉持和平理念，直面现实威胁

孙子从战略层面上提出了能使敌人屈服的两种方法：伐谋、伐交。相较于伐兵与攻城，这些被视为较为次要的策略手段。伐谋、伐交的立足点在于达到一个全胜状态，在尽可能地降低国家战争成本的前提下，使自身达到利益的最大化。孙子慎战启示我们国际交往的立足点在于维护自身的国家利益。在新时代习近平新时代中国特色社会主义思想倡导对话而不对抗、结伴而不结盟的国际交往观，倡导共同、综合、合作、可持续的新安全观，推动构建相互尊重、公平正义、合作共赢的新型国际关系。为维护世界和平与发展贡献了中国智慧与中国力量。可以看到，这个伟大思想具有宽广的世界眼光、博大的天下情怀和坦诚的大国担当，不仅坚定地捍卫了自身的国家利益，也承担了大国的责任，照顾了其他国家的合理关切。

《孙子兵法》所产生的春秋时期是我国由奴隶社会向封建社会转变的过渡时期，激烈的社会变革反映到社会的政治生活中，表现为因物质利益而展开的频繁战争。在当今时代，战争对社会的破坏作用和国家的潜在威胁同样是不言而喻的，因此深入挖掘孙子重战慎战思想，对于加强国防教育，弘扬军事爱国主义思想具有重要现实意义。

孙子主张“兵者，国之大事”。他认为战争是关系国家生死存亡的头等大事。其提出的五事七计、杂于利害、慎战思想都是其保卫国家战争实践的生动反映，这些战争思想的精华最后的落脚点就是“兵者，国之大事”，这是一种国防安全意识，是捍卫国家主权的长远眼光。在新时代坚持“兵者，国之大事”的观念，必须以和平发展为主题，统筹经济建设和国防建设，树立安国全军的国家安全意识，赢得战略主动权。世界正经历百年未有之大变局，身处新时代的我们更要明白爱国的精神内涵。孙子作为一个谋略家，他是卓越的，作为一个爱国者，他是赤诚的。当今世界，和平形势下依然暗流涌动，霸权主义、军备竞赛、恐怖袭击等不稳定因素经常发生，而我国军事实力与发达国家还有一定差距，与履行新世纪新阶段我军历史使命的要求还有提高空间。只有以和平发展为主题，加强国防建设，尽快提高我军现代化水平，才能在这种情况下赢得战略主动权。这就要求我们必须站在国家安全和战略全局的高度上，统筹经济建设和国防建设，在全面建成社会主义现代化强国的进程中实现富国和强军的统一。反对战争，维护和平，是人类的共同利益，也是人类的共同责任。为了应对挑战，我们必须不断增强自身的综合国力，秉承“互信、互利、平等、协作”的新安全理念，维护世界和平与安全。我们必须适应当今世界政治多极化和经济全球化的发展趋势，秉持“和为贵”的传统理念，通过国际社会的共同努力，推动多种力量和谐并存和共同发展，维护世界的持久和平与稳定，坚决反对那种动辄诉诸武力和以战争相威胁的与全人类共同利益背道而驰的行径。

总之，《孙子兵法》跨越时空的智慧，对于正确认识当代的战争与和平，维护我国的安全和发展利益，促进世界的和平与发展，具有重要的借鉴价值。

5.3 墨子纪念馆与人类命运共同体

5.3.1 思政理论

1）构建人类命运共同体的理论内涵

习近平指出：“人类生活在同一个地球村里，生活在历史和现实交汇的同一个时空里，越来越成为你中有我，我中有你的人类命运共同体。”[①]为应对新时代提出的新挑战，各国人民应齐心协力，积极合作，推动构建人类命运共同体。

构建人类命运共同体是我们党审视当今世界发展趋势，针对当时世界发生的重大问题提出的重要理念。随着近代以来资本主义工业化发展，尤其是人类经济社会交往的不断深化，世界各国之间的相互依赖、相互联系越来越紧密。当今世界，随着经济全球化进程的不断推进，世界上的各个国家无论大小，无论贫富，正日益形成利益交融、安危与共的利益共同体和命运共同体。在当今世界形势的驱动下没有任何一个国家能够独善其身，推动构建人类命运共同体势在必行。

构建人类命运共同体，就是要携手世界各国人民共同建设持久和平、普遍安全、共同繁荣、开放包容、清洁美丽的世界。建设持久和平的世界，就是要坚持国家间的对话协商，坚持国家无论大小一律平等，努力构建对话而不对抗、结伴而不结盟的新型伙伴关系，努力形成互相尊重、公平正义、合作共赢的新型关系。建设普遍安全的世界，就是要树立共同、综合、合作、可持续的安全观，统筹应对传统和非传统安全威胁，反对一切形式的恐怖主义、霸权主义，营造公道正义、共建共享的安全格局。建设共同繁荣的世界，要坚持你好我好大家好的理念，推进开放、包容、普惠、平衡、共赢的经济全球化，推动世界各国共同繁荣发展。建设开放包容的世界，要坚持推动国家间的文明交流，以文明交流超越文明隔阂、文明互鉴超越文明冲突、文明共存超越文明优越，推动人类文明实现创新性发展。构建清洁美丽的世界，核心在于推广绿色、低碳、循环、可持续的生产与生活方式。我们必须积极应对气候变化这一全球性挑战，通过构筑一个尊重自然、倡导绿色发展的生态体系，来促进人与自然的和谐共存。这不仅是为了当前世代的福祉，更是为了构建一个地球生命共同体，确保未来世代的繁荣与发展。这样的愿景要求我们在全球范围内采取行动，共同努力，以实现一个更加绿色、健康、可持续的地球家园。

---

① 习近平. 习近平著作选读（第一卷）[M]. 北京：人民出版社，2023：109.

推动构建人类命运共同体顺应历史发展趋势，回应时代发展所提出的新要求，凝聚各国人民共识，为人类社会实现共同发展、持续繁荣、长治久安绘制了蓝图，对中国的和平发展、世界的繁荣进步都具有十分重要的意义。中国人民始终和世界人民站在一起，推动构建人类命运共同体，共同创造更加繁荣美好的世界。

2）推动构建人类命运共同体的价值基础和重要依托

推动构建人类命运共同体，必须弘扬全人类共同价值。习近平在出席第七十届联合国大会一般性辩论时明确指出："和平、发展、公平、正义、民主、自由，是全人类的共同价值，也是联合国的崇高目标。"①全人类共同价值包含当今时代人类价值观优秀成果，以联合国宪章为基础和准绳，理论基础具有共识性，实践基础具有包容性，凝聚了世界各国人民追求世界共同繁荣的最大公约数，从根本上符合世界人民携手共建人类命运共同体、共创人类更加美好未来的前进方向。

推动构建人类命运共同体，要落实全球发展倡议。发展是人类社会的永恒主题，2021年9月，习近平在第七十六届联合国大会上提出全球发展倡议。全球发展倡议，倡导各国坚持发展优先、坚持以人民为中心、坚持普惠包容、坚持创新驱动、坚持人与自然和谐共生、坚持行动导向，共同推动全球平衡、协调、包容发展，推动人类命运共同体加快建设。

推动构建人类命运共同体，要落实全球安全倡议。安全是发展的前提，人类社会是不可分割的命运共同体。2022年4月，习近平在博鳌亚洲论坛年会上提出全球安全倡议。全球安全倡议，倡导各国应坚持共同、综合、合作、可持续的安全观，互相尊重主权、领土完整，互不干涉内政，既保证国内和平又兼顾他国合理关切。以对话协商的方式解决国际争端，共同建设普遍安全的人类命运共同体。

推动构建人类命运共同体，要落实全球文明倡议。文明多样性是世界的基本特征，也是人类进步的源泉。2023年3月，习近平在共产党与世界政局高层对话会上提出全球文明倡议，倡导尊重世界文明多样性，

---

① 习近平．习近平谈治国理政（第二卷）[M]．北京：外文出版社，2017：522.

倡导弘扬全人类共同价值，倡导重视文明传承和创新，倡导加强国际人文交流合作。尊重世界文明多样性，不将自己的文明价值观强加于人，积极开展世界各国精神文明交流，拓宽交流渠道，丰富交流内容，推动人类命运共同体加快建设。

3）构建人类命运共同体是实现中华民族伟大复兴的必然要求

党的二十大报告指出："我们党立志于中华民族千秋伟业，致力于人类和平与发展崇高事业，责任无比重大，使命无上光荣。"构建人类命运共同体，事关中华民族、中国人民的前途命运，事关世界各族人民的前途命运。随着实现中华民族伟大复兴伟业的不断推进，中国将在构建人类命运共同体的进程中起到更强劲的推动作用。

（1）推动构建人类命运共同体，是凝聚党百年奋斗经验的结晶

"党的百年奋斗深刻影响了世界历史进程，深刻改变了世界发展的格局和趋势，坚持胸怀天下，是党百年奋斗史的历史经验之一，也是新时代推动中国特色社会主义理论创新的基本要求之一。"[①]中华民族伟大复兴已进入不可逆转的历史进程，中国在不断推动本国发展的过程中积极与世界上一切进步力量携手，推动既保证本国发展又兼顾他国合理关切，推动世界朝着更加开放、包容、普惠、平衡、共赢的方向发展，推动历史的车轮滚滚向前，建设更加美好的世界。

（2）推动构建人类命运共同体，体现了中国式现代化的本质特征

习近平指出："中国式现代化，是中国共产党领导的社会主义现代化，既有各国现代化的共同特征，更有基于自己国情的特色。"[②]中国式现代化是走和平发展道路的现代化，在坚定维护世界和平的过程中谋求自身发展，又以自身发展积极促进世界发展。高举和平、发展、合作、共赢旗帜，在推动中国式现代化发展的过程中积极为人类命运共同体注入新的能量，为人类事业向前发展开辟更加广阔的前景。

（3）推动构建人类命运共同体，体现了新时代中国特色大国外交的总目标

实现中华民族伟大复兴中国梦，与世界各国人民的美好梦想息息相

① 《党的二十大报告学习辅导百问》编写组. 党的二十大报告学习辅导百问［M］. 北京：党建读物出版社、学习出版社，2022：78
② 习近平. 习近平著作选读（第一卷）［M］. 北京：人民出版社，2023：18.

通。中国特色大国外交要谨慎把握当前世界复杂多变的新形势，审慎认识新形势带来的新矛盾、新挑战，团结一切可以团结的力量，围绕党和国家中心事业，不断增强自身力量，深入参与全球治理体系改革与建设，成为维护世界和平的中坚力量，成为捍卫国际公平正义的中坚力量。

4）对马克思主义理论的继承发展

共同体在马克思那里是至关重要的基础性概念，马克思指出，“人的本质是人的真正的共同体”，真正的共同体的目标是实现全人类的整体利益和解放，只有在此基础上建立的“自由人联合体”才是名副其实的共同体。人类命运共同体思想继承发展了这一逻辑，这一思想是对马克思共同体思想的继承和创新，它遵循共商、共建、共享的基本原则，倡导在国与国之间建立一种平行结构的伙伴关系，号召“尊重多样化社会制度”。站在超越国家的共同体层次上，人类命运共同体思想强调建构真实的、平等的、互利的共同体，其核心理念是结伴而不结盟，理论原则是新型义利观，实践归宿是增进世界人民的共同利益、整体利益和长远利益，实现合作共赢的发展目标。这一思想既高于其他强调自利、权力与自身安全的丛林法则，又高于建立世界政府的自由制度主义，它把民族发展与世界和平融为一体，强调基于“共同发展”“同命相连”“利益攸关性”的自然聚合，正以另一种思维为“自由人的联合体”创造契机。随着科技进步和生产力的发展，随着世界交往范围和深度的不断扩展，随着总体人类文明程度的进一步提高，人类命运共同体思想正在21世纪日益表现为一种现实具象。高校思政课要将“做世界和平的建设者，全球发展的贡献者，国际秩序的维护者”纳入目标体系，立足于人类整体的高度，成为众多构建“共同体”维度中的“一维”，积极参与到人类命运共同体构建中，这一课程是面向大学生集中传授关于中国的历史与未来发展、关于中国共产党的过去与现在、关于马克思主义历史运动与现实发展的理论集合，是一个以思想政治品德为肌理、以中国特色为骨架，以马克思主义为基底的有机系统，因此，将人类命运共同体思想融入高校思政课是讲清中国发展脉络与进程、讲述中国共产党的故事、坚持马克思主义旗帜的必然要求和题中之义。

5）对中华优秀传统文化的传承创新

人类命运共同体思想承载着中华民族的优秀价值基因，怀抱着对人类美好未来的深切期盼，从中华优秀传统文化的沃土中汲取了历史智慧、理论智慧和实践智慧，是中华文明的精髓之一。它体现了中华民族爱好和平，天人合一的和谐理念，目的是实现“天下为公”的“大同世界”，构建“各美其美，美人之美，美美与共”的美好愿景。这种“达则兼济天下”的共享情怀、“先天下之忧而忧”的济世情怀、“天下一家”的人类情怀、“天人合一”的宇宙情怀等，为人类命运共同体理念的提出打下了丰厚的理论基础。人类命运共同体思想不仅是对中国传统“大同”与“和合”文化的延续，更是中国共产党与时俱进促进文化更具生命力和吸引力的彰显。习近平总书记在多次外事活动演讲中都对和合思想进行了深刻阐释，包括中国传统文化中协和万邦的外交目标与文化自觉，和而不同、兼容并蓄的外交伦理原则等。他指出，“和平发展思想是中华文化的内在基因，讲信修睦、协和万邦是中国周边外交的基本内涵”[①]。“和”的本质是和谐共荣、共生共济、差异互补，它的包容性、内聚性、开放性，造就了中华民族敦厚平和、强不凌弱的民族性格，长期根植于中国人的思维方式和话语体系中，鲜明体现了中华文明兼收并蓄、开放包容的品格。高校思政课是对大学生进行中华优秀传统文化教育的重要场域，可以帮助学生深入了解人类命运共同体思想蕴涵的中华传统文化智慧，提升大学生的中华优秀传统文化素养，增强文化自信，打造中华民族共有精神家园，使学生能够在多元文化、多元价值观面前做出正确的判断和选择。

5.3.2 场景体验

墨子纪念馆坐落于山东省枣庄市滕州市，位于滕州市城区东部风景秀丽的荆河西畔，前靠龙泉塔，后依王学仲艺术馆，南面府前路，西临塔寺街，环境优美，交通便利。始建于1993年，升级改造于2007年，纪念馆总占地面积20 000平方米，建筑面积8 000平方米，是世界唯一

① 习近平在新加坡国立大学的演讲（2015-11-08）.

一座以墨学文化研究为中心，集资料收藏保护、研究成果陈列展示于一体的场馆。

纪念馆由东、中、西三部分组成，主要展厅集中于东院。

东院展厅分为序厅、综合厅、科技厅、圣迹堂、军事厅，内有墨子讲学石雕胸像、《墨子》石刻、名人题词碑刻等，集中展示了墨子的思想及其研究成果。在墨子圣迹堂里，展出的是高2.5米、长85米的巨幅壁画，表现了墨子光辉的一生。“兼爱、非攻、尚贤、尚同、节用、节葬、非乐、非命、天志、明鬼”二十个大字，概括了他的思想主张。科技厅展示墨子及墨家科技，军事成果展示，内展“小孔成像”等数、理、军事理论及模型，再现了“科圣”墨子辉煌的科技成就。汇文堂展示了各级党政领导人、著名国内外专家、学者、知名人士及书画大师的题词，展室内藏珍贵书画700余幅。此外还有角楼、回廊、目夷亭等景观，院内建筑古朴庄重，气势恢宏；门阔窗高，嵌以蓝宝石玻璃；名花异草，万木争荣，体现民族特色的同时折射出现代建筑的光影，是现代化与民族形式相结合的园林建筑群体。

西院建有中国墨子学会、山东大学滕州墨子国际研究中心、山东墨子基金会办公区、目夷亭和名人题词碑廊。北部为图书资料楼，收藏国内外墨学研究图书资料，是国际上唯一的墨学研究资料中心。它既是旅游观光的不错之选，也是滕州市对外宣传的重要窗口。

纪念馆始终坚持思想研究和旅游开发并重，在保证科研的同时每年接待专家、学者以及游客50多万人次，被中外专家誉为“墨研基地，古藤圣府”。纪念馆秉持现代科技与传统文化相结合，保护文化与创新发展相结合的理念，将游览参观与亲身体验相结合，引进先进技术丰富游客体验，以达到游客观览效果最佳化。在科技厅游客可以利用先进技术身临其境地体会到墨子时空观的博大，更加直观地体验到墨子声音直线传播的实验，在小孔成像室游客可以体验墨子小孔成像原理的奥妙，在军事厅游客可以通过相关的设施使自己置身于春秋战国时期战争的场景中，体会古人的思想等。

作为墨子学说的重要研究基地，纪念馆秉持保护性开发利用的原则，积极组织专家对墨子文化资源进行研究发掘。引进先进技术，使研究成果转化为实物体验，利用实物场景再现研究成果，积极开发旅游资源，使旅游与人文和谐融为一体，对于传承墨学文化，弘扬墨子精神，以及中华文化的创造性转化和创新性发展具有十分重要的意义。

5.3.3 教学分析

1）墨子思想融入思政课教学可行性的多维解读

（1）墨子的“兼爱”

“兼爱”思想是墨子的核心思想，指同时爱不同的人或事物，本质上是指一切无差别的爱，主张以爱人之心对待所有人，实现人人平等、和平相处。

从“兼爱”思想形成的时代背景来看，墨子所处的时代是春秋战国时期。经济上，井田制的解体、铁犁牛耕的兴起，促进了生产力的发展。生产力的发展导致生产方式也随之改变，原来的奴隶制度已经不能满足时代的发展需要。政治上，那时中国社会处在从奴隶制度到封建制度的过渡阶段，诸侯国的军事和经济力量日渐强大，而周王朝则日渐衰微，诸侯之间的兼并战争日趋激烈和频繁。国家间的战争致使民不聊生。因此墨子认为要做到国家安定人民幸福，必须做到“兼相爱，交相利”，并进一步提出了“非攻”“尚贤”“尚同”等一系列主张来维护社会秩序。文化上，春秋战国时代剧烈的社会变化，导致了儒、墨、道、法等学派的兴起，学术界形成了“百家争鸣”的局面，中国的文化也达到了前所未有的高度。尤其是在战国时代，各国对“士”的态度较为宽松，并给予一定程度的学术自由，这为“士”这一群体提供了一个表达自己观点和著述的良好环境，很好地推动了春秋战国时期的思想解放。

从“兼爱”思想的内涵看，“兼爱”思想包括“爱无差等”“兼相爱，交相利”两方面的内容。

首先，“爱无差等”体现了一种平等的理念，“兼爱”是一种超越血缘和背景的博爱，它使得人与人之间的关系处于一种平等的地位，不受外部各种因素的影响。这也是一种不分国界的爱，它要求人们像爱自己的祖国那样去爱其他的一切国家，像爱自己那样去爱他人。不管血缘关系和社会地位高低，无论贫富贵贱，都是平等的爱。这种“平等之爱”，既要破除当时流行的等级制度，又要破除那个时代的世袭制，消除国家间的敌意、人与人之间的隔阂、家庭亲友之间的仇恨，做到兄友弟恭，君臣和睦，互敬互爱。若世人皆能“兼爱”，则弱者将不再蒙受不应受之辱，将不再受富贵之人的凌辱。

平等之爱的平等观要求在人际关系中相互平等，要求像对待自己一样去对待别人，像爱护自己一样去爱护别人，人与人之间应该相亲相爱，不应该受到家族、等级地位等因素的限制。要实行不论远近、关系、等级以及亲疏，不论贵贱、高低以及阶级的平等之爱，这种爱被称为无差等的爱，即“爱无差等”。这种平等之爱既要打破人们普遍认同的高低贵贱的命运观，又要打破当时社会的宗法继承的血统观，要实现国与国、人与人之间的平等。一个社会的平等之爱，就会使得诸侯国之间不会发生战争，人与人之间就不会发生仇视；父子彼此之间就会父母慈爱、子女孝顺；君臣彼此之间就会臣子忠诚、君主惠臣；兄弟彼此之间就会变得和睦相处；天下百姓如果都能实现“兼爱”，那么弱者就不会被强者欺辱，人少就不会被人多欺辱，贫穷的人就不会被富贵的人欺辱。由此可见，墨子的爱是不分亲疏远近的平等之爱。

其次，“兼相爱，交相利”体现了一种互利的观念。墨子认为，一切国家和人民之间的冲突如果从更深层的角度来分析，就会发现问题产生的根源仅在于所有人都只关心自己和自己的祖国，却没有意识到同样要去热爱他人和他人的祖国，并且这两种爱应当是相等的。墨子相信，只有真正站在百姓的立场上，为百姓谋福利，才能彻底解决社会的乱象，这就是“爱民”。只有双方做到“兼相爱，交相利”才能达到“互利”的效果。

墨子生活于春秋末战国初，这时，诸侯之间为了相互争夺霸主地位，各自都以自身利益为重，这造成了社会动荡不安的局面。墨子认为，要实现社会的统一和谐，人们应在相互交往的过程中以他人之利为前提，实现兼爱，这样才能结束社会的混乱局面，所以墨子提出了“兼相爱，交相利”，这说明墨子的兼爱是一种互利的爱。墨子的“利”是其“兼爱”实现的基础，是“兼爱”实现的担保。所以，墨子总是与

“利”联系在一起论述其兼爱思想。墨子这种互利的爱，是以利他为前提从而实现双方相互得利的共赢的爱，并非追求个人私利的爱。“兼爱”思想体现了墨子为天下苍生的利益着想，墨子认为实施兼爱，有利于普天之下广大劳苦大众的利益发挥到极致，也有利于为社会造福除害，这才是君主应该具有的治国理政的根本对策，是发展国家的需要之本。

墨子的“兼爱”是一种超越当时社会等级伦理关系的大爱，他认为人人具有兼爱天下的情怀，百姓就会衣食富足，社会和谐有序，国家安定和平。墨子认为爱不分区域大小，应该具有天下胸怀，要爱自己的家人、朋友以及社会所有人，即墨子希望全社会的人互爱。社会这个整体是由每一个个体组成的，个体的行为是可以通过其他个体进行反馈的。每个人是一个独立的个体，一个人如果施爱于他人，也一定会收到他人的爱，即“夫爱人者，人必爱之”①，这种爱是互等、双向的。在人际交往的过程中，每个人都要爱对方，这样就会得到对方同等的爱，这正是墨子所倡导的“兼爱”。这所体现的正是人与人、家庭与家庭、人与社会以及家庭与社会间的互爱。这种爱的相互性表明，人们之间的爱是相互的，如果想获得其他人对自己的爱，每个人从意识上应该去给别人关爱，最终实现全社会的人都相爱，即“天下兼相爱”。

（2）墨子的“非攻”

“非攻”即谴责非正义的侵略战争，以“兼爱”思想为基础。墨子在《非攻》下篇中将为人民兴利除害的战争谓之“诛”，将不正义的战争谓之“攻”。墨子提倡“非攻扬诛”，攻与诛的区分在于战争的出发点及归宿是否是为天下兴利除害。譬如，他认为大国攻打小国，强国欺凌弱国，就是不正义的“攻”。墨子从“利”的角度彻底否定了非正义战争的意义和作用，从国家百姓人民之“利”出发，就是维护了最大的“义”。

从“非攻”思想形成的时代背景来看，政治上，墨子生活的时代周王室实力日益衰微，各诸侯国群起，实行变法图强，国力日益强盛。诸侯国为了各自的利益，开始“以大攻小”“以强欺弱”“以众欺寡”的侵

① 李小龙. 墨子［M］. 北京：中华书局，2007：66.

略战争，各国之间的战争愈演愈烈，国内一片混乱。周王朝原来的政治制度逐步解体，统治天下的局面也随之崩溃。经济上，随着春秋战国时期生产力的提高、井田制的瓦解、生产关系变革，社会处于大变动时期。由于生产力的发展和农业生产的进步，大量农民开始转向小手工业，形成一个新的阶层——手工业者，代表着小生产者利益。这就导致统治者和被统治者之间的矛盾日益尖锐。一方面，随着生产力的发展，新兴阶级希望国家稳定，有安定的环境来保障生产。另一方面，统治者为了满足自己的欲望，对外发起战争，对内强加徭役，致使民不聊生。墨子正是从小生产者的角度去考虑如何消灭战争，建立一个和平、繁荣的社会，提出了“兼爱，非攻”的方法。文化上，随着生产力的发展，西周时期“重视天命”的思想发生变化，人们越来越重视自己，信仰自己的力量。在意识形态方面，墨子抛弃“礼”中的各种繁文缛节，注重“礼”实用性。

非攻思想是其兼爱思想在处理国家问题上具体化的延伸。墨子对于非攻思想的论述主要集中在四个方面：反对不义战争、注重救弱防御、肯定诛伐之战、主张生态保护。

“非攻”最重要的观点是反对不义战争。这里特指反对当时的“大攻打小，强欺侮弱，多残害少，狡诈欺骗愚笨，尊贵傲视卑贱，富足傲慢贫困，年壮掠夺年老”的掠夺性战争。墨子身为小生产阶级的代表饱受战争的困扰，认为国家间的不义战争是最大的不义。墨子指出：“杀一人谓之不义，……今至大为不义攻国，则弗知非，从而誉之，谓之义。”[①]首先，墨子认为不义战争最先受害的是本国，征兵作战致使农民无心农耕，就会使衣食之用匮乏，从而挨饿受冻以至于死亡；发动战争会耗费国家的积蓄和财用，使国库空虚；君王没有时间治理国家，士大夫、农民、妇女等无法各司其职，社会就会混乱，那么国家就无法发展，人民也无法安居乐业。其次，是对被侵略国的影响，对被入侵的国家会造成社会混乱，百姓流离失所。因此墨子认为发动不义战争对己对人皆无利。

① 方勇. 孟子［M］. 北京：中华书局，2010：152.

其次，墨家的“非攻”思想还体现在肯定诛伐之战上。墨子反对战争并不是反对一切战争，其反对的是国家间为了不义之利而发起的“不义之战”。对于另外两种战争，墨子则是完全赞成：其一是救弱防守，其二是诛伐无道。墨子把侵略“无罪之国”的战争定义为“攻”；把攻打“有罪之国”的战争定义为“诛”，“诛”是一种正义的战争。墨子的诛伐无道是为天下范围内的和平与稳定，是为保护人民生命和利益的安全。

墨家环境伦理思想中的反战思想还体现在其为抵御战争的积极防守等方面。防守是属于自卫战争，这是弱小国家在面对强大敌国入侵而得以生存下去的必要手段。为了可以真正地阻挡敌人的侵犯，墨子提出了备战的解决方法，实际行动去鼓励、支持小国的防御，以这种方式来阻止战争的发起，把可能造成的伤害降到最低。墨家的防御首先表现在全民皆兵，当面对强国来进攻时，不能是等待别人的救援，也不能是靠单枪匹马地去作战，还要动员全国百姓一起投入战斗，结成抗敌守城统一战线；其次表现为充分准备，积极备战；同时，灵活外交、争取外援；最后，墨家认为必要时可主动进攻，反攻为守。

与此同时，墨家认为战争对环境的损害以及对自然资源的破坏是巨大的，而且战争对自然的破坏不仅仅表现在战争发生阶段时期，还包括备战时期对生态平衡的破坏，这些都会对环境造成不同程度的破坏。因此，墨家对战争是极力反对的，并提出“非攻”这一反战主张。墨家还指出，战争对生态环境的破坏违背了天意，要受到上天的惩罚，而只有停止战争才能避免惩罚，减轻战争对自然环境的破坏。现在看来，墨家的反战思想对于保护日益恶化的生态环境，具有极其重要的意义。

2）墨子思想在思政课教学中的具体应用

（1）共享发展理念

党的十八大以来，以习近平同志为核心的党中央充分总结提炼我国经济发展的成果经验，结合新的时代背景以及新机遇和新挑战，提出了一系列新理念新思想新战略形成了习近平经济思想。必须把握新发展阶段，贯彻新发展理念，坚持和完善社会主义基本经济制度，加快构建新发展格局，建设现代化经济体系，以高质量发展推进中国式现代化。

发展是解决我国一切问题的基础和关键，新时代新阶段的发展必须贯彻新发展理念。新发展理念是实现高质量发展的指导原则，贯彻新发展理念是关系我国发展全局的一场深刻变革。习近平指出，新时代抓发展，必须更加突出发展理念，坚定不移贯彻创新、协调、绿色、开放、共享的新发展理念。

其中共享发展注重解决的是社会公平正义问题，共享是中国特色社会主义的本质要求，必须坚持全民共享、全面共享、共建共享、渐进共享，不断推进全体人民共同富裕。创新发展理念引领经济高质量发展，不应只分析现在，应面向未来，同时还应该在前人的智慧里汲取营养。墨子的“兼爱”思想就可以为共享发展理念提供强大的理论支撑。我们要吸取墨子的兼爱思想中的精髓，找到二者的内在联系，为建设一个更加公平、人人平等相爱、共建共享的社会提供营养。

共享发展理念强调的是公平、公正、全体人民共同富裕，发展成果由全体社会成员共享。“兼爱”思想中的“平等的爱”追求的就是天下的人能够平等、无差别地相爱，其中蕴含着墨子对于公平公正、和谐的社会的追求。

从经济层面上来说，墨子的理想是建立一种平等、公正的分配方式，即“以劳殿赏，量功而分禄”，这是一种原始的、简单的按劳分配的理念，意思是按照贡献和为民谋利的多少来分配生活资料，有贡献的人获得的资源就多，反之获得的资源越少，这也在一定程度上反映出墨子的“兼爱”思想中的“平等”和“公平”。就人际关系而言，国与国之间的和睦、家与家的互敬互爱、人与人之间的友爱、社会各阶层的人都能比较和谐地生活在一起，这种关系与状况更利于人际关系的平等，从而更好地推动社会的发展与进步。

另外，墨子生活的年代生产力迅速发展推动生产关系发生变革，传统的宗法制和礼乐制逐渐走向崩溃，混乱不堪，民不聊生。在当时的社会环境下，由于人与人之间不相爱，导致国家之间、家庭之间、亲友之间、兄弟之间、人与人之间战争频繁发生。尤其是统治者为了自己的利益，扩大自己的统治范围，无休止地发动对外战争以及加重徭役，导致人民生活困苦。墨子作为小生产阶级的杰出代表，他站在小生产者的角度，重视与他们有关的物质和经济利益，尤其是要解决他们的衣食住行等最基本的问题，这一理念既是封建时期广大平民、小生产者的利益所在，也是一种以人为本的理念，具有民本的倾向。

墨子的兼爱思想的另外一个方面“兼相爱，交相利”也可以为共享发展理念提供补充。“兼相爱，交相利”可以理解为，爱利相结合，爱能以利的形式体现。每一个人都应该尽自己所能获得利益，同时又不能让别人受到伤害，互惠互利，用相互受益、爱利相结合的方式，消除灾祸，为世人谋福利。这在某种程度上反映出了墨子的兼爱思想中各阶层间的相爱以及为人民和人民的利益考虑的思想趋向。

共享发展理念秉承“以人为本”的理念，强调人民至上。特别是党的十九大以后，更是明确提出“以人民为中心”，以人民对美好生活的向往作为奋斗的源泉和奋斗的方向。以人民群众为中心开展一系列工作，使人民过上更好、更快乐的生活。“以人为本”的思想为“共享”的实现打下了坚实的基础。

（2）坚持绿水青山就是金山银山理念，推动实现人与自然和谐共生

保护自然是全面建设社会主义现代化国家的内在要求。习近平指出：“要像保护眼睛一样保护生态环境，像对待生命一样对待生态环境”[①]。必须认真贯彻坚持绿水青山就是金山银山理念，推进生态环境保护，努力实现人与自然和谐共生。

绿水青山就是金山银山这一重要论述阐明了经济发展和生态环境保护之间的关系，揭示了保护生态环境就是保护生产力，改善生态环境就是发展生产力的道理，指明了实现发展和保护协同共生的新路径。

中华民族向来尊重自然、热爱自然，墨子学说中的“兼爱”“非攻”思想可以为现代生态思想的补充发展提供有力的支撑。墨子的“兼爱”思想不只是考虑人与人、人与社会的关系，更考虑到了人与自然的关系，具有很强的先进性。“非攻”的思想则希望人们之间不要有战争，也不要因为战争破坏赖以生存的自然环境。如今，为了化解生态危机，

① 习近平．习近平著作选读（第二卷）[M]．北京：人民出版社，2023：171.

不仅人与人之间要互相友爱，人与社会共生共荣，更重要的是人与自然和谐相处。自然资源和环境是属于全人类的，如果当代人挥霍资源、污染环境，我们的子孙后代可能会因为我们犯下的错误而失去美好的家园。所以，人们对待自然不能是通过控制和利用等粗暴的方式，而是要对自然进行人文关怀，做到这些才能保护环境，维护生态平衡。要实现生态文明，必须统筹人、社会和自然三者之间的关系，弘扬墨子“兼爱”“非攻”的生态思想。

人类作为自然界的一部分，其与自然其他生物的根本区别是人们能够依靠劳动生存，也就是墨家所提倡的“赖其力者生，不赖其力者不生”①。这一思想体现出墨家把实践提升到人类本质的地位，充分强调了实践对于生存的重要性。这也表明墨家认为人类必须以实现人类价值作为其生存和发展的实现方式。而在人类实践的过程中，人类的需要与自然的承受力这一基本矛盾是我们必须面对的，这就要求我们尊重自然的存在价值及其规律，重视人类和自然间相依存的关系。

对于战争，墨家除了意识到其对人类的危害，也意识到战争对环境造成的巨大危害。墨家认为在战争中，为了遏制敌国，难免会发生焚烧草木、屠杀动物的行为，而这些行为会严重破坏生态环境。再加上战国时期频频发生的战争，使遭到破坏的生态环境难以迅速恢复。而战争对森林、植被的破坏，导致动物失去栖息的环境，造成动物数量和品种的急剧减少，进而产生种种相应的生态问题。针对这种状况，墨家提出“非攻”的反战思想。同时墨家还认识到了森林、池泽的重要性。“贤者长官，收敛关市，山林，以实官府”②，墨家主张选贤任能，任用有能力的人去管理森林和河流，确保自然资源取之有度，用之不竭。可见，墨家在对自然环境的保护方面，蕴含丰富的生态思想。

我们应当清醒地认识到，我国是一个人口众多、资源相对不足、生态先天脆弱的发展中国家。改革开放以来，尽管我国经济社会发展取得了举世瞩目的成就，但是这种经济的高速增长，在某种程度上是以资源的高投入、高消耗和环境的严重污染为代价的。粗放型的经济增长方式

① 徐翠兰，王涛. 墨子［M］. 太原：山西古籍出版社，2003：161.
② 徐翠兰，王涛. 墨子［M］. 太原：山西古籍出版社，2003：80.

和过度的消费方式在带来生活水平提高的同时，也给生态环境带来了沉重的负担。在自然资源日益紧张的今天，墨子的“非攻”思想应当引起当代人的共鸣。

工业文明给人类带来了巨大的财富，同时也导致了人与大自然的对抗。人类如若不计后果地开发自然、改造自然、企图征服自然，最后只能得到大自然对人类贪得无厌的行为无情报复。目前人类的过度开发、改造自然行为已导致生态环境遭到严重破坏，种种环境问题日益凸显，并且人类也没有办法在短时间内将其修补、复原，那么，人类必将为此付出惨痛的代价。生态危机是威胁人类生存的大问题，如果人类如此往复，不做出任何改变，那么，生态系统瓦解的那一刻，人类也将走向灭亡。因此，人与自然的和谐相处是响应时代的呼唤，也是如今社会的主流问题。

要想走出目前环境问题的沼泽，我们就必须与自然和谐共存，实现与自然的协同进化、共同发展。首先，我们要加快形成绿色生产方式和生活方式，加快推动产业结构、能源结构、交通运输结构等调整优化，利用先进技术推动传统产业链加快改造升级，淘汰落后产能，发展绿色能源，倡导循环经济，促进能源消耗型和资源消耗型传统产业向绿色产业转型。推动战略性新兴产业、高技术产业、现代服务业加快发展，增加新的增长动能。其次，要推动各类资源节约集约利用。建立最严格的制度，实行最严格的监管，尽最大努力遏制在资源开发利用阶段的浪费和对生态环境的破坏。推动资源再利用技术发展，努力实现“变废为宝”和“变弃为宝”。全面推动吃、穿、住、行、用、游等各领域消费绿色转型，拒绝奢华和浪费，形成节约适度、绿色低碳、文明健康的生活方式和生产方式。再次，我们要健全绿色发展的保障体系。统筹各方面力量，强化政策制定和实施，采取经济措施，推动有效市场和有为政府更好结合。加强科研投入和人才培养投入，培养一批高水平生态环境科技人才。最后，要坚持把建设美丽中国转化为全体人民的自觉行动。良好宜居的生态环境事关每个人的美好生活，生态文明是人民群众共同参与、共同建设、共同享有的事业。要加强生态意识培养，动员全体社会成员以实际行动减少能源资源消耗和污染排放，加快形成绿色生产方式和生活方式。

(3) 坚持共同体意识

墨子的兼爱思想作为中国传统文化之一，对该思想精华的部分应该传承和发扬。人类命运共同体是具有中国特色并且符合中国发展需要的新思想，该思想倡导的平等公正、互利共赢、和平稳定等理念，与墨子的兼爱思想有着相同之处，在构建人类命运共同体时应该取其精华，去其糟粕，实现兼爱思想的时代价值。

从历史联系来看，孟子所生活的时期正处于社会剧烈变革的时期。经济上，井田制瓦解，铁犁牛耕的出现推动了生产力的发展，进而推动了生产关系的变革。政治上，周王室日益衰微，诸侯国群起，企图通过变法来增强自己的力量，对外发动战争，对内施加徭役，百姓苦不堪言。文化上，百家争鸣，学术界有了异同往日的繁荣。墨子非攻思想就是在这种社会背景诞生的，特别是面对诸侯攻伐兼并战争频繁，人民饱受战争之苦，因此墨子强烈地反对战争，提倡非攻思想。

人类命运共同体也是在这样的类似的社会背景下产生的。政治上，多极化发展，全球形势日益紧张。经济上，全球经济复苏乏力，文化多样性继续发展。世界日益形成一个你中有我，我中有你的人类命运共同体。面对全球性问题，没有一个国家能够独善其身，置身于事外。

墨子非攻思想作为中华优秀传统文化的重要组成部分，其非攻思想主张与人类命运共同体思想所提出的主张具有许多的相同之处，能为人类命运共同体的构建提供丰富的思想资源和理论依据。

构建人类命运共同体，首先应坚持反对不义战争。当时世界正处于百年未有之大变局，但是和平与发展仍然是时代主题。想要发展就必须有稳定的环境，所以想要推动人类事业的发展必须创建一个和平稳定的环境，墨子“非攻”思想中的爱好和平对于推进和平事业发展具有重要的指导意义，墨子认为战争的根源在于人与人的相贼相害，因此墨子提出要想消除战争，实现永久和平，就必须以兼易别，使天下之人皆相爱。因此为了维护和平稳定的国际环境，世界各国在面对分歧和争端时，应首先采取和平、缓和的方式解决问题。珍惜来之不易的和平和安宁，坚持以和平的手段解决问题，坚持兼爱非攻原则，积极对话协商解决问题，积极寻找共识，求同存异，反对一切形式的恐怖主义、霸权主义，为世界各国发展营造一个和谐稳定的国际环境。

其次，应发扬人道主义。墨子“非攻”思想倡导积极防御，团结合作，意思为当国家发生战争的时候，受害国不应该单枪匹马上前作战，应当团结全国人民并肩战斗。与此同时，其他有能力的大国不应坐视不管，应积极承担起社会责任，加入反对不义战争的抗战之中。因此人类命运共同体的构建必须坚持以义为先，发扬国际人道主义，在为中国人民造福的同时，也为世界各国人民造福。当前，世界上还有一些国家面临局势不稳定、毒品威胁、传染病威胁等，对此要积极发扬国际人道主义原则，维护国际和平。

最后，应将人民利益放到第一位。墨子并非一概反对所有战争，他所反对的是那些出于非正义目的、为谋取私利而挑起的“不义之战”。相反，墨子完全支持两种类型的战争：一是为了保卫弱小国家免受侵略的防御性战争，二是为了惩罚暴虐无道国家的正义之战。在墨子的观念中，侵略那些无辜无罪的国家被称为“攻”，是应当谴责的行为；而攻打那些有罪的国家则被称为“诛”，是一种正当且必要的行动，体现了战争的正义性。历史上凡是属于正义的诛伐，都是代表着百姓的利益，是符合社会发展的方向，对生产力的发展和社会的进步起着积极的推动作用。当今世界，走和平发展道路，必须把人民的利益放在第一位，积极推动社会和生产力的发展。

现在，人类命运共同体的构建正处于和平与发展这一时代主题下，但是不和谐、阻碍发展的问题仍然存在。在国际社会上，仍然存在部分国家不和谐、不友好的现象，人类命运共同体倡导各国之间应该平等相爱，和谐相处，互帮互助，合作共赢，这正是墨子的“兼爱”思想所倡导的，“兼爱”思想要求的不是某个国家内部人民之间的相亲相爱，它倡导的爱是全人类的整体之爱，这对于人类命运共同体的交往观有着重要的启示。在人类命运共同体的构建过程中，人类命运共同体的实现并不是通过某个国家、某个民族以及某个人的单独努力就能够实现的，它需要世界上每一个国家、民族以及全人类共同的努力，只有全人类都把自己作为实现人类命运共同体的整体之爱的一部分，才能实现人类命运共同体这一伟大目标。

（4）推动构建新型国际关系

进入新时代，我国综合国力日益提升，面临的国际环境和外交工作承担的工作使命发生深刻变化。我国外交工作需要结合新的时代环境，应对新挑战做出新调整，不断推进我国外交工作向前发展。必须坚定奉行独立自主的和平外交政策，推动构建新型国际关系，坚决维护我国主权、安全、发展利益，走出一条中国特色大国外交新路，奋力开创新时代中国特色大国外交。

墨子学说中的“兼爱”“非攻”“兼相爱、交相利”等思想，对全面推进中国特色大国外交，推动构建新型国际关系，走和平发展道路具有重要的指导意义。

提出构建新型国际关系与“兼爱”“非攻”历史背景相似。随着新航路的开辟，工业革命推动生产力发展，世界各国的联系日益紧密，世界日益成为一个整体，“全球化”到来。全球化的出现促进世界各地的文明交流的同时也造成了国家间的发展差距逐渐拉大，从而导致冲突频发。工业文明发展迅速的西方列强为了扩大自己的统治范围展开了无情的殖民扩张，列强各国之间也展开了激烈的竞争，导致了第一次、第二次世界大战的爆发。二战结束后，“冷战格局”随之出现，美国和苏联两大世界大国成为两大敌对集团，在军事、意识形态领域展开激烈的斗争，在全球范围内争夺霸权。冷战格局结束后，美国势力日益膨胀。与此同时，世界上发展中国家和发达国家之间的差距日益扩大，面对复杂的国际环境，众多发展中国家只能处于被动地位，饱受霸权主义和强权政治所带来的苦楚。发展中国家的领导人和人民渴望和平的国际环境来发展自己，建立合理的国际关系。正是在这样的国际背景下，以习近平同志为核心的党中央结合我国实际情况，提出了构建新型国际关系。

墨子思想认为，国家间之所以会频繁发生战争，根本原因在于国与国之间“不相爱”，每个国家都只顾自身利益。近现代发生的各类战争也可以用这一思想来分析，正是因为各大西方国家只爱他们自己、顾及自身的发展利益而置其他小国于不顾，所以频繁发动对外的侵略扩张。正是因为各大列强之间彼此“不相爱”才会导致他们之间为了争夺世界霸权地位展开激烈的竞争，导致两次世界大战的爆发和美苏冷战格局的形成。正是因为发达国家做不到关爱发展中国家，才会导致发展中国家处于如此差的发展环境中。要想世界和平就要做到“兼相爱，交相利”。

“兼爱”“非攻”与推动构建新型国际关系在内涵上是相同的。推动构建新型国际关系首先就是要秉持相互尊重、公平正义、合作共赢的原则。这三点和墨子的“兼爱非攻”在内涵上有很多相通之处。首先，“兼爱”中所追求的平等之爱的平等观要求在人际关系中要相互平等，相互尊重；倡导将心比心，以己度人，对待他人如同对待自己，爱护他人犹如爱护自我，人与人之间应洋溢相亲相爱之情，不应为家族界限、等级身份等外在因素所束缚。进一步而言，“兼爱”理念所追求的“爱无差别”，是一种超脱血缘与背景的广泛仁爱，它促使人们在交往中实现真正的平等，确保公平正义，不为外界任何因素所动摇。最后，墨子主张的“交相利”就是今天所说的互利共赢、合作共赢。

“兼爱”“非攻”思想可以为新时代推动构建新型国际关系提供强大的理论支持。为构建新型国际关系提供了新的路径，并为新型国际关系的建立提供了强大的感召力。自古以来我国就是热爱和平、重情义的负责任的国家，中华人民共和国成立以来所有与我国建交的国家无论贫富、大小、强弱，我国一律平等对待。在发展过程中进行友好交流，在他国遇到困难时给予合理关切，这使我国赢得了国际威望，得到了世界大多数国家的尊重，这种互相支持赢来的尊重值得当代人的思考。随着国际影响力的提升，构建新型国际关系就成为国际共识，正如和平共处五项原则提出并被广泛认同的过程一样。

“兼爱”与推动构建新型国际关系在方法路径上思路大体相同。“兼爱”中倡导的是超越个人、家庭和国家的一种博爱。倡导无论国家大小、贫富有多大差距都要做到国家之间一律平等，平等地爱每一个国家，这样每个国家都能得到良好的发展环境，实现平等发展。当前我国提出要走一条对话而不对抗、结伴而不结盟的国与国交往新路，不断完善我国全方位、多层次、立体化的外交布局，中国要在不断推动本国发展的同时，积极承担起负责任大国的担当，给予他国合理关切。落实亲诚惠容和与邻为善、以邻为伴的周边外交方针。推进大国协调合作，构建和平共处、总体稳定、均衡发展的大国格局。

综上所述，推动构建新型国际关系与墨家思想中的“兼爱”“非攻”在历史背景、内涵意蕴、方法路径等多方面都具有相似性，在未来的推进过程中，我们要不断从古人的智慧中汲取营养，以史鉴今，推动我国新时代大国外交不断向前发展。

参考文献

[1] 马克思，恩格斯．马克思恩格斯文集（全九卷）[M]．中共中央马克思恩格斯列宁斯大林著作编译局，编译．北京：人民出版社，2009.

[2] 马克思，恩格斯．马克思恩格斯选集（全四卷）[M]．中共中央马克思恩格斯列宁斯大林著作编译局，编译．北京：人民出版社，2012.

[3] 列宁．列宁选集（全四卷）[M]．中共中央马克思恩格斯列宁斯大林著作编译局，编译．北京：人民出版社，2012.

[4] 毛泽东．毛泽东选集（全四卷）[M]．北京：人民出版社，1991.

[5] 毛泽东．毛泽东文集（全八卷）[M]．北京：人民出版社，1999.

[6] 邓小平．邓小平文选（全三卷）[M]．北京：人民出版社，1994.

[7] 中共中央党史和文献研究院．周恩来年谱（1898—1949）[M]．北京：中央文献出版社，1998.

[8] 江泽民．江泽民文选（全三卷）[M]．北京：人民出版社，2006.

[9] 胡锦涛．胡锦涛文选（全三卷）[M]．北京：人民出版社，2016.

[10] 习近平．习近平谈治国理政（第一卷）[M]．北京：外文出版社，2018.

[11] 习近平．习近平谈治国理政（第二卷）[M]．北京：外文出版社，2017.

[12] 习近平．习近平谈治国理政（第三卷）[M]．北京：外文出版社，2020.

[13] 习近平．习近平谈治国理政（第四卷）[M]．北京：外文出版社，2022.

[14] 习近平．习近平著作选读（第一卷）[M]．北京：人民出版社，2023.

[15] 习近平．习近平著作选读（第二卷）[M]．北京：人民出版社，2023.

[16] 中共中央宣传部．习近平总书记系列重要讲话读本 [M]．北京：人民出版

社，2016.
[17] 中共中央党史和文献研究院. 建党以来重要文献选编（1921—1949）·第14册［M］. 北京：中央文献出版社，2011.
[18] 中共中央党史和文献研究院. 建党以来重要文献选编（1921—1949）·第15册［M］. 北京：中央文献出版社，2011.
[19] 中共中央党史和文献研究院. 建党以来重要文献选编（1921—1949）·第16册［M］. 北京：中央文献出版社，2011.
[20] 中共中央党史和文献研究院. 建党以来重要文献选编（1921—1949）·第20册［M］. 北京：中央文献出版社，2011.
[21] 中共中央党史和文献研究院. 十八大以来重要文献选编（上）［M］. 北京：中央文献出版社，2014.
[22] 中共中央党史和文献研究院. 十八大以来重要文献选编（中）［M］. 北京：中央文献出版社，2016.
[23] 中共中央党史和文献研究院. 十八大以来重要文献选编（下）［M］. 北京：中央文献出版社，2018.
[24] 中共中央文献研究室. 关于建国以来党的若干历史问题的决议注释本（修订）［M］. 北京：人民出版社，1985.
[25] 中央宣传部办公厅. 党的宣传工作文献选编（第二卷）［M］. 北京：中共中央党校出版社，1994.
[26] 中共中央党史研究室. 中国共产党历史（全二卷）［M］. 北京：中共党史出版社，2011.
[27] 社会主义核心价值观学习读本编写组. 社会主义核心价值观学习读本［M］. 北京：新华出版社，2015.
[28] 中共中央文献研究室. 毛泽东年谱（1949—1976）（第四卷）［M］. 中央文献出版社，2013.
[29] 习近平. 高举中国特色社会主义伟大旗帜为全面建设社会主义现代化国家而团结奋斗（在中国共产党第二十次全国代表大会上的报告）［M］. 北京：人民出版社，2022.
[30] 《党的二十大报告学习辅导百问》编写组. 党的二十大报告学习辅导百问［M］. 北京：党建读物出版社，学习出版社，2022.
[31] 习近平. 习近平关于社会主义生态文明建设论述摘编［M］. 北京：中央文献出版社，2017.
[32] 范达仁，易孟醇. 比较史学［M］. 长沙：湖南人民出版社，2012.
[33] 庞卓恒. 比较史学［M］. 北京：中国文化书院，1987.
[34] 巴勒克拉夫. 当代史学主要趋势［M］. 杨豫，译. 北京：北京大学出版

社，1987.
［35］ 陈万柏，张耀灿．思想政治教育学原理［M］．北京：高等教育出版社，2007.
［36］ 郑金洲．教学方法应用指导［M］．上海：华东师范大学出版社，2006.
［37］ 钟启泉，张华．课程与教学论［M］．上海：上海教育出版社，2000.
［38］ 夏征农，陈至立．辞海［Z］．上海：上海辞书出版社，2010.
［39］ 杨伯峻．春秋左传（修订本）［M］．北京：中华书局，1990.
［40］ 王文锦．大学中庸译注［M］．北京：中华书局，2019.
［41］ 张世亮，钟肇鹏，周桂钿．春秋繁露［M］．北京：中华书局，2012.
［42］ 王先慎．韩非子集解［M］．北京：中华书局，2013.
［43］ 陈鼓应．老子今注今译［M］．北京：商务出版社，2016.
［44］ 王文锦．礼记译解［M］．北京：中华书局，2013.
［45］ 杨伯峻．论语译注［M］．北京：中华书局，2017.
［46］ 杨伯峻．孟子译注［M］．北京：中华书局，2018.
［47］ 方勇．孟子［M］．北京：中华书局，2010.
［48］ 顾颉刚，刘起釪．尚书校译论（1—4册）［M］．北京：中华书局，2018.
［49］ 周振甫．诗经译注［M］．北京：中华书局，2010.
［50］ 吴哲楣．十三经［M］．北京：国际文化出版公司，1993.
［51］ 司马迁．史记［M］．北京：中华书局，1962.
［52］ 杨倞，耿芸．荀子［M］．上海：上海古籍出版社，2014.
［53］ 张载．张子正蒙［M］．上海：上海古籍出版社，2020.
［54］ 黄寿祺，张善文．周易译注（新修订本）［M］．上海：上海古籍出版社，2018.
［55］ 朱熹．四书章句集注［M］．北京：中华书局，1983.
［56］ 曹础基．庄子浅注［M］．北京：中华书局，2007.
［57］ 高扬文，陶琦．练兵实纪［M］．北京：中华书局，2001.
［58］ 骈宇骞，等．孙子兵法·孙膑兵法［M］．北京：中华书局，2006.
［59］ 李小龙．墨子［M］．北京：中华书局，2007.
［60］ 徐翠兰，王涛．墨子［M］．太原：山西古籍出版社，2003.
［61］ 黎翔凤，梁运华．管子校注［M］．北京：中华书局，2004.
［62］ 习近平．在中共中央政治局第十三次集体学习时的讲话［N］．人民日报，2014-02-26.
［63］ 习近平．习近平在文化传承发展座谈会上强调担负起新的文化使命努力建设中华民族现代文明［N］．人民日报，2023-06-03.
［64］ 丁伟志．马克思主义与历史宏观研究［N］．人民日报，1981-08-25.

[65] 习近平．谈谈调查研究［N］．学习时报，2011-11-21.
[66] 习近平．在北京大学师生座谈会上的讲话［N］．人民日报，2018-05-03.
[67] 习近平．在中国文联十一大、中国作协十大开幕式上的讲话［N］．人民日报，2021-12-15.
[68] 龚彦成．《孟子》的理想人格之美［N］．学习时报，2019-01-25.
[69] 祁晶．传统文化在高校思想政治教育中的渗透［J］．中学政治教学参考，2022（45）：2.
[70] 黄郴．历史教学中比较法的妙用［J］．新课程（教育学术），2012（4）：151.
[71] 金春红．运用历史比较法发展学生核心素养的思考［J］．中学教学参考，2018（16）：64.
[72] 任淑琦．大学生参与课堂讨论现状及问题研究［D］．南京：南京师范大学，2019.

索引